AI 전쟁 2.0

일러두기
이 책은 2025년 2월 말부터 5월 말까지 이루어진 두 저자의 대담을 바탕으로 집필, 편집되었습니다.

AI 전쟁 2.0

초판 1쇄 발행 2025년 6월 30일
초판 5쇄 발행 2025년 9월 30일

지은이 하정우, 한상기
펴낸이 조기흠
책임편집 이수동 / **기획편집** 박의성, 최진, 유지윤, 이지은
마케팅 박태규, 임은희, 김예인, 김선영 / **제작** 박성우, 김정우
윤문 박준영 / **교정교열** 허유진 / **디자인** STUDIO 보글

펴낸곳 한빛비즈(주) / **주소** 서울시 서대문구 연희로2길 62 4층
전화 02-325-5506 / **팩스** 02-326-1566
등록 2008년 1월 14일 제 25100-2017-000062호

ISBN 979-11-5784-816-4 03300

이 책에 대한 의견이나 오탈자 및 잘못된 내용은 출판사 홈페이지나 아래 이메일로 알려주십시오.
파본은 구매처에서 교환하실 수 있습니다. 책값은 뒤표지에 표시되어 있습니다.

🏠 hanbitbiz.com ✉ hanbitbiz@hanbit.co.kr 📘 facebook.com/hanbitbiz
📝 blog.naver.com/hanbit_biz ▶ youtube.com/한빛비즈 📷 instagram.com/hanbitbiz

Published by Hanbit Biz, Inc. Printed in Korea
Copyright ⓒ 2025 하정우, 한상기 & Hanbit Biz, Inc.
이 책의 저작권은 하정우, 한상기와 한빛비즈(주)에 있습니다.
저작권법에 의해 보호를 받는 저작물이므로 무단 복제 및 무단 전재를 금합니다.

지금 하지 않으면 할 수 없는 일이 있습니다.
책으로 펴내고 싶은 아이디어나 원고를 메일(hanbitbiz@hanbit.co.kr)로 보내주세요.
한빛비즈는 여러분의 소중한 경험과 지식을 기다리고 있습니다.

AI 세계 전쟁의 실체와 대한민국의 전략 카드

AI 전쟁 2.0

하정우 한상기

한빛비즈

내 가족
제니퍼, 피터, 은진
그리고 마이크에게

한상기

저를 위해 헌신해준 가족들과
영원히 사랑할 분들께
이 책을 바칩니다.

하정우

• 프롤로그 •

  2023년 2월은 전 세계가 챗GPT의 충격에 휩싸이고 국내에서도 사람들 사이의 대화가 챗GPT 없이는 성립되지 않던 시기였다. 그 무렵, 존경하는 대선배 한상기 박사(테크프론티어 대표)로부터 한 통의 메시지를 받았다.

  "AI와 관련된 대담 형식으로 책을 함께 써볼 수 있을까? 주제는 현재 AI의 전반적인 상황을 다루는 내용이야."

  회사 일로 분주했지만 마음이 끌렸다. 그렇게 몇 달간의 노력이 이어졌고, 우리는 전작《AI 전쟁》을 출간하게 되었다. 그 책을 통해 한상기 박사와 나는 앞으로 펼쳐질 글로벌 AI 경쟁 구도를 예측하고, 우리나라가 어떤 전략을 세워 대비해야 할지에 대해 심도 있게 논의했다. 그러나 2년이 흐른 지금, 당시 우리가 예측한 것보다 기술의 진화 속도는 훨씬 더 빨랐고 글로벌 경쟁은 더욱 치열해졌다. 2024년 9월에는 뛰어난 논증적 사고를 가능하게 하는 o1이 등장했고, 빅테크들이 발표하는 거대 언어 모델 대부분은 각종 평가에서 인간 평균 능력을 앞서기 시작했다. 오죽하면 'Humanity's Last Exam'이라는 새로운 벤치마크가 등장하기에 이르렀을까.

중국 AI 기업 딥시크DeepSeek의 등장과 화웨이의 AI 반도체 경쟁력 강화는 미·중 간의 AI 기술 격차를 불과 2~3개월 수준으로 좁혔다고 스탠퍼드 AI 보고서는 전한다. 이는 두 국가 간 경쟁을 더욱 가속화하는 계기가 되었다. 특히 딥시크의 등장은 주요 국가들이 AI에 대규모 투자를 결단하는 도화선이 되었다. AI의 안전성과 규제에 중점을 두던 EU조차 2월에 300조 원 규모의 투자를 발표했고, 4월에는 'AI 대륙 실행 계획'을 공표했다. 중동의 양대 강국인 사우디아라비아와 UAE는 자체적인 소버린 AI 기술 확보에 나섰고, 5월 트럼프 대통령의 방문에 맞춰 수십만 장의 GPU 확보 계획도 발표되었다.

이러한 세계적 변화 속에서 지난 2년간 우리나라의 AI 흐름을 돌아보게 되었다. 국내 몇몇 AI 기업들은 꾸준한 투자로 생성형 AI 기술을 고도화했고, 엑사원EXAONE과 하이퍼클로바X SEED HyperCLOVA X SEED 같은 오픈소스 기반의 모델들도 등장했다. AI를 활용한 스타트업들도 의미 있는 응용 서비스 성과를 보이기 시작했다. 이전 정부는 디지털플랫폼정부위원회를 중심으로 100여 개 이상의 공공 AI 전환 사업을 진행했으며, 공공기관의 내부 업무와 대민 서비스에 AI가 실제로 적용되기 시작했다.

그러나 글로벌 경쟁국들이 전력 질주하는 사이 우리나라는 상대적으로 주춤하고 있었음을 부인할 수 없다. 정부와 민간 모두에서의 투자 규모나 추진 의지 면에서 미국, 중국은 물론, 프랑스·싱가포르·영국·일본·인도·중동 국가들에 비해서도 뒤처졌음을 인정해야 할 시점이다. 지난해 보스턴 컨설팅이 발표한 조사 결과에서도 한국의 생성형 AI 경쟁력은 단독 3위에서 6~10위권으로 밀려난 것으로 나타났다.

AI가 가져올 거대한 변화의 속도에 비해 사회적·제도적 준비는 여전히 더디다. 인간이 아닌 존재가 지능을 갖추며 생겨난 AI의 악의적 활용 가능성, 일자리 변화, 자동화에 따른 해고, 고용 없는 성장에 따른 가치 분배 문제, 근거 없는 맹신 혹은 과도한 우려 등의 사회 문제들이 이미 우리 앞에 도달했다.

그럼에도 불구하고 이를 진지하게 논의하고 해법을 모색할 싱크탱크나 입법 차원의 제도, 공신력 있는 정책 연구소는 전무하다. 설상가상으로 2024년 12월에 발생한 비상계엄 사태는 불에 기름을 끼얹은 격이었다.

결국 지금 우리의 현실은 2년 전 우리가 《AI 전쟁》에서 경고했던 최악의 시나리오가 눈앞에서 펼쳐진 모습과 다르지 않았다. 그렇다고 좌절만 할 수는 없다. 문제 해결을 위해서는 다시 움직여야 한다는 생각이 들었다.

"《AI 전쟁 2.0》을 쓸 때가 온 것 같아요. 시간 괜찮으세요?"

올해 2월, 딥시크의 등장이 전 세계에 충격을 안기던 시점에 이번에는 내가 먼저 한상기 박사께 메시지를 보냈다. 그렇게 2월 마지막 날부터 전작과 마찬가지로, 한상기 박사가 질문을 던지고 내가 답변하는 형식의 대담을 진행했다.

1장에서는 지난 2년 동안 AI 기술이 어떻게 발전해왔는지를 정리하고 미래의 AI 전망에 대해 논의했다. 우선 오픈AI의 o1, 딥시크 R1과 같은 논증적 사고가 가능한 AI, 이른바 거대 리즈닝reasoning 모델의 개념과 동작 원리를 살폈다. 이어 라마LLaMA와 딥시크의 출현이 글로벌 오픈소스 AI 생태계에 가져온 변화도 함께 조명했다. 리즈닝 모델의 등장은 AI 에이전트 발전을 더욱 가속화시켰고, MCPModel Context Protocol와 같은 AI 에이전트의 연결은 'AI 에이전트 시대'의 본격적 개막을 예고했다.

우리는 온라인 공간을 넘어서 스마트폰·로봇·자율주행차·드론 등 물리적 세계의 기기들과 통합되는 온디바이스 AI가 만들어낼 변화에 대해서도 논의했다. 그리고 2년 전과 비교했을 때 훨씬 더 빠르게 현실에 다가온 AGIArtificial General Intelligence의 동향도 주요 화제였다. 당시보다 AGI의 개념은 구체화되었고 도달 시점도 앞당겨졌다. 이 책을 쓰기로 결심하게 된 결정적인 계기 중 하나다.

2장은 2년 전보다 훨씬 격화된 글로벌 AI 경쟁 환경의 변화를 다뤘다. 우선 혁신과 안전의 균형이라는 관점에서 트럼프 정부 출범 이후 진흥 일변도로 변화한 미국의 정책을 살펴보았다. 미국과 보조를 맞추되, 노동당 집권 이후 'AI 기회 실행 계획'에서 확인할 수 있듯 소버린 AI 강화를 위한 전략을 펼치고 있는 영국의 움직임도 소개했다. 또한 미스트랄Mistral을 중심으로 괄목할 만한 성장을 이룬 프랑스를 비롯해, 2월 파리 AI 행동 정상회의를 기점으로 규제 중심의 'EU AI 법안'에서 벗어나 300조 원 규모 투자를 선언한 EU의 정책 방향 전환도 논의했다.

가장 큰 변화는 역시 중국이다. 딥시크와 알리바바를 중심으로 약진한 중국의 AI 경쟁력과 향후 전망에 대해서도 의견을 나눴다. 이 외에도 트럼프 대통령의 5월 방문에 맞춰 수십만 장의 GPU 확보 계획을 발표한 중동 국가들의 AI 투자 의지, 아세안 지역의 AI 선도국가로 부상한 싱가포르, 그리고 미국과는 또 다른 전략을 추구하는 캐나다의 동향에 대해서도 다루었다.

3장의 주제는 글로벌 주요 기업들의 기술 및 비즈니스 발전 동향이다. 오픈AI, 앤트로픽, 구글, 메타 등 실리콘밸리 빅테크들이 주도한 지난 2년간의 생성형 AI 기술 발전은 전 세계의 이목을 집중시켰고, 그 속도는 때로 정신이 아득할 정도였다.

클라우드 기업들 또한 생성형 AI 기술을 성장 엔진으로 삼으며 지속 가능한 비즈니스 모델 구축이라는 난제를 해결하기 위해 분주하게 움직이고 있었다. 우리는 딥시크, 알리바바 등 중국 AI 기업들의 동향을 조명하며 국내 AI 기업과 생태계 발전에 있어 걸림돌로 작용하는 요인들을 함께 짚어보았다.

4장에서는 AI의 안전성과 관련된 논의에 집중했다. 2년 전 예상보다 훨씬 더 빠르게 눈앞으로 다가온 AGI 시대를 맞이하며, 현재 우리가 마주한 생성형 AI는 과연 충분히 안전한가, 사람들은 이 강력한 기술을 충분히 이해하고 있는가, AI 연구자들은 AI의 작동 원리를 더 깊이 이해하게 되었는가에 대한 질문을 던졌다.

하지만 아직도 AI 안전성에 대한 연구는 매우 부족하며, 오히려 파리 AI 행동 정상회의 이후에는 안전성의 중요성이 과거보다 약화된 듯한 인상을 주었다. 알파이볼브AlphaEvolve처럼 진화를 통해 더 나은 해결책을 찾아가는 AI를 목격한 지금, 우리는 어떻게 해야 AI를 인간을 위한 기술로서 신뢰할 수 있는 존재로 만들 수 있을지에 대한 고민이 필요하다.

마지막 5장은 《AI 전쟁 2.0》 집필을 결심하게 된 동기로 다시 돌아간다. 2년 전보다 글로벌 경쟁은 훨씬 치열해졌고 미국과 중국 간의 AI 경쟁은 전쟁에 비견될 만큼 격화되었다. 우리나라가 주춤하는 사이 경쟁국들은 우리를 앞질렀거나 같은 수준까지 따라왔다.

하지만 여전히 AI 시대는 초입 단계에 있다. 아직 우리는 기회를 갖고 있으며, 새 정부가 지난 2년간의 시행착오를 교훈 삼아 제대로 된 전략을 수립하고 정책을 실행한다면 다시 도약할 수 있다. 이번 대담에서는 AI 연구와 산업의 괴리 문제를 어떻게 극복할 것인지, 글로벌 경쟁력을 확보하기 위해 어떤 국가적 과제가 필요한지, 이를 뒷받침할 대규모 AI 컴퓨팅 인프라 구축 시 고려해야 할 요소는 무엇인지에 대해 의견을 나누었다.

AI 반도체 경쟁력 강화를 위한 전략과 인재 확보 정책의 디테일도 중요한 논의 대상이었다. 이러한 과제를 성공적으로 수행하기 위해 요구되는 새로운 정부 거버넌스의 방향과 국방 등 국가 안보 차원에서 AI가 어떤 역할을 할 수 있을지에 대해서도 함께 논의했다. 나아가 AI 시대의 선진국으로서 우리가 세계 사회에 어떻게 기여할 수 있을지를 성찰하며 대담을 마무리했다.

위 대담의 내용은 두 저자가 주도적으로 참여한 과실연(바른 과학기술사회 실현을 위한 국민연합)에서 2025년 4월 30일 발표한 'AI 시대 선진국을 위한 새 정부의 AI 정책 공약 제언'에 보다 체계적으로 정리되어 있다. 이 정책 제언은 총 5대 분야, 11대 실행 계획으로 구성되어 있으며, 다음과 같은 내용을 담고 있다.

먼저 인프라 측면에서는 2030년까지 50만 장 규모의 최신 AI 반도체를 정부가 투자하고 역량 있는 민간 기업이 운영하는 AI 데이터센터를 구축할 것을 제안한다. 이 인프라를 통해 GPU 부족으로 어려움을 겪는 국내 AI 기업들과 학계 연구자들이 혁신적인 AI 기술을 연구·개발할 수 있도록 지원하고, 학습된 모델은 누구나 사용할 수 있는 오픈소스로 공개하여 상업적 활용까지 가능하도록 해야 한다.

3~5년 내 AGI 시대가 도래한다면, 이를 자체적으로 확보한 국가는 핵무기 보유국 이상의 국력과 글로벌 영향력을 가지게 될 것이다. 이에 대비해 정부가 마련한 AI 컴퓨팅 인프라를 기반으로 최고의 AI 전문가들이 AGI 연구에만 전념할 수 있도록 '국가 초지능 연구소' 신설이 필요하다. 또한 알파폴드나 알파이볼브 사례처럼 과학 난제 해결을 위한 '과학 AI 연구소'의 설립도 함께 추진되어야 한다.

이러한 첨단 AI 기술 연구를 위해서는 무엇보다 뛰어난 인재 확보가 핵심이다. 모든 정부 정책은 사업 중심이 아니라 인재 양성을 중심에 두어야 하며, 정부가 아닌 AI 전문가들이 보다 많은 결정을 내릴 수 있도록 제도적 개선이 시급하다. 대기업을 포함한 병역특례 제도를 확대해 최고의 AI 인재들의 재능을 활용하고, 해외에서 활동

중인 인재들이 국내로 돌아올 수 있는 환경을 조성해야 한다. 나아가 AI 인재들이 연구·개발에만 전념해도 안정적으로 삶을 영위하고 존경받을 수 있는 시스템이 마련되어야 한다. 국방 AI 강화를 위한 'AI 전문사관 제도' 도입 역시 검토되어야 할 과제다.

AI의 지속 가능한 발전은 산업 전반의 AI 전환 여부에 달려 있다. 전력, 인프라, 클라우드, AI 기술, AI 활용, 산업 AX(AI transformation)까지 이어지는 생태계 전체의 성장이 중요하다. 특히 산업 AX는 우리나라 산업 경쟁력 강화의 핵심 축이다. 이를 위해서는 각 지역의 지자체, 지방 거점대학, 지역 기반 기업 간의 긴밀한 협력 체계가 필요하다. 지방 거점대학은 지역 산업 종사자들에게 AI 전환 교육을 제공하고, 지자체는 지역 기업들의 AI 확산을 위한 데이터 기반 인프라를 적극 지원해야 한다.

AI는 이미 국가 안보와 직결되는 핵심 과제가 되었다. 러시아-우크라이나 전쟁은 AI 시대 전장이 어떻게 바뀌고 있는지를 여실히 보여준다. 그러나 우리의 국방 분야는 AI 전환 속도가 늦고, 경직된 국방 기술 연구·개발 및 활용 체계는 그 미래를 더욱 암울하게 만든다. 이를 개선하기 위해 국방 전용의 대규모 컴퓨팅 인프라를 민관군이 공동 활용할 수 있도록 구축해야 하며 데이터와 기술 공유를 위한 체계도 필요하다. 또한 빠르게 변화하는 AI 기술을 군에 효과적으로 도입하기 위해 국방 R&D 예산 중 약 20%를 국방 AI 기금 형태로 설정해 필요 시 즉각적인 실증과 적용이 가능하도록 해야 한다.

이러한 혁신적 정책들을 실행하기 위해서는 기존의 정부 거버넌스 체계로는 한계가 있다. 국가 AI 전략을 수립하고 공공, 산업, 경제, 사회 등 전 분야의 AI 정책을 유기적으로 집행하기 위해서는 'AI 디지털 혁신부'와 같은 전담 조직의 신설이 절실하다.

일본은 이미 2021년 디지털청을 설립해 성공적인 AI 국가 전략을 실현하고 있다. 1~2명의 민간 전문가를 고위직에 채용하는 방식만으로는 근본적인 혁신이 불가능하다. 일본 디지털청처럼 전체 구성원의 절반 이상을 민간 전문가로 채우는 특단의 조치가 필요하며, 최소 수십 명 규모의 민간 전문가를 팀 단위로 직접 채용하거나, 직접 채용이 어려운 경우에는 일정 기간 민간 기업에서 파견받는 방식도 적극 고려되어야 한다.

AI 시대가 야기할 새로운 사회문제를 해결하기 위해선 정책을 집중적으로 논의할 'AI 정책연구소'가 필요하며, 전문가와 시민사회가 함께 숙의한 내용을 입법으로 연결할 수 있는 국회 차원의 초당적 'AI 특별위원회' 신설도 함께 추진해야 한다.

선진국은 우리 내부만 잘해서 되는 것이 아니다. AI 시대 선진국으로서 우리가 보유한 기술과 산업 AX 경험을 전 세계와 나누고 확산시켜야 한다. 미국이나 중국처럼 패권주의적 확장 정책이 아닌, 우리의 생태계 육성 경험을 바탕으로 아세안, 중동, 중남미, 아프리카, 유럽 지역과도 연대를 해야 한다. 각 지역의 언어와 문화가 담긴 문서를 디지털화해 학습 데이터를 구축하고, 이를 기반으로 다문화 포용형 AI를 개발하는 오픈소스 프로젝트를 우리가 주도해 나간다면 진정한 의미의 'AI 강국'으로 자리매김할 수 있을 것이다.

다행히 새 정부는 AI 강국 실현을 위한 강한 투자 의지를 보이고 있다. 그러나 언제나 그렇듯 악마는 디테일에 있다. 대한민국이 AI 전쟁의 승전국이 되는 데 이 책이 작게나마 도움이 되기를 진심으로 바란다.

AI 시대, 대한민국을 선진국으로 이끌
새 정부가 시작된 6월의 어느 날

하정우

차례

프롤로그 6

1장 AI, 어디까지 왔고 어디까지 갈 수 있나?

AI 진화의 새 흐름, 거대 논증 모델(LRM)의 등장 23
AI 오픈소스 생태계, 진정한 공개인가? 32
일상과 업무를 바꿀 AI 에이전트 기술, 얼마나 왔나? 44
온디바이스 AI의 다음 무대 59
AGI 시대, 인공지능이 조직을 대체할 수 있을까? 65

2장 지금 세계는 AI 패권 전쟁 중!

트럼프 시대, AI 패권 경쟁은 어떻게 달라질까? 79
영국의 AI 전략 변화, 안전(safety)에서 국가 안보(security)로 94

AI 안전 대신 가속 경쟁 택한 파리 AI 액션 서밋	99
미스트랄에서 기가 팩토리까지, 유럽 AI 전략의 미래	103
중국 AI 급부상의 비결, 정부 주도의 속도 전략	112
중동의 차세대 패권 전쟁, UAE와 사우디가 선택한 AI 전략은?	119
우리에게 없는 싱가포르의 강점, AI 리더십의 비밀	124
캐나다의 AI 정책에서 배우는 다문화 포용 전략	129
AI 기술 자주권 확보의 길, 소버린 AI(Sovereign AI)	134

3장 빅테크 기업들의 AI 전쟁, 진짜 승자는?

GPT-4.5 출시와 오픈AI 내부의 변화	141
AI 안전성을 넘어 비즈니스 혁신까지, 앤트로픽의 전략	156
클라우드 기업, AI 시장의 진짜 승자가 될까?	173
구글과 마이크로소프트의 AI 전략, 누가 승기를 잡을까?	179
국내 클라우드 기업들, 왜 글로벌 AI와 손잡는가?	185
메타의 대규모 인프라 투자, 글로벌 AI 경쟁력을 위한 승부수	188
중국 AI 모델의 성과와 시장 신뢰성의 딜레마	196

AI 스타트업 성공 방정식 '기술력, 문화, 그리고 정책적 지원'　　208
AI 디바이스와 스마트폰, 왜 혁신적이지 못한가?　　214

4장 일상이 된 AI, 인간은 무엇을 지켜야 하는가?

AI 안전에서 안보로, 기술을 넘은 새로운 패러다임　　223
AI 리스크 시대의 시작, 다층적 위험과 다층적 대응　　232
AI 안전 점검, 어디까지 정교해져야 하는가　　238
AI는 누구의 손에? 규제 뒤에 숨은 패권의 그림자　　243
사용자 맞춤형 AI 시대, 누가 가치를 결정할 것인가　　249
AI 윤리, 보편적 기준과 문화적 다양성 사이에서 균형 찾기　　258
통제 불가능한 오픈소스 AI, 누가 위험을 관리할 것인가　　266
AGI 시대의 그림자: 노동, 플랫폼, 그리고 사회적 보호망　　271
AI와의 공존, 인간관계의 재정의가 필요하다　　282
기술 낙관주의 시대, 인류의 미래는 안전한가?　　290

AI 전쟁 시대, 한국의 승부수는?

AI 강국을 꿈꾸는 한국, 연구와 산업화 사이의 괴리	299
글로벌 AI 경쟁력 확보를 위한 국가적 과제	310
국가 차원의 AI 데이터센터 구축, 무엇이 필요한가?	316
AI 반도체 경쟁력의 핵심, 모델과의 시너지	326
AI 인재 확보, 양적 확대보다 질적 전략이 우선이다	333
국가 AI 프로젝트, 어떻게 설계해야 실패하지 않을까?	344
국가 AI 전략을 위한 효율적인 조직 구성 방안	354
AI 정책 현장, 실무 전문가가 절실하다	360
국방 AI, 전략적 인프라와 통합 시스템이 필요하다	363
소버린 AI, 국제 협력을 통한 기술 주권 확보	368

에필로그   375

1장

AI, 어디까지 왔고 어디까지 갈 수 있나?

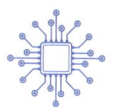

AI 진화의 새 흐름, 거대 논증 모델 LRM의 등장

한상기 우리가 평소에도 온라인으로 자주 대화하지만, 책 작업 때문에 마주하는 건 2년 만이네요. 《AI 전쟁》 출간 이후 정말 다양한 새로운 모델이 등장했습니다. 예를 들어, 오픈AI의 GPT o1, o3 외에도 앤트로픽에서 클로드Claude 4가 나왔고, xAI에서 그록Grok 3을 발표했습니다. 구글도 제미나이Gemini와 별도로 젬마Gemma 시리즈를 오픈소스 AI로 공개했고 라마 4도 나왔고요. 국내에서도 굉장히 논란이 컸던 중국의 딥시크 R1 모델도 있죠. 이런 모델이 과거에 사전학습을 통해 만드는 GPT 같은 베이스 모델과는 차이가 있다고들 하는데, 기존의 거대 언어 모델과 최근 등장한 모델들은 무엇이 가장 크게 다른 건가요?

하정우   기존의 거대 언어 모델은 주로 사전·사후 학습을 통해 다양한 지식을 습득하고, 이를 바탕으로 다국어 언어 이해, 텍스트 생성, 간단한 수리적 사고와 낮은 수준의 논증적 글쓰기 reasoning가 가능했습니다. 대표적인 모델이 GPT-4o와 클로드 3.5입니다. 하지만 2024년 9월에 등장한 오픈AI의 o1이나 2025년 초에 공개된 o3 같은 거대 논증 모델 Large Reasoning Model: LRM은 조금 다릅니다. 저는 이 모델들을 일종의 2세대 언어 모델, 즉 'Thinking AI'라고 표현합니다.

기존 1세대 모델도 논리적으로 질문에 답을 하긴 했지만, 깊은 고민 없이 표면적으로 글을 생성하는 경향이 있었습니다. 깊이 생각하고 고쳐 쓰기보다는 다음 토큰을 채우며 한 번에 글을 완성하다 보니 할루시네이션 hallucination이라 불리는 환각 현상이 자주 나타났습니다.

하지만 새롭게 등장한 2세대 AI들은 질문을 받으면 훨씬 깊이 있는 사고를 합니다. 쉽게 말해 스스로 단계적으로 긴 논리적 사고의 흐름을 거치며 더 좋은 표현이나 풀이 방법을 찾기도 하고, 스스로 내용을 검증하는 등 더 복잡하고 창의적인 방식으로 문제를 해결합니다. 이전에도 논증적 사고, 즉 생각의 사슬 Chain-of-Thought: CoT* 방식으로 어느 정도 가능했지만, 논증 단계가 짧았습니다. o1이나 딥시크 R1 같은 모델은 훨씬 길고 복잡한 사고 과정을 거쳐 결론을 도출할 수

---

* 생각의 사슬(Chain-of-Thought: CoT): CoT는 거대 언어 모델(LLM)이 복잡한 문제를 해결하기 위해 중간 단계의 논증 과정을 순차적으로 거치는 방법론이다. 가령 "나는 시장에 가서 사과 10개를 샀어. 나는 사과 2개를 이웃에게 주고, 2개를 수리공에게 주었어. 그리고 사과 5개를 더 사서 1개는 내가 먹었어. 사과가 몇 개 남았을까?"에 대해 바로 답을 맞히는 것이 아니라 10 − 2 − 2 = 6, 6 + 5 = 11, 11 − 1 = 10, 그래서 정답은 10. 이렇게 단계별로 논증하는 것을 의미한다.

있습니다. 이 점이 가장 큰 차이입니다. 예를 들어, "10조 개의 토큰으로 매개변수 700억 개를 가진 라마 3 모델을 2,048장의 H100 GPU로 학습하는 데 걸리는 시간은?"이라는 질문에 대해 GPT-4o는 약 7개월이라고 답하는 반면, o1은 이론적으로 2~3주라고 계산하죠. 당연히 o1의 계산이 훨씬 더 정확합니다.

이런 발전은 긴 호흡의 고품질 CoT 데이터를 확보하고, 이 데이터를 기반으로 한 강화 학습 덕분입니다. 강화 학습은 정답을 정해놓고 외우는 방식이 아니라, 탐색을 통해 스스로 문제를 생각하고 단계별로 해결하며 자기 평가까지 하는 방식으로 훈련합니다. 정답을 외우게 하는 게 아니라, 지식과 관련된 주변 영역을 다양하게 탐색하는 능력을 강화시키는 거죠. 사람이 다양한 방법으로 생각을 전개하듯, AI도 이런 과정을 거치면서 점점 더 똑똑해지는 것입니다.

한상기 언론에서는 종종 이런 고품질 데이터를 확보하거나 강화 학습하는 과정에서 드는 어려움과 비용을 간과하는 경향이 있습니다. 사실 생각의 사슬을 위한 데이터를 선정하고 모으는 데에는 많은 비용이 드는데도 쉽게 해결할 수 있는 것처럼 보도되는 경우가 많습니다.

하정우 오픈AI의 o1 모델이 처음 공개됐을 때 놀랐던 부분이 바로 고급 데이터 확보 과정이었습니다. 실제로 오픈AI는 긴 호흡의 CoT 데이터를 얻기 위해 엄청난 비용과 노력을 투입했다는 이야기가 무성했습니다. 강화 학습 절차나 기술, 예를 들어 강화 학습과 지도 학습 기반 미세조정Supervised Fine Tuning: SFT의 비율이 얼마인지, 탐색 기반 기법을 얼마나 사용했는지 같은 구체적 내용은 공개되지 않았지만요.

상대적으로 인건비가 저렴한 남미 출신 박사들을 고용했다는 소문이 있긴 했지만, 아무리 저렴하더라도 박사급 인력이 한 땀 한 땀 데이터를 만드는 것이니 데이터 한 건당 최소 1만 원 이상 들 수밖에 없습니다. 수학이나 과학의 본고사 수준의 문제를 풀이 과정까지 정확하게 작성해야 하나의 데이터가 완성되기 때문입니다. 지난 문재인 정부 때 데이터댐 과제에서 사진 속 사물을 식별하는 데이터를 건당 수십 원에서 수백 원에 구축한 것과 비교하면 그 차이가 매우 두드러집니다.

한상기 그래서 네이버에서 이런 작업을 한다면 박사 학위를 가진 제가 아르바이트로 도울 수 있을 텐데 아직 연락이 없네요.

하정우 박사님은 너무 비싸니까요(웃음). 실제로는 그런 박사님의 전문 지식보다는 수학적·논리적 CoT 데이터 제작부터 시작할 수밖에 없습니다. 정답을 알기 어려운 철학적이거나 주관적인 질문보다 수학이나 코딩과 같은 논리적 문제들이 논증 과정이 명확하고 데이터를 구축하기 그나마 쉽기 때문입니다. 그래서 AI 기업들도 주로 이런 분야부터 시작했다고 보는 게 합리적입니다.

한상기 2024년 하반기부터 이런 이야기가 나오기 시작했습니다. 2020년에 발표된 스케일링 법칙 Scaling Law이란 게 있었잖아요. 데이터 크기, 모델 파라미터 크기, 학습을 위한 컴퓨팅 양이 많아지면 모델의 성능이 향상한다는 법칙인데, 이게 벽에 부딪힌 것 아니냐는 이야기가 돌았습니다. 실제로 GPT-4.5(논증 언어 모델이 아닌 모델 중 가장 강력한 1세대 멀티모달 거대 언어 모델로 뛰어난 글쓰기와 지식 이해 능력을 보유한 것으로 알려져 있다)가 2025년 2월 27일에 공개됐는데, 이전 버전과 크게 달라지지 않은 것 같다는 반응도 있죠. 내부적으로 베이스 모델의 크기를 더 늘려봐도 성능 향상이 눈에 띄지 않았다는 이야기가 나왔습니다. 그래서 조금 전 설명하신 논증적 사고 모델과 같은 강화 학습 방식의 등장으로 새로운 확장 법칙이 생겨난 것이 아니냐는 의견이 나오는데, 어떻게 생각하십니까?

하정우 저는 규모의 법칙이 깨진 적은 없다고 봅니다. 흔히 모델 크기나 데이터 양으로 오해하지만, 규모의 법칙은 처음부터 AI 학습에 사용된 누적 학습 연산량을 실수 연산 횟수 Floating point Operations Per Second: FLOPS로 정량화한 것을 기준으로 했습니다. 과거에는 주로 사전 학습과 사후 학습에만 규모의 법칙이 적용됐지만, 이제는 AI가 스스로 추론하고 논증하는 과정에 사용되는 연산량까지 포함하는 것으로 확장되었습니다. 즉, 연산량을 많이 사용할수록 더 뛰어난 성능을 보인다는 법칙은 여전히 유효합니다. 사람에 비유하자면, 마치 공부할 때도 시간을 많이 쓸 뿐만 아니라, 수능 시험처럼 실전에서 문제를 풀 때도 더 많은 시간을 주는 것과 비슷한 개념이죠. 다만, 규모의 법칙이 벽에 부딪혔다는 이야기가 나온 이유는 주로 사전 학습 데이터의 증가가 한계에 도달했기 때문이에요.

한상기 실제로 당시에는 2023년 12월쯤이면 사전 학습에 쓸 데이터가 거의 포화 상태에 이를 거란 얘기도 있었죠.

하정우 사람이 직접 글을 써서 만들어내는 문서의 속도보다 AI가 학습에 활용하는 데이터 양의 증가 속도가 훨씬 더 빠르기 때문에 결국 어느 순간에는 AI의 학습 데이터가 부족해질 수밖에 없습니다. 이런 문제는 실제로 Epoch AI에서 발표한 〈Will We Run Out of Data? Limits of LLM Scaling Based on Human-Generated Data〉* 라는 논문에 구체적으로 분석되어 있습니다. 또한 오픈AI의 공동 창업자이자 수석 과학자였으며 현재 Safe Superintelligence를 창업한 일리야 수츠케버 Ilya Sutskever 역시, 세계 최고 권위의 AI 학회 NeurIPS 2024의 수상 강연에서 비슷한 이야기를 했습니다. 결국 학습 데이터가 부족해진 상황에서는 아무리 모델의 크기를 키워도 성능 향상 효과가 사라지게 되는 것입니다. 하지만 저는 이것이 규모의 법칙 자체가 무너졌다는 의미는 아니라고 생각합니다.

---

* https://epoch.ai/blog/will-we-run-out-of-data-limits-of-llm-scaling-based-on-human-generated-data

많은 사람들이 두 가지 중요한 사실을 간과하고 있습니다. 첫 번째는 학습 데이터가 충분히 늘어나지 않고 있다고 느끼는 이유가 순전히 영어로 작성된 인터넷 자료만을 기준으로 삼고 있기 때문입니다. 세상에는 영어로 된 데이터만 존재하는 것이 아니죠. 중동, 중남미, 아세안 지역 등 아직 디지털화되지 않은 문서들이 엄청나게 많습니다. 이 방대한 자료들이 디지털화되면 학습 가능한 데이터는 다시금 폭발적으로 늘어날 가능성이 충분히 있습니다. 게다가 데이터는 텍스트 문서에만 국한되지 않습니다. 영상, 음성, 시계열 데이터 등 다양한 유형의 데이터들이 존재하고 있죠. 비록 아직까지는 이러한 데이터를 효율적으로 학습시키는 기술이 완성되지 않았지만, 이 부분에 대한 가능성은 여전히 크게 열려 있습니다.

두 번째는 바로 합성 데이터의 가능성입니다. 이는 AI가 직접 데이터를 생성해내는 방식이죠. 과거에는 합스부르크 효과[*]라는 현상이 있었습니다. 합성 데이터로 학습을 진행할 경우 데이터 다양성이 부족해 오히려 모델의 성능이 떨어지는 사례들이 보고된 적이 있었죠. 하지만 최근에 등장한 그록 3 모델은 이런 한계를 뛰어넘었습니다. 그록 3 모델은 20만 장의 GPU를 활용하여 강력한 AI 모델을 만들었고, 모델 크기에 비해 부족했던 학습 데이터를 대규모의 합성 데이터로 보완한 것으로 알려져 있습니다. 이는 결국 다양성이 충분히 확보

---

[*] 합스부르크 효과: 오스트리아 합스부르크 가문처럼 근친결혼에 의해 열성 유전자가 나타나는 것을 비유적으로 표현한 것으로, 여기서는 AI가 생성한 데이터로 학습을 하면 성능이 떨어진다는 것을 말한다.

된 합성 데이터라면, 실제 데이터가 부족한 상황에서 훌륭한 대안이 될 수 있음을 증명한 셈입니다.

나아가 AI의 논증 추론reasoning 능력이 합성 데이터의 품질을 매우 향상시켰어요. 이전의 모델과 달리, o1과 같은 최신 모델은 보다 질 높은 생각의 사슬을 스스로 만들어낼 수 있습니다. 이로 인해 품질 높은 데이터를 자체적으로 생성하는 능력까지 갖추게 된 것입니다. 실제로 이와 같은 합성 데이터의 덕분으로, 딥시크의 R1 모델 역시 데이터 증류Data Distillation* 방식으로 성능을 크게 향상시킨 사례가 있습니다. 딥시크 V3와 R1의 기술 보고서에는 이러한 내용이 구체적으로 명시되지는 않았지만, o1과 같은 추론 모델의 합성 CoT 데이터를 활용한 것으로 의심되어 오픈AI와 마이크로소프트가 실제 조사를 진행하기도 했죠.

결국 AI는 기존 데이터 수준을 넘어서 더욱 우수한 합성 데이터를 스스로 생산할 수 있게 되었고, 이를 활용한 강화 학습 과정에서 더 많은 연산 자원과 컴퓨팅 리소스를 활용하게 될 것입니다. 더 나아가 더욱 똑똑한 2세대 추론 모델을 만들기 위해 긴 합성 CoT 데이터를 생산하고, 더 많은 GPU를 동원해 강화 학습을 진행하는 방향으로 나아갈 것입니다. 이러한 과정 속에서 규모의 법칙은 앞으로도 계속 유효하다고 할 수 있겠습니다.

---

* 데이터 증류(Data Distillation): 크고 강력하며 똑똑한 생성형 AI의 지식을 합성 데이터 형태로 만들어 상대적으로 작은 AI 모델 학습에 활용함으로써 지식을 전수하는 기법을 말한다.

한상기　미국에서는 요즘 이 상황을 알파고에서 알파제로로 넘어간 것에 비유하더라고요. 알파고는 기존의 기보 데이터를 학습했지만, 알파제로는 바둑의 단순한 규칙만 가지고 자기 스스로 학습하면서 실력을 키웠잖아요. 이런 비유에 대해 동의하시나요? 게다가 알파고와 알파제로를 개발한 딥마인드의 데이비드 실버는 지난 4월 애플 팟캐스트에서 인간이 만든 데이터만으로는 AI의 한계를 극복할 수 없기 때문에 이제는 AI가 스스로 경험을 통해 새로운 데이터를 얻는 과정이 필요하다고 밝혔습니다. 이러한 'AI의 자가 경험을 통한 데이터 생성'에 대해 어떻게 생각하시는지 궁금합니다.

하정우　매우 적절한 비유입니다. 실제로 현재의 AI가 스스로 추론하면서 고품질 데이터를 만들어낼 수 있게 되었으니까요. 말씀하신 대로 구글 딥마인드의 데이비드 실버가 팟캐스트에서 비슷한 얘기를 했죠. AI 모델은 이제 사람이 만든 데이터뿐만 아니라 스스로 리즈닝 과정을 통해 경험을 축적하며 점점 더 많은 것을 학습하게 됩니다. 이는 알파제로의 학습과 비슷하다고 볼 수 있죠. 물론 알파고와 알파제로 사이에서 나타났던 것처럼 극적인 성능 차이를 기대하기는 어려울 수 있지만, AGI Artificial General Intelligence로 발전하는 과정에서 중요한 열쇠를 찾은 것일 수도 있습니다.

AI 오픈소스 생태계, 진정한 공개인가?

한상기 1장에서 자세히 다룰 내용은 아닙니다만, 앞으로 사람이 AI를 학습시키는 게 아니라, AI가 다른 AI를 학습시키는 상황이 등장할 것입니다. 그런 상황이 되면 통제가 어렵고 성능을 제어하기 힘든 문제가 생길 수 있습니다. 이 문제는 미래와 관련된 논의에서 더 심도 있게 다뤄보겠습니다.

이제 다음 질문으로 넘어가겠습니다.

작년부터 주목받았던 이슈가 있습니다. 오픈AI, 네이버의 하이퍼클로바X, 앤트로픽의 클로드 같은 모델들이 기술 문서Technical Report는 공개했지만, 내부의 구체적인 기술이나 가중치weight*, 데이터의 분포와 출처는 명확히 밝히지 않았습니다. 처음엔 샘 올트먼Sam Altman이 "모든 걸 다 밝히는 것은 위험할 수 있다"고 말했지만, 사실상 사업화되고 기업의 핵심 전략으로 자리 잡으면서 공개를 꺼리게 된 것으로 보입니다.

반면 메타는 라마를 내세워 오픈소스 생태계를 적극적으로 키우겠다고 했고, 여기에 프랑스 미스트랄도 가세했습니다. 최근에는 중국 딥시크의 R1이 등장하면서, 벤치마크상으로는 폐쇄형proprietary 모델과 오픈소스 모델의 성능 차이가 거의 사라졌다는 평가가 나옵니다.

---

* 가중치(weight): 트랜스포머와 같은 생성형 AI 모델은 모델 내부의 연결선들이 매개변수 역할을 하며 그 매개변수 각각은 실수로 표현되는 가중치 값을 갖고 있다(예: -0.3, 0.5). 이 가중치들이 컴퓨터 파일 형태로 저장된다.

여기서 제가 궁금한 점은 벤치마크 점수가 비슷하다고 해서 실제로 두 모델의 성능이 유사하다고 판단할 수 있느냐는 것입니다.

하정우 현재 생성형 AI 분야의 가장 큰 고민거리는 모델 간의 성능을 정확하고 공정하게 비교하기 어렵다는 점입니다. 애초에 완전 공정하고 정확하게 비교하는 것은 사실상 불가능합니다. 왜냐하면 모델들이 워낙 범용적이다 보니까 모든 응용 분야를 일일이 측정할 수 없기 때문이죠. 그래서 비슷한 성능을 가진 모델들은 대체로 유사하다고 판단하는 편입니다. 예를 들어, GPT-4는 클로드 3와 비슷하고, GPT-4o는 딥시크 V3나 클로드 3.5와, 그리고 o1은 딥시크 R1과 비슷한 식으로요.

한상기 그러니까 특정 모델이 벤치마크 점수에서 조금 더 뛰어나다고 해서 그것이 실제 전체 성능에서 월등하다고 단정 지을 수는 없다는 의미군요. 최근 발표된 〈리더보드의 환상〉이라는 논문에서는 벤치마크 데이터 기반의 성능 평가 방식이 폐쇄형 모델에 더 유리하게 작용하며, 빅테크 기업들의 막대한 자금 지원으로 인해 평가의 공정성에도 문제가 있다는 분석이 제기됐습니다.

하정우 맞습니다. LMSys가 만든 '챗봇아레나 Chatbot Arena'라는 리더보드는 한동안 기존의 다른 벤치마크보다 더 유용한 평가 도구로 인식되기도 했습니다. 그러나 시간이 지나면서 이 리더보드 역시 점차 변질되고 기존 리더보드들과 마찬가지로 한계를 드러내고 있는 모습입니다.

실제로 벤치마크상의 점수 차이가 그렇게 큰 의미를 갖지 않는 경우가 많습니다. 사람도 시험을 잘 보는 것과 실제로 일을 잘하는 능력, 즉 일머리가 있는 것은 전혀 다른 경우가 많습니다. 일단 벤치마크가 공개되면 비슷한 스타일의 데이터를 만들어 튜닝해 얼마든지 따라잡을 수 있기 때문입니다. 그래서 저는 오히려 AI를 적용한 제품이나 서비스가 얼마나 출시됐고, 고객이 그 제품에 얼마나 비용을 지불하고 사용하는지를 보는 것이 더 중요하다고 생각합니다. 그런 기준에서 보면 여전히 오픈소스보다는 폐쇄형 모델을 활용한 응용 서비스 사례가 압도적으로 많습니다.

기술적인 차이도 있겠지만, 폐쇄형 AI를 제공하는 기업들이 사용하기 편리한 솔루션이나 도구를 함께 제공하기 때문입니다. 마이크로소프트나 구글이 대표적이고, 앤트로픽 역시 B2B 시장에서 빠르게 성장하고 있습니다. 오픈소스를 쓰려면 빅테크들이 제공하는 여러 기능을 사용자가 직접 구현해야 하기 때문에 아무래도 불편한 점이 많습니다. 물론 많은 기능이 오픈소스로 제공되기는 하지만, 여전히 편의성 측면에서는 허들이 높습니다. 즉 숙련된 AI 엔지니어가 필요하다는 뜻이죠. 그래서 아직까지는 기술적·상업적 측면 모두에서 폐쇄형 AI가 더 유리하다고 판단합니다.

한상기 그런데 아마존 AWS의 베드록Bedrock*이나 구글의 버텍스Vertex** AI처럼 대형 클라우드 업체, 즉 하이퍼스케일러Hyperscaler***들이 이미 다양한 도구와 플랫폼을 제공하고 있습니다. 그러면 사용자 입장에서는 그런 툴까지 직접 개발할 필요가 없지 않습니까?

하정우 그런 경우 하이퍼스케일러들이 제공하는 툴을 이용해서 파인튜닝을 해야 합니다. 하지만 그 툴만으로는 만족할 만한 품질의 AI 서비스를 만들기가 쉽지 않습니다.

한상기 그렇다면 국내에서 오픈소스를 활용해 더 좋은 AI 애플리케이션을 만들어야 한다는 의견이 나오는데, 실제로 그렇게 하려면 추가로 해야 할 일이 굉장히 많을 것 같습니다. 오픈소스를 활용했을 때 실제로 얼마나 비용이 들고 어떤 과업들을 수행해야 하는지 구체적으로 설명해주실 수 있나요?

하정우 제가 2024년 10월 오순영 님과 공동 집필한 책《2025 AI 대

---

* 베드록(Bedrock): AWS 리인벤트(re:Invent)에서 고성능 기반 모델을 활용해 생성형 AI 애플리케이션을 손쉽게 구축, 확장할 수 있는 완전 관리형 서비스이다.
** 버텍스(Vertex): 구글 클라우드에서 제공하는 통합 AI 플랫폼으로 머신러닝 모델의 개발, 학습, 배포를 간편하게 수행할 수 있도록 돕는 서비스이다. 생성형 AI 기능도 지원하며 코드 없이도 손쉽게 AI 모델을 활용할 수 있다.
*** 하이퍼스케일러(Hyperscaler): 구글, 마이크로소프트, 아마존 AWS 같은 거대 규모 클라우드 서비스 사업자를 의미한다.

《전환》에 바로 그 부분을 아주 구체적으로 설명한 챕터가 있습니다. 찾아 읽어보시면 좋을 것 같습니다.

짧게 설명하자면, 전체 비용을 따져봤을 때 오픈소스가 오히려 더 비쌀 가능성이 큽니다. 모델을 다운로드할 때는 비용이 거의 없어서 저렴해 보이지만, 모델만 가지고는 아무것도 할 수 없습니다. GPU를 구매하거나 클라우드 GPU 활용 비용을 지불해야 하고, 추가 데이터를 직접 준비하고 기업 맞춤형으로 파인튜닝해야 합니다. 파인튜닝은 클릭 한 번으로 끝나는 일이 아니며, 데이터 양과 가공 방식, 학습 조건 등을 위한 수많은 시행착오와 숙련된 인력을 채용하는 비용도 필요합니다. 거기에 AIOps[*]라고 불리는 생성형 AI 모델의 배포 및 운영을 위한 도구들을 직접 개발하거나 적절히 활용할 수 있어야 합니다. 이 역시 실전 경험이 필요한 영역입니다. 특히 사용자나 트래픽이 늘어날수록 운영의 난도는 당연히 더 높아지게 됩니다.

한상기 경험이 많은 사람이라도 회사가 필요로 하는 데이터나 활용하고자 하는 영역의 데이터가 크게 다르면 결국 처음부터 다시 파인튜닝을 해야겠군요.

하정우 그래서 전체 비용 최적화Total Cost of Ownership: TCO 개념을 강조

---

[*] AIOps: 인공지능 기술을 활용해 IT 운영을 자동화하고 지능화하는 플랫폼이다. 로그 분석, 이상 탐지, 문제 예측 및 대응 등을 통해 운영 효율을 높이고 장애를 신속하게 해결할 수 있도록 돕는다.

합니다. 장비 비용, 인건비, 경험 등 모든 것을 포함하면 오픈소스가 더 비싸질 가능성이 높습니다. 물론 오픈소스는 데이터 보안이나 저비용 테스트를 진행할 때 장점이 있습니다. 가령 오픈소스를 받아서 어느 정도 수치가 나오는데, 이걸 기준으로 더 나아가야 할지 말지를 결정하는, 즉 이렇게 사전에 작업하는 것으로는 활용할 수 있다는 겁니다. 다만 사전 학습 데이터와 특성이 다른 데이터로 파인튜닝하면 모델의 품질이 떨어지거나 기존 능력이 사라질 수 있습니다. 예컨대 라마 3 모델에 한국어 법률 데이터를 넣어 파인튜닝하면 서비스 적용이 어려울 정도로 품질이 나빠집니다.

한상기 애초에 라마가 사전 학습할 때 국내 법률 데이터를 충분히 학습하지 않았으니 그렇게 되는 것이겠군요.

하정우 그렇습니다. 언어 모델이 사전 학습할 때 사용한 데이터의 특성이나 구성과 파인튜닝해서 새롭게 학습할 지식이 포함된 데이터의 특성이 많이 달라서 모델에 이 지식들이 잘 주입되지 않는 겁니다. 결국 해외 빅테크가 만든 모델의 사전 학습 데이터에 한국어 데이터가 애초에 많이 부족하다는 점입니다. 이는 인스트럭션 튜닝을 통해서 문법적으로 글은 잘 쓸 수 있게 만들 수는 있지만, 내용이 부정확하거나 어색해지는 이유가 됩니다. 제가 사우디아라비아에서 미팅을 해보면 아랍어 사용자들도 이런 문제를 지적하고 있어요. 현지인들이 봤을 때 표현이 많이 어색하다는 겁니다.

이런 문제를 제대로 해결하려면 두 가지 방법이 있습니다. 첫 번째는 사전 학습 단계에서 기업이 보유하고 있거나 필요로 하는 대량의 기업 관련 분야 데이터를 AI 기업의 사전 학습 데이터와 섞어서 학습하는 방법입니다. 만약 그게 어렵다면, 두 번째는 사전 학습이 완료된 모델이 아니라 사전 학습이 10%, 30%, 40% 정도 진행된 중간 단계 모델을 가지고 거기서부터 맞춤 데이터를 추가로 넣어 학습을 이어갈 수 있습니다. 이렇게 하면 성능을 훨씬 끌어올릴 수 있죠. 이를 'Further pre-training'이라고 합니다. 실제로 생성형 AI를 설치형으로 구축할 때 많이 활용하는 기법입니다.

한상기 제가 이 부분을 이야기하는 이유는 많은 사람이 AI 모델에서 말하는 오픈소스를 우리가 예전에 알던 전통적 오픈소스와 헷갈려 하기 때문입니다. 전통적인 오픈소스는 소스 코드를 공개하면 그 코드를 사용자가 자유롭게 가져다 활용할 수 있습니다. 코드 자체가 가장 중요한 핵심이니까요. 하지만 AI 모델의 오픈소스는 학습된 모델의 가중치 파일 혹은 일부 코드를 공개하는 정도거든요. 또한 공개한 코드라는 건 큰 비중이 아니지 않습니까? 그래서 오픈소스를 정의하는 OSI(오픈소스 국제 표준화 기구)에서는 이걸 정확한 오픈소스로 인정하지 않지만, 우리는 흔히 오픈소스라고 불러버립니다. 이런 오해 때문에 대부분 경영진들이 '그거 오픈소스 있으니까, 갖다가 만들면 되지 않아?'라고 너무 쉽게 생각해버리는 경향이 있습니다.

하정우　사실 AI 분야에서 사용하는 오픈소스라는 표현은 기존 오픈소스의 개념과 차이가 있습니다. 제가 4월 조선일보 기고를 통해서도 설명드렸는데요. 진정한 오픈소스는 사용자가 공개된 내용을 바탕으로 똑같은 결과물을 재현할 수 있어야 합니다. 즉, 약간의 기술과 경험만 있으면 누구든 공개된 자료로부터 동일한 AI 모델을 만들어낼 수 있어야 하는 거죠. 하지만 현재 생성형 AI 모델들은 핵심적인 학습 코드나 데이터를 일부만 공개하거나 아예 공개하지 않는 경우가 많아서 엄밀히 말하면 진정한 의미의 오픈소스로 보기 어렵습니다. 제가 알기로는 앨런 인공지능 연구소Allen Institute for AI: Ai2의 올모OLMo 시리즈가 그나마 가장 공개된 사례인데, 여기서도 파이토치PyTorch* 기반의 분산 학습 코드만 공개되었을 뿐 실제로 이 코드가 얼마나 최적화되어 있는지 정확히 파악하기 어렵습니다. 특히 대규모 사전 학습에서는 분산 학습 최적화가 굉장히 중요한데, 그런 부분이 제대로 반영됐는지도 명확하지 않습니다. 네이버에서도 아랍어 모델 초기 실험을 위해 이 모델을 활용해봤지만, 학습 속도 면에서 만족스럽지 못했습니다. 올모 외의 라마나 딥시크와 같은 AI 모델들 역시 학습이 완료된 모델의 가중치 파일과 이 모델을 사용하는 코드, 프로그램, 그리고 시스템 모델 카드 같은 기술 보고서 정도만 공개하고 있습니다. 딥시크는 일부 핵심 엔진 부분 코드를 공개했지만 전체 학습 코드를 공개하진 않았습니다. 그래서 AI 업계에서는 이런 제한

---

* 파이토치(PyTorch): 메타에서 만든 AI 모델 개발 운영을 위한 파이썬 언어 기반의 라이브러리이다.

적인 형태의 공개를 표현할 수 있는 새로운 용어가 필요하다는 의견도 나오고 있습니다.

한상기   맞습니다. 물론 오픈소스 생태계를 국내에서도 키워나가는 건 중요합니다만, 국내 정책 담당자들이 AI 분야의 오픈소스 개념을 정확히 이해하지 못하고 기존의 전통적 오픈소스 개념과 혼동하는 경향이 큽니다. 이런 부분에 대한 명확한 인식과 이해를 도울 필요가 있습니다.

하정우   그래서 굳이 표현하자면 오픈소스 대신 오픈 웨이트open weight나 오픈 바이너리open binary라고 불러야겠죠. 이 오픈소스 AI도 개념을 좀 더 확장해야 한다고 봅니다. 자율주행차처럼 공개 수준을 레벨로 나누는 것이죠. 레벨 1은 기술보고서만 공개, 레벨 2는 모델 가중치와 활용 코드, 레벨 3은 레벨 2에 더해 학습 코드까지 공개, 레벨 4는 학습 데이터까지 포함해서 공개, 레벨 5는 개발 도구까지 전부 공개하는 식으로요. 이런 기준에 따르면 현재 AI 기업들이 공개하는 수준은 대부분 레벨 2에 머물고 있다고 볼 수 있습니다. 반면에 AI 모델이 재현 가능하려면 레벨 4는 되어야 합니다. 다만 현실적으로 데이터를 전부 공개하기에는 저작권 등의 복잡한 문제가 있어서 실제로는 레벨 2에서 3 사이에 머물 수밖에 없을 것 같습니다.

한상기   최근 해외 AI 기업들은 지속적으로 새로운 모델을 발표하며 꾸준히 발전하는 모습을 보여줬습니다. 반면에 국내 기업들은 지난 1년 반 정도 주춤하거나 심지어 포기한 것 같은 모습까지 보였습니다. 네이버에서 하이퍼클로바X 이후 몇 가지 업그레이드, 그리고 하이퍼클로바X SEED라는 오픈소스가 나왔고 LG가 엑사원을 오픈소스로 발표하긴 했지만, 그 외에는 이렇다 할 진전이 눈에 띄지 않았습니다. 최근 1~2년 동안의 국내 AI 기업과 연구 집단의 성과에 대해서는 어떻게 평가하시나요?

하정우 반은 맞는 말씀이고, 반은 억울한 면도 있습니다. 해외 기업의 경우 굉장히 빠르게 발전하고 있긴 하지만, AI 기업이 우리보다 훨씬 많고 이를 적극적으로 프로모션하는 효과도 있습니다. 오픈AI가 다양한 GPT 시리즈들을 내놓고 있고 구글의 제미나이도 1.0, 1.5, 2.0, 2.5 등의 여러 모델을 번갈아가며 발표하고 있죠. 앤트로픽의 클로드 시리즈, 메타의 라마 시리즈, 마이크로소프트의 Phi 시리즈, xAI의 그록 시리즈 등 다양한 회사들이 경쟁적으로 발표하고 홍보합니다. 반면에 생성형 AI 원천기술을 개발하는 국내 기업들은 3~4개에 불과하다 보니 상대적으로 적게 보일 수밖에 없습니다.

그렇다고 국내 기업이 발전하지 않은 건 아닙니다. 네이버도 하이퍼클로바X를 통해 비전 모델, 오토 브라우징 기능, 크기를 줄이면서 성능을 높인 모델 업데이트 등 여러 가지 향상이 있었습니다. 4월에는 하이퍼클로바X SEED라는 이름으로 경량화 모델을 오픈소스로 공개했습니다. LG AI 연구원도 엑사원 시리즈를 꾸준히 업그레이드하고 있으며, 최근에는 딥시크 R1과 같은 논증 모델인 엑사원 딥EXAONE Deep을 엔비디아의 GPU 기술 콘퍼런스GPU Technology Conference: GTC에서 공개했습니다. 카카오 역시 얼마 전 한국어 특화 모델인 카나나Kanana를 외부에 공개했습니다.

다만, 해외 기업들은 다양한 제품 라인업을 통해 큰 이벤트를 자주 열기 때문에 상대적으로 국내 기업들의 업적이 덜 주목받고 있는 것이 사실입니다. 실제로 미국과 중국 외의 다른 나라들과 비교하면 국내 기업의 발전이나 업데이트 숫자가 결코 적지 않습니다만, 미디어의 관심을 덜 받는 게 현실입니다. 게다가 대규모 일반 사용자 대상의 서비스로 제공하는 데 비용이나 리소스 측면의 어려움이 있어서 더욱 눈에 띄기 어려운 점도 있습니다.

한상기 결국 국내 기업의 발전이 상대적으로 잘 보이지 않는 이유 중 하나는 자금 부족 때문이라고 생각합니다. 운영 비용이 부담스러운 것 외에 또 다른 문제도 있는 것 같습니다. 국내 AI 분야의 리더나 전문가들이 한국에서 만들어진 모델을 적극적으로 평가하거나 분석하는 모습을 찾아보기 힘듭니다. 일반인들도 유튜브 등을 통해 오픈AI나 앤트로픽과 같은 해외 기업의 발표나 토론 영상을 자주 접합니다. 대표들과 주요 개발자들이 직접 나와 이야기하고, 이런 영상들이 한국어로 번역되어 쉽게 퍼지다 보니 해외 기업의 기술 마케팅이 더 강력하고 적극적으로 느껴집니다. 반면 국내 기업들은 이런 면에서 확실히 부족하다고 봅니다.

하정우 저도 그 점이 매우 아쉽고 부족하다고 생각합니다. 국내 AI 기업들이 인공지능 전문 기업이라면 기술 브랜딩과 마케팅에 더욱 적극적으로 나설 필요가 있습니다. 한국 기업들은 기술 마케팅의 중요성을 제대로 이해하지 못하거나 신경을 덜 쓰는 경우가 많습니다. 이런 상황에서는 겸손이 결코 미덕이 아니라고 생각합니다.

한상기 저도 과거 회사 생활을 할 때 보면 외국인 직원들은 아주 작은 성과라도 적극적으로 자신을 어필하는 데 반해, 한국 직원들은 지나치게 겸손하거나 불필요할 정도로 소극적인 모습을 보였습니다. 좋은 성과가 있어도 별거 아니라며 축소하거나, 혹시라도 문제가 드러날까 봐 두려워하는 경향이 있습니다. 사실 문제점이 드러나면 오히려 개선의 기회가 될 수 있는데도 말이죠. 비판을 받거나 지적당하는 것을 두려워하기 때문에 기술을 적극적으로 알리려는 노력이 부족한 것 같습니다.

하정우 전적으로 동의합니다. 기술이나 제품을 공개적으로 발표하면 칭찬과 비판의 목소리를 모두 듣게 되는데, 국내 기업들은 열 마디 칭찬보다는 한 마디의 비판에 더 과도하게 신경 쓰는 경향이 있습니다. 물론 비판 중에는 근거 없는 비판도 있을 수 있지만, 건설적인 비판은 오히려 기술을 개선할 수 있는 중요한 피드백입니다. 무엇보다 사람들의 관심을 끄는 것이 가장 중요합니다. AI 생태계의 영향력 확장은 관심에서부터 시작됩니다.

그래서 저는 오픈소스 AI 생태계를 키우는 게 매우 중요하다고 생각합니다. 특정 기업 혼자 모든 걸 완벽하게 만드는 게 불가능하다면, 오픈소스를 통해 문제를 해결하고 커뮤니티를 통해 지속적으로 발전시켜 나가는 것이 현명합니다. 생성형 AI도 마찬가지입니다. 실제로 엔비디아의 쿠다CUDA* 사례를 보면 지금 널리 쓰이는 라이브러리 대부분은 엔비디아가 직접 만든 것이 아닙니다. 모두 쿠다 기반의 오픈소스 생태계에서 만들어져 발전한 것이죠. AI 분야에서도 오픈소스 생태계를 보다 빠르고 적극적으로 구축할 필요가 있습니다.

일상과 업무를 바꿀 AI 에이전트 기술, 얼마나 왔나?

한상기 좋습니다. 이제 새로운 주제를 하나 더 이야기해보겠습니다. 최근 '2025년은 AI 에이전트 시대의 원년'이라는 표현이 등장하면서 관련된 책도 많이 출판되고 있습니다. 사실 AI에서 말하는 에이전트라는 개념은 이미 오래전부터 존재했습니다. 1970년대부터 사용되던 용어인데, 마치 최근에 처음 나온 개념처럼 이야기하는 분들이 많더라고요. 저도 예전에 공부할 때 나온 개념이라고 하면 괜히

---

* 쿠다(CUDA): 'Compute Unified Device Architecture'의 약자로 엔비디아 GPU의 병렬 연산 기능 등을 활용해 빠르게 계산 처리할 수 있도록 제공하는 소프트웨어 플랫폼이다. 그 자체는 오픈소스가 아니어서 엔비디아가 독점 관리하지만, 일부 기능과 개발 툴은 오픈소스로 공개되어 전 세계 수많은 AI 연구자들과 엔지니어들이 쿠다 생태계 확장에 기여하고 있다.

꼰대 같아 보여서 그냥 가만히 있습니다만(웃음), 아무튼 최근 AI 기술이 빠르게 발전하면서 자율성을 갖추고 여러 업무를 맡길 수 있는 수준까지 도달한 건 분명한 사실입니다.

그렇다면 AI 에이전트를 우리가 어떻게 정의하고 이해하면 좋을지, 그리고 이러한 에이전트가 실제 일상과 업무에서 본격적으로 유용하게 사용될 시기가 언제쯤이라고 예상하시는지 궁금합니다.

하정우 먼저 AI 에이전트가 무엇인지 정의부터 정리해보겠습니다. 많은 사람들이 기존의 대형 언어 모델과 AI 에이전트의 차이를 궁금해합니다. 쉽게 말하면, LLM이나 리즈닝 모델은 AI 에이전트의 두뇌 역할이라고 할 수 있습니다. 그리고 AI 에이전트는 특정한 기능을 수행하여 사람들의 업무를 자동화할 수 있는 지능형 애플리케이션이라 볼 수 있습니다. 좀 더 이해하기 쉽게 말하자면, 우리가 흔히 사용하는 앱인데 엄청 똑똑한 지능을 가진 앱이라고 할 수 있죠.

구체적으로 예를 들어볼까요? 사람의 직업 중에도 에이전트라는 직업이 있습니다. 사람 에이전트는 고객을 대신해서 업무를 처리해줍니다. 고객과의 대화를 통해 요구사항을 빠르게 파악하고, 어떤 일을 해야 하는지 계획을 세운 후 여러 업무를 수행하게 되죠. 운동선수의 에이전트를 예로 들어보면 이해가 쉬울 겁니다. 에이전트는 선수의 몸값과 처우를 높이기 위해 시장 조사도 하고, 사전 미팅을 통해 전략을 수립합니다. 또한 계약 시 반드시 들어가야 할 고객의 조건을 기억한 후, 대신해서 구단과 협상을 합니다. 협상 과정이 원활하지 않으면 더 나은 전략을 다시 세워 실행하고 최종적으로 계약을 성사시킵니다. 이런 절차를 AI가 자동으로 수행할 수 있다고 생각하면 됩니다.

이처럼 진정한 AI 에이전트가 되기 위해서는 몇 가지 중요한 기능이 필요합니다. 우선, 기억하는 능력이 있어야 합니다. 고객과의 대화를 기억해 원하는 사항을 이해하고 계획planning을 세운 뒤, 이를 실현하기 위한 단계별 추론reasoning을 해야 합니다. 또한 여러 행동action을 통해 원하는 결과를 만들어내고, 결과가 만족스럽지 않을 경우 스스로 평가reflection하여 더 나은 방법을 찾아 다시 실행execution하는 기능까지 갖춰야 합니다.

최근 AI 에이전트가 주목받는 이유는 바로 이러한 리즈닝 능력이 획기적으로 발전했기 때문입니다. 오픈AI의 o1이나 딥시크 R1 같은 모델이 대표적인 예로, 이 모델들은 일처리 능력이 매우 우수해졌습니다. 여기에 기억 능력을 돕는 기술들도 크게 발전했습니다.

한상기 방금 말씀하신 기억 관련 기술이 RAG라는 거죠?

하정우 맞습니다. RAG Retrieval-Augmented Generation, 즉 검색 증강 생성 기술인데, 이 부분은 조금 뒤에 다시 설명드리겠습니다. 중요한 건 LLM이 발전하면서 AI 에이전트가 잘 수행할 수 있는 업무가 더욱 많아졌다는 점입니다. 그런데 LLM과 에이전트의 결정적 차이는 바로 실행 능력에 있습니다. 글을 쓰거나 그림을 그리는 건 단순한 액션에 불과합니다. 진정한 AI 에이전트라면 외부 데이터를 불러와 활용하고, 다른 앱이나 기기, 프로그램 등을 직접 실행할 수 있어야 합니다. 예를 들어 여행 숙소 예약 요청을 받으면 실제로 숙소 예약 사이트에 접속하여 예약까지 진행할 수 있어야 하죠. 더 나아가 이런 기능이 소프트웨어뿐 아니라 로봇, 자동차, 스마트폰, 가전 등에도 적용되어야 진정한 AI 에이전트라고 볼 수 있습니다.

또한 에이전트는 실행 결과를 스스로 평가하고 판단할 수 있어야 합니다. 예를 들어 '이 결과는 주인이 만족하지 않을 것 같다'고 판단하면 더 좋은 해결책을 스스로 찾아 노력하는 것입니다. 이것을 셀프 리플렉션Self-Reflection이라고 합니다. 지금까지 이야기한 기능을 모두 갖추면 AI 에이전트가 90% 정도 완성된 수준이라고 생각합니다. 90%인 이유는 하나의 에이전트가 모든 문제를 해결하기엔 비용과 효율성이 떨어지기 때문입니다. 그 대신 각각의 전문 분야 에이전트를 만들어 여러 에이전트가 상호 작용하고 협력하도록 하면 더욱 복잡한 문제도 해결할 수 있습니다.

이런 관점에서 보면 현재 AI 에이전트는 완성도를 100점으로 봤을 때 60~70점 정도에 올라와 있다고 평가할 수 있습니다. 물론 분야별로 차이가 있습니다. 예를 들어 코딩이나 과학 연구 분야는 이미 높은 수준이며 일반 일상 업무는 아직 부족한 면이 있습니다. 그래서 일상 업무는 현재 컴퓨터를 직접 조작하도록 하는 방식으로 해결하고 있습니다. 최근 등장한 오픈AI의 오퍼레이터Operator나 앤트로픽 클로드 3.5의 컴퓨터 유즈Computer Use가 이런 방식입니다. 마치 사람이 직접 모니터, 키보드, 마우스, 파일 시스템을 조작하는 것처럼 에이전트가 작동합니다. 이렇게 보면 일상 업무 분야의 AI 에이전트는 현재 50~60점 정도로 볼 수 있으며, 이런 발전을 가능하게 만든 핵심은 역시 LLM의 발전이라고 할 수 있겠습니다.

한상기 말씀하신 것처럼 코딩 분야라든가 최근 구글에서 발표한 코사이언티스트Co-Scientist* 처럼 과학 연구나 리서치 리포트를 돕는 에이전트는 이미 상당히 발전했습니다.

하정우 특히 자료 조사나 보고서를 작성하는 생성형 AI의 딥 리서치Deep Research 혹은 심층 분석 기능을 활용해본 분들은 매우 놀라곤 합니다.

한상기 저도 그런 기능이 크게 발전했다고 느낍니다. 하지만 실제로 일상생활에서 사람들이 원하는 AI는 조금 다르죠. 대부분 사람들이 원하는 건 일상이나 업무에서 자신이 해야 할 일을 거의 전부 알아서 처리해주는 수준일 것입니다. 지금은 몇 가지 특별한 기능을 가진 에이전트를 묶어서 마이크로소프트 같은 기업이 내놓는 정도인

---

* 코사이언티스트(Co-Scientist): 구글의 코사이언티스트는 과학자들이 새로운 가설을 세우고 연구 계획을 수립하는 데 도움을 주는 AI 기반의 가상 협업 시스템이다. 제미나이 2.0을 기반으로 한 이 다중 에이전트 시스템은 자연어로 주어진 연구 목표를 바탕으로 관련 문헌을 요약하고, 검증 가능한 가설과 실험 설계를 제안한다.

데, 우리가 원하는 것은 과거에 부하 직원 20명을 데리고 했던 업무를 몇 개의 에이전트만으로 해결하는 수준입니다. 물론 업무에 따라 복잡성이 다르겠지만, 기업에서 이런 수준의 AI가 실제 사용될 수 있는 시점은 언제쯤으로 보시나요?

하정우 이미 세일즈포스의 에이전트포스Agentforce나 SAP가 마이크로소프트와 협력하여 진행 중인 사례를 보면, 기업의 모든 업무까지는 어렵더라도 상당히 반복적인 루틴 업무는 올해 하반기부터 본격적으로 도입될 것으로 봅니다. 다만 핵심은 비용 문제입니다. AI 에이전트가 더 잘할 수 있지만, 단순 업무라면 사람을 고용하는 게 더 저렴할 수도 있습니다. 따라서 비용 문제 해결이 관건이겠지만, 자료 조사나 보고서 요약과 같은 단순 루틴 업무는 올해 하반기부터 충분히 자동화가 가능할 것으로 예상합니다.

한상기 이 부분에서 독자들을 위해 한 가지 덧붙이자면, 딥 리서치가 만들어내는 5~10페이지 이상의 긴 리포트는 초반에 반드시 팩트체크가 필요합니다. 직접 하나씩 확인해보면 꼭 중간중간에 틀린 부분이 나오거든요. 심지어 존재하지 않는 이야기를 할 때도 있어요. 그런데 문제는 사람들이 점점 시간이 갈수록 AI가 생성한 결과물에 익숙해지고, 나중에는 아예 팩트체크조차 하지 않게 될 가능성이 크다는 점입니다. 처음엔 '정말 놀랍다!'고 생각하지만, 점점 익숙해지면서 사실 관계 확인 과정을 건너뛰게 되는 거죠. 어느 토론회에서 제가 헤겔이 말한 '주인과 노예의 변증법'을 비유로 든 적이 있는데, 주인과 노예의 권력관계가 점점 역전되는 상황과 비슷하다는 겁니다. AI가 제공하는 정보가 아예 허무맹랑하지는 않더라도 중간중간에 틀린 정보가 섞여 있는 경우가 많아서 반드시 주의가 필요합니다.

하정우 그래서 AI가 제공하는 자료에는 출처가 함께 표시되는 거잖아요?

한상기 그런데 때로는 그 출처 자체가 아예 존재하지 않는 경우도 있습니다.

하정우 중요한 자료일수록 출처 링크를 클릭한 후, 그 페이지에 들어가서 키워드 검색 기능으로 실제 내용을 직접 확인하는 습관을 꼭 가져야 합니다. 그런 과정들이 바로 우리가 말하는 'AI 리터러시'라고 할 수 있죠.

한상기 하지만 저는 결국 사람들이 귀찮아져서 잘 하지 않게 될 거라고 생각해요. 처음엔 팩트체크를 하다가도 점점 익숙해지면 '대충 맞겠지' 하고 넘어가게 되거든요.

하정우 맞습니다. 사실 사람과 함께 일할 때도 비슷하잖아요. 팀원을 과도하게 믿고 제대로 체크하지 않고 넘어갔다가 한 번 큰일이 생기면 그때부터는 다시 꼼꼼하게 보기 시작하죠.

한상기   이 부분은 나중에 AI 안전성이라는 주제를 다룰 때 더 깊게 이야기해보겠습니다. 저는 개인적으로 AI 에이전트의 안전성에 대해 상당히 우려하는 편입니다.

다음 질문을 드리겠습니다. 기업 입장에서는 AI 에이전트 자체를 직접 만들어 사용자에게 제공할 수도 있고, 혹은 사용자가 직접 에이전트를 쉽게 개발할 수 있도록 플랫폼을 제공할 수도 있습니다. 구글 같은 기업들이 주로 플랫폼 전략을 취하고 있는데요, 네이버는 어떤 방향으로 준비하고 있나요?

하정우   네이버는 당연히 플랫폼 쪽을 생각할 수밖에 없습니다. 애초에 네이버 자체가 플랫폼 기업이니까요.

한상기   그럼 에이전트 개발 플랫폼 쪽으로 간다는 얘기겠군요?

하정우   네, 오픈AI의 '에이전트 SDK'나 최근 큰 주목을 받고 있는 앤트로픽의 MCP Model Context Protocol 같은 플랫폼을 떠올리시면 됩니다. 네이버가 가진 고유의 생태계가 있는데, 이를 적극적으로 활용하는 겁니다. 이른바 '온 서비스 AI'라는 개념으로, 네이버 생태계 내에서 다양한 에이전트들이 운영될 수 있는 구조를 만들 수 있습니다. 예를 들어, 네이버 스마트스토어 판매자가 자신만의 쇼핑몰을 위한

AI 에이전트를 쉽게 만들 수 있도록 도구를 제공하거나, 블로그나 웹툰 같은 콘텐츠 분야에서도 자신만의 특화된 AI 에이전트를 쉽게 커스터마이징할 수 있도록 지원하는 방향으로 갈 수 있습니다. 물론 네이버 사용자들이 쉽게 쇼핑을 할 수 있도록 사용자의 구매성향을 잘 이해하는 쇼핑 어시스턴트도 가능하겠죠. 현재 네이버의 고민은 이런 플랫폼을 당장 최우선 순위로 빠르게 구축하느냐, 한다면 어떤 서비스를 위한 에이전트부터 시작할 것이냐, 아니면 조금 더 긴 호흡을 가지고 차근차근 준비하느냐 정도의 차이라고 보시면 될 것 같습니다.

또 하나 중요한 축은 바로 AI 생태계 확장 전략입니다. 저희는 지난 4월, 하이퍼클로바X 모델 중 경량화된 3종 세트를 '하이퍼클로바X SEED'라는 이름으로 허깅페이스Hugging Face를 통해 오픈소스로 공개했습니다. 공개된 모델은 총 세 가지로, 이미지까지 함께 이해할 수 있는 매개변수 30억 개 규모의 멀티모달 모델 1종과 텍스트 입력 및 생성 중심의 모델 2종(각각 15억 개, 5억 개 매개변수)입니다. 특히 5억 개 매개변수 모델은 양자화quantization를 통해 모바일 환경에서도 사용이 가능하도록 설계되어 있습니다. 실제 사용자들의 평가에 따르면, 저희 15억 개 매개변수 텍스트 생성 모델은 라마 3의 30억 개짜리 모델보다 RAG 기반 서비스에 즉시 적용할 수 있을 정도로 실용성이 높다는 의견이 많았습니다.

더욱 주목할 점은 대부분의 국내 기업들이 연구 목적에 한해 제한적으로 오픈소스를 제공하는 반면, 저희는 상업적 용도로도 활용 가능한 라이선스를 적용해 공개했다는 점입니다. 그 덕분에 많은 AI 스타트업들이 비용 부담 없이 저희 모델을 활용해 혁신적인 서비스를 개발하고, B2B 비즈니스 기회를 창출할 수 있게 되었습니다. 조직 내부의 생산성 향상을 위한 실증 프로젝트에도 부담 없이 활용이 가능합니다. 2025년 5월 말 기준으로, 이 세 가지 모델의 글로벌 누적 다운로드 수는 30만 회를 넘었습니다. 사용자들이 이를 파인튜닝하거나 양자화한 후 재공개한 파생 모델도 26종에 달할 정도로 활발한 반응을 얻고 있습니다.

한상기 MCP를 언급하셨으니까 먼저 질문을 드릴게요. 앤트로픽이 MCP 프로토콜을 발표한 후 많은 기업이나 기술 개발 그룹에서 이를 적극적으로 수용하는 모습을 보이고 있습니다. MCP가 어떤 의미를 갖는 것인지, 그리고 구글이 구글 클라우드 넥스트를 통해서 발표한 A2A^{Agent2Agent}*와 어떤 관계를 갖는 것인지 일단 기술적인 설명을 부탁드립니다.

하정우 MCP는 Model Context Protocol의 약자로, 앤트로픽이 2024년 11월에 제안한 AI 에이전트 전용 인터페이스 표준입니다. AI가 외부의 데이터나 앱, 프로그램, 노트북이나 스마트폰 같은 다양한

---

* A2A(Agent2Agent): 서로 다른 소프트웨어 에이전트 간에 자동으로 데이터를 주고받고 작업을 수행하도록 하는 통신 방식이다. 이를 통해 시스템 간 통합과 업무 자동화가 가능해진다.

기기, 심지어 다른 AI 에이전트들과도 효율적으로 연결할 수 있도록 돕는 기술입니다. MCP의 모든 관련 프로그램은 이미 오픈소스로 공개되었습니다.

이 기술이 왜 중요할까요? 아무리 뛰어난 글쓰기나 추론 능력을 갖춘 AI 에이전트라도, 실질적인 가치를 발휘하려면 외부 환경과 효과적으로 연결되어야 하기 때문입니다. 예를 들어 사용자 파일이나 일정, 이메일과 같은 외부 데이터를 불러오고, 앱을 실행하거나 실제 기기를 제어할 수 있어야 비로소 AI가 현실 속에서 유용한 도구가 됩니다. 과거 USB 인터페이스가 여러 형태로 나뉘었다가 최근 USB-C 타입으로 표준화되면서 외장 메모리, 외장 하드디스크, 모니터, 심지어 전원까지 하나의 인터페이스로 통합된 사례와 비슷합니다. 표준화가 이루어지면 사용자도 편리하지만, 기업 입장에서도 제품 개발 비용과 노력이 줄어들고 생태계 확장에 유리해지죠.

AI 에이전트 생태계도 마찬가지입니다. MCP가 빠르게 표준으로 자리 잡으면서 글로벌 AI 업계의 반응이 매우 긍정적이었습니다. 심지어 오픈AI도 비슷한 기술인 에이전트 SDK를 출시했음에도 불구하고 MCP를 공식 지원하겠다고 발표했습니다. 샘 올트먼이 X를 통해 "많은 개발자가 MCP를 선호하기 때문에 우리도 이를 지원한다"라고 직접 밝혔죠. 구글도 MCP를 지원하기로 했습니다. 이런 흐름으로 볼 때 MCP를 중심으로 AI 에이전트 산업의 생태계가 빠르게 확장될 가능성이 큽니다. 그 과정에서 앤트로픽의 영향력과 산업 내 입지도 더욱 커질 것으로 예상합니다. AI 에이전트와 외부 자원의 연결을 넘어 AI 에이전트들끼리 연결도 중요할 텐데요. 왜냐하면 문제가 복잡할수록 다양한 전문성을 가진 에이전트들이 서로 협력해서 해결해야 하기 때문이죠. 이러한 에이전트들 간의 연결 프로토콜이 구글이 올해 4월 클라우드 넥스트에서 제안한 A2A입니다. 물론 MCP도 에이전트 간 연결을 지원하지만, A2A가 훨씬 특화되어 있다고 볼 수 있습니다. 쉽게 비유하자면 MCP가 대도시와 위성도시를 연결하는 국도라면 A2A는 대도시들을 연결하는 고속도로에 가깝습니다.

따라서 국내 AI 기업들도 AI 에이전트를 개발할 때 이러한 MCP나 A2A를 지원하거나 적극 활용하는 전략이 중요해질 것입니다. 주의할 것은 아직 초창기이다 보니 보안장치에 대한 설계나 고려가 강하지 않기 때문에 보안이 중요한 응용 분야에 MCP나 A2A를 활용할 때 세심한 설계가 필요합니다.

한상기 예상보다 빠르게 MCP가 실질적인 표준으로 자리 잡아가고 있는 모습입니다. 그렇다면 구글이 제안한 A2A도 에이전트 간 커뮤니케이션 프로토콜로 정착할 수 있을까요? 마이크로소프트나 아마존 AWS처럼 거대 플랫폼 기업들은 언제든지 자신들만의 프로토콜을 제시하고, 이후에 새로운 표준을 만들자는 식의 전략을 취할 가능성도 있습니다.

다시 네이버 이야기로 돌아와서, 네이버 서비스의 특성을 고려해보면 자체적인 에이전트를 직접 개발해서 사용자들에게 "이걸 활용해

보세요"라고 제공할 가능성도 충분히 있다고 봅니다.

하정우 저 역시 그렇게 가는 것이 바람직하다고 생각합니다.

한상기 만약 네이버가 에이전트를 직접 만들어 사용자에게 제공한다면 어떤 형태의 에이전트가 가장 적합할까요?

하정우 개인 사용자들도 그렇지만 특히 기업들이 네이버 플랫폼에서 생성되는 사용자 데이터에 큰 관심을 갖고 있습니다. 사람들이 무엇을 검색하고, 어떤 뉴스를 보는지, 어느 분야에 관심이 있는지 등의 데이터 말이죠. 기업들이 직접 데이터를 요청하는 경우도 있지만, 개인정보 보호 문제와 데이터 소유권 문제로 직접적인 원본 데이터를 제공하는 건 어렵습니다.

그 대신 에이전트를 활용해 네이버가 보유한 다양한 데이터의 패턴이나 분석된 결과, 혹은 파운데이션 모델로 미리 학습한 형태를 제공한다면 기업들이 매우 큰 관심을 보일 것으로 생각합니다. 기업들이 자사의 데이터나 지식과 쉽게 결합하여 사용할 수 있기 때문이죠. 이런 부분이 네이버만의 경쟁력이 될 수 있다고 봅니다.

한상기 기업의 비즈니스 영역에서는 회사나 서비스 관련 정보가 어떻게 유통되고 있는지, 사람들의 반응이 어떤지 신속하게 파악하고 싶어 합니다. 과거에는 뉴스 얼럿alert 서비스가 그런 역할을 했지만,

에이전트를 활용하면 더욱 깊이 있고 체계적인 서비스가 가능할 것입니다. 에이전트를 논의하다 보면 항상 온디바이스 AI와 연결이 됩니다. 예를 들어 스마트폰부터 최근 이슈가 된 AI 핀AI Pin 같은 디바이스가 있죠. 얼마 전 HP가 AI 핀을 개발한 휴메인Humane의 기술을 1억 1,600만 달러에 인수했습니다. 이처럼 작은 기기에서 동작하는 AI 모델은 별도의 특화된 모델을 개발하는 것이 좋을지, 아니면 기존의 대규모 파운데이션 모델을 압축한 버전을 만드는 것이 좋을지 고민이 많습니다. 어느 쪽이 더 바람직하다고 생각하시나요?

하정우   큰 모델에서 지식을 뽑아 작은 모델로 전이하는 지식 증류Knowledge Distillation 방식이 가장 유망하다고 봅니다. 크게 두 가지 방법이 있습니다. 학습이 완료된 강력하고 큰 모델을 일부 매개변수를 제거하는 프루닝pruning과 같은 모델 경량화 기법을 써서 능력은 유지하면서 작게 만드는 방법이 있고요. 대형 모델이 보유한 뛰어난 지식과 추론 능력을 이용해 데이터를 생성하고, 이를 다시 작은 모델에 추가 학습시키는 데이터 증류 기법으로도 작은 모델을 똑똑하게 만들 수 있습니다. 중국의 딥시크 R1이 라마 모델을 이용하여 지식 증류를 통해 GPT-4급 성능을 낸 사례가 이미 있습니다. 물론 최종적으로 작은 모델이 구동할 디바이스의 용도와 시나리오에 따라 추가적인 튜닝이 필요할 것이며, 양자화나 프루닝 등 모델 압축 기술을 활용하여 성능을 유지하면서 모델 크기를 축소해 칩에 이식하는 방식이 적합하다고 생각합니다.

한상기 그것이 최근 중국에서 추진하는 AIoT, 즉 스마트 디바이스에 딥시크 모델을 적용하는 방향과 유사하군요. 이 부분은 2장에서 깊이 다루겠습니다.

하정우 맞습니다. 처음부터 작은 모델을 독립적으로 만들면 뛰어난 리즈닝 능력을 갖추기가 어렵습니다. 결국 뛰어난 능력을 갖춘 큰 모델을 선생님으로 삼아 작은 모델을 학습시키는 방식이 최선이라고 봅니다. 국가적 차원에서도 강력한 선생님 모델을 확보하는 것이 전략적으로 중요해질 것입니다. 이미 바이든 행정부 말기에 폐쇄형 AI의 누적 학습 연산량이 10^{26} 이상인 모델에 대해서는 우방국에게만 접근을 허용하는 지침이 내려졌습니다. GPT-4가 4×10^{25} 정도로 알려져 있으니 GPT-4.5나 그록 3, 제미나이 2.5 Pro와 같은 모델이 여기에 해당될 가능성이 높습니다. 또한 우방국 정책도 언제든 변할 수 있다는 점을 이번 트럼프 정부의 관세 정책에서 볼 수 있습니다.

한상기 작년 삼성도 AI 스마트폰을 내놓았고, 구글과 애플도 스마트폰에 AI 기능을 탑재했지만 사용자들이 이 기능을 유용하게 활용하는 것 같지 않습니다. 저도 이 기능이 삶을 크게 바꾸었다고 느낀 적이 없는데, 그 이유가 뭘까요?

하정우 조금 더 시간이 필요합니다. 기술적 문제보다는 사용자들이 그 유용성을 체감할 수 있는 시간이 필요한 것이죠. 업무 환경에서는

AI의 유용성을 느끼지만, 일상생활에서 습관을 바꿀 정도의 강력한 인센티브가 아직 부족한 것 같습니다. 세대가 바뀌고 사용자들이 더 익숙해지면 상황은 달라질 것으로 생각합니다.

한상기   저만 봐도 스마트폰 내장 AI 기능보다 차라리 챗GPT나 앤트로픽 클로드 같은 모바일 앱을 사용하는 게 훨씬 편하고 다양성도 풍부합니다.

하정우   그것이 가장 큰 문제입니다. UX User Experience (사용자 경험) 측면에서 보면 이미 습관화된 앱이나 웹 서비스를 바꿀 만큼의 강력한 요소가 아직 없습니다.

한상기   기존의 습관을 바꾸려면 큰 이익이 필요하지만, 현재의 AI 스마트폰 기능은 그만큼의 동기와 혜택을 주지 못하는 것이죠.

하정우   결국 선점 효과가 매우 크다는 것을 다시 한번 느낍니다.

온디바이스 AI의 다음 무대

한상기   만약 지금 온디바이스 AI 기기를 만든다면 스마트폰 말고 어떤 기기를 만들어보고 싶으세요? 최근 오픈AI가 샘 올트먼과 애플의 전 수석 디자이너 조니 아이브가 함께 설립한 AI 하드웨어 회사인 io 프로덕트io Products의 인수를 검토하고 있다는 뉴스가 전해졌습니다. 그런데 조니 아이브가 구상하는 제품은 기존의 스마트폰과는 다른 형태라고 합니다.

하정우 기술적인 가능성이나 한계를 잠시 무시하고 이야기하면 저는 안경을 만들고 싶어요. 요즘 제가 가장 불편하게 느끼는 게 누군가가 반갑게 인사를 해도 그 사람이 누군지 기억이 안 나는 순간이거든요.

한상기 그런 비슷한 기기가 이미 조금씩 나오긴 했죠. 메타와 레이밴이 협력한 스마트 글래스가 있었고, CES에서 발표된 할리데이Halliday 글래스, 앞으로 출시될 메타의 오리온Orion AR 글래스나 구글의 프로젝트 아스트라Astra 같은 데모 버전도 있었죠.

하정우 그런데 단순히 얼굴만 인식하는 걸 넘어 그 사람을 언제 어디서 만났고, 직업은 무엇이며, 그때 어떤 대화를 했었는지까지 안경 화면에 쭉 표시해준다면 정말 편리할 것 같습니다. 얼굴 인식 기능은 당연히 필수고요.

한상기 그런데 그런 기능이 들어가면 프라이버시 문제가 심각해지지 않을까요?

하정우　하지만 정보를 외부로 보내지 않고 안경 자체의 디바이스 내에 피처feature 형태로 저장하면 어느 정도 해결될 수 있지 않을까요? 현실적인 가능성을 고려한다면 결국 로봇이 더 적합할 것 같습니다. 저는 원래 휴머노이드 로봇Humanoid Robot이 현실화되는 건 멀었다고 생각했는데, 최근 중국의 빠른 기술 발전을 보고 나서는 생각이 좀 바뀌었습니다.

한상기　그런 휴머노이드 로봇은 결국 공장이나 치안 현장 같은 특정 분야에서는 쓸 수 있겠지만, 일반 가정에서 성인 크기만 한 로봇을 받아들이는 건 쉽지 않잖아요?

하정우　앞으로 그런 크기의 로봇도 자연스럽게 받아들일 수 있는 세대가 나올 수도 있겠죠.

한상기　저는 개인적으로 가정용 로봇이 가장 큰 가능성을 가졌다고 봅니다. 하지만 크기가 작고 귀여우면서도 여러 가지 일을 해주는 로봇이 더 필요하지 않을까요? 굳이 빨래를 개거나 다림질까지 하지는 않더라도 함께 소통하면서 반려동물이나 동반자 같은 역할을 해주는 소셜 로봇 말이죠. 가격과 상관없이 집 안에서 1.8미터나 되는 로봇이 돌아다니는 건 좀 부담스러울 것 같아요.

하정우　1.8미터는 너무 큽니다. 50~60센티미터 정도의, 귀여운 어린아이 느낌이 나는 로봇이 있으면 좋겠습니다. 손주 보는 느낌이 나는 그런 로봇 말이죠. 하지만 현실적으로 시장에서 먼저 확산될 AI 디바이스는 자동차 쪽이 아닐까요?

한상기 자동차는 어차피 테슬라의 일론 머스크Elon Musk나 구글 웨이모, BYD 같은 중국의 자율주행 자동차 기업이 알아서 잘 해낼 겁니다.

다음 질문으로 넘어가 보겠습니다. 사실 이 질문은 제가 여러 자리에서 자주 드렸던 내용인데요. 최근 파운데이션 모델의 한계를 극복하자는 움직임이 있었습니다. 기존의 모델들이 너무 크고 무거우니, 더 작고 효율적이면서도 뛰어난 성능을 가진 모델을 만들자는 시도들이 있었죠. 특히 오토리그레시브autoregressive 방식의 학습에 한계를 느끼고 인간이 세상을 관찰하고 이해하는 방식을 모방한 모델을 개발하려는 연구가 지난 2년 사이에 여러 형태로 나타났습니다. 대표적으로 얀 르쿤Yann LeCun 교수의 JEPA 모델, 피지컬 AI, 그리고 월드 모델World Model 등이 있습니다. 이들 모델은 트랜스포머 구조를 사용하거나 이를 뛰어넘는 완전히 새로운 구조를 제시하기도 했습니다. 이런 흐름에 대해 어떻게 평가하시나요?

하정우 그런 흐름이 있는 게 사실입니다. 우선 얀 르쿤 교수가 제안한 JEPA 모델의 경우도 인공신경망 구조를 활용한다는 점에서는 기존과 크게 다르지 않습니다. 하지만 접근 방식이 다르죠. 여기서 잠깐 오토리그레시브 방식을 설명드리자면, 간단히 말해 다음 단어나 다음 이미지 조각을 하나씩 예측하고 채워가는 방식입니다. 그런데 이런 방식만으로는 AGI를 실현하는 데 한계가 있다는 판단으로 다른 접근 방법들이 등장했습니다.

트랜스포머 모델은 콘텐츠를 생성하는 과정에서 중간 계산량이 매우 많아지는 단점이 있는데, 이를 개선하려는 다양한 기법들이 등장했습니다. 그중 하나가 '스테이트 스페이스 모델State-space model: SSM'이라는 방법인데, 이름이 낯설어 보여도 사실 수십 년 전부터 있던 꽤 오래된 방식입니다. 과거에 쓰였던 RNNRecurrent Neural Network 계열의 접근법이고, 그 대표적인 최신 모델이 맘바Mamba*입니다. 다만 아직 맘바 같은 SSM 모델이 수백억 개 이상의 매개변수를 가진 상태에서 성능이 확실하게 검증된 건 아니어서 실제 산업 현장에 적용하기에는 좀 더 시간이 필요합니다.

맘바 단독으로는 성능의 한계가 있어 트랜스포머 모델과 맘바를 결합한 하이브리드 형태 연구가 활발히 진행되고 있습니다. 또 트랜스포머의 핵심인 어텐션Attention** 계산량을 줄이는 라이트닝 어텐션Lightning Attention 기술도 최근 주목받고 있습니다. 실제 중국의 미니

---

* 맘바(Mamba): 카네기멜론대학교와 프린스턴대학교의 연구자들이 개발한 새로운 인공지능 모델 아키텍처로, 기존 트랜스포머의 한계를 극복하고자 고안된 선택적 상태 공간 모델(Selective State Space Model) 기반의 시퀀스 모델이다.
** 어텐션(Attention): 인공지능, 특히 자연어 처리(NLP)와 딥러닝 모델에서 입력 정보 중 중요한 부분에 집중하도록 하는 메커니즘이다. 문장이나 이미지처럼 순차적 또는 복합적인 데이터에서 핵심 정보를 가중치를 통해 강조함으로써, 모델이 더 정밀하게 의미를 파악하고 예측할 수 있도록 돕는다.

맥스MiniMax라는 기업은 라이트닝 어텐션과 트랜스포머 구조를 섞은 모델을 내놓고 GPT-4o보다 뛰어난 성능이라고 주장하고 있죠. 즉, 트랜스포머를 완전히 대체하지는 않더라도 계산량을 줄이면서 성능을 유지하거나 개선하는 방법들이 점점 늘어나고 있습니다.

한편 학계에서는 여전히 상식 추론과 같은 복잡한 문제를 해결하는 데 단순히 데이터를 많이 투입하는 방식으로는 한계가 있다고 보고 있습니다. 그래서 인간의 추상적 사고와 비슷한 방식으로 기호를 효과적으로 다루는 모델이 필요하지 않을까 고민하는 거죠.

한상기 맞습니다. 그래서 그런 연구자들이 하이브리드 시스템을 많이 제안하고 있습니다. 인간의 뇌가 가진 추상화 능력을 본뜬, 데이터 기반의 학습에 더해 추상화 기능까지 갖춘 모델이 필요하다고 말하는 겁니다. 그런데 아직까지는 트랜스포머의 지위가 확고한 것 같아요.

하정우 트랜스포머보다 확실히 더 뛰어난 모델 구조가 등장한다면 상황이 급격히 변할 겁니다. 실제로 트랜스포머도 2017년에 갑자기 등장한 혁신이었거든요.

한상기 만약 그렇게 되면 엔비디아 주식부터 다 팔아야겠죠.

하정우 실제 그런 일이 발생한다면 우리가 알고 있던 규모의 법칙이 깨질 수도 있고, 엔비디아가 현재 가진 위치도 완전히 달라질 수 있습니다.

AGI 시대, 인공지능이 조직을 대체할 수 있을까?

한상기 이제 1장의 마지막 질문으로 AGI에 대해 이야기해보겠습니다. 우리가 2년 전 《AI 전쟁》을 쓸 때만 해도 AGI에 관해 그렇게 깊게 논의하지는 않았죠. 그저 하 센터장께 AGI란 무엇이라고 생각하는지 간단히 물어보는 수준이었습니다. 그런데 그 후로 제가 《AGI의 시대》라는 책을 쓰기도 했고, 최근 딥마인드의 데미스 하사비스Demis Hassabis, 앤트로픽의 다리오 아모데이Dario Amodei, 특히 AGI 연구의 대표자인 딥마인드의 셰인 레그Shane Legg 같은 인물들이 AGI 도달 시기가 2~5년 내로 크게 줄었다는 이야기를 하고 있습니다. 물론 AGI라는 용어가 너무 모호하다고 반대하는 사람들도 있습니다. 셰인 레그도 "100명에게 물으면 100개의 다른 정의가 나올 것"이라고 했죠. 하지만 이제는 AGI를 더 이상 논의하지 않을 수 없는 시점이 되었다고 생각합니다. 현재 논의되는 AGI의 정의나 개념에 대해서는 어떻게 보시나요?

하정우 앞서 AI 에이전트에 대해 말씀드렸던 기능들을 전부 갖추는 것이 AGI라고 본다면, 《AI 전쟁》에서 저는 "100년은 걸릴 것 같다"고 말했었죠. 하지만 그건 어디까지나 개인적인 정의였고, 최근 논의되는 AGI의 개념은 점점 구체적이고 현실적으로 변하는 느낌입니다. 오히려 학계보다 산업계에서 AGI에 대한 논의가 활발하고, AGI를 비즈니스 관점에서 상품화 가능한 기술로 보는 흐름이 강해졌습니다. 나아가 초지능 Artificial Super Intelligence: ASI* 개념을 따로 만들어 거의 모든 것을 다 수행하는 완벽한 지능은 ASI에 맡기고, AGI는 현실적이고 상품적인 관점에서 접근하고 있죠.

오픈AI는 AGI를 아주 명확하게 정의했습니다. 바로 조직을 완전히 대체할 수 있는 능력을 갖춘 AI를 최종 단계의 AGI로 보는 겁니다. 조직이라는 표현을 사용한 이유는 조직은 본래 다양한 능력을 가진 사람들이 모여 함께 일을 수행하는 구조이기 때문입니다. 즉, AI가 조직의 임무를 구체적으로 대신 수행할 수 있다면 AGI라고 판단할 수 있고, 이때 AGI의 역할이나 가치도 명확히 매길 수 있게 되는 거죠.

한상기 그러니까 기업에서 인사 관리나 홍보, 마케팅과 같은 특정 부서 전체를 AI 하나로 대체할 수 있어서 인간 직원이 전혀 필요 없어진다면, 그런 수준의 AI를 AGI로 볼 수 있다는 말씀이군요.

하정우 맞습니다. 그러면 그 회사는 홍보나 인사 분야에서의 AGI

---

* 초지능(Artificial Super Intelligence: ASI): 거의 모든 면에서 인간의 능력을 초월하는 범용 역량을 가진 지능으로 정의한다.

를 보유하게 되는 겁니다.

한상기 그것이 바로 오픈AI가 정의한 5단계 수준의 AGI가 되는 것이죠.

하정우 네, 정확합니다. 이런 관점이라면 모든 분야는 아니더라도 몇몇 분야에서는 2~3년 내에 AGI가 현실화될 수 있다고 생각합니다.

한상기 그런데 다리오 아모데이는 〈사랑과 은총의 기계Machines of Loving Grace〉라는 글에서 AGI라는 용어를 싫어하고 대신 '강력한 AI Powerful AI'라는 표현을 쓰더군요. 그는 데이터센터 안에 1,000명의 천재가 사는 나라가 등장할 것이라고 말했는데, 이를 현실화하려면 최소 수백만 개의 하이엔드 GPU(H200, 블랙웰, 루빈, 파인만 등)가 필요할 것이라고 주장합니다. 그렇다면 우리나라에서 논의되는 GPU 규모인 2만 장, 많아 봐야 10만 장 수준으로는 AGI 수준의 AI를 만드는 것이 어렵지 않을까 걱정됩니다. 이에 대해서는 어떻게 생각하시나요?

하정우 어려워도 반드시 해야 한다고 생각합니다. 그리고 다리오 아모데이가 말한 수백만 개의 GPU가 모두 훈련용 GPU는 아닐 겁니다. 그중 상당수는 추론용 GPU일 것이고, 지속적으로 훈련이 필요한 GPU는 일정한 수량만 갖추면 된다고 생각합니다. 지금 우리나라가 해야 할 일은 가능한 한 빨리 훈련용 GPU를 확보하면서 동시에 국내 팹리스 회사를 키워 추론 전용 칩을 자체적으로 생산할 수 있는 능력을 확보하는 것입니다. 제가 더 걱정하는 것은 오히려 한국의 기업들이 실제 AGI를 개발할 수 있을지에 대한 부분입니다. 슬픈 이야기지만, 네이버 같은 회사조차도 당장은 어렵지 않을까 생각합니다.

한상기 이거 편집 안 하고 꼭 넣어야겠네요(웃음).

하정우 향후 2~3년 동안 상용 서비스 출시를 아예 고려하지 않고 AGI 수준의 인공지능 연구에만 집중하는 것을 허용할 수 있는 한국 기업이 과연 존재할지 의문입니다. 개인적으로는 국내에는 그런 회사가 없다고 봅니다.

한상기 저 역시 없다고 보는데요. 그래서 이 부분은 결국 국가적 프로젝트로 추진해야 한다는 말씀이시죠?

하정우 국가적 차원에서 이끌어가는 프로젝트가 필요합니다. 국내 기업의 우수 인력과 교수, 학생들이 모두 모여 2~3년 동안 오직 AGI 개발에만 몰두하는 겁니다. 논문 건수 같은 정량적 평가가 아니라 실제로 모델을 만들어 오픈소스로 공개하고, MIT 라이선스처럼 상업적 활용까지 허용해서 글로벌 오픈소스 생태계에 확산시키는 방식으로 나아가야 합니다. 그렇게 해서 세계적으로 얼마나 큰 임팩트를 주었고 얼마나 많은 나라에서 사용하는지로 연구 성과를 평가하면 의미가 있다고 생각합니다.

사실 제가 지난 4월 30일, 과실연 주최 '새 정부를 위한 AI 공약 제언' 미디어데이에서 국가 초지능연구소 설립의 필요성을 강하게 주장했던 것도 이와 같은 문제의식에서 비롯된 것입니다. 이 공약 제언 초안 작성에도 박사님이 함께 참여하셨잖아요.

한상기   그 얘기는 5장에서 한국의 현황과 방향성에 대해 더 깊이 다룰 예정이니 그때 다시 이야기해봅시다. 마지막으로 질문 하나 드리겠습니다. 우리가 최근 자신감을 얻은 이유는 베이스 모델의 리즈닝 기능을 강화하고 우수한 질문과 답변으로 강화 학습을 진행해 전문가급 능력을 가진 AI를 만들 수 있었기 때문이잖아요. 그런데 이런 방식은 데이터 확보가 쉬운 코딩, 물리, 화학, 생물 같은 과학 분야에 적합합니다. 그러나 조직 내 업무는 아주 다양한 태스크들이 복잡하게 얽혀 있습니다. 이런 방식을 통해 조직 전체의 일반 지능을 구현할 수 있을지 저는 의문이 있습니다.

하정우   두 가지 방법을 생각해볼 수 있습니다. 우선 조직 구성원의 역할을 CoT처럼 구체적으로 정의하고 각 업무의 실제 프로세스를 데이터로 만드는 겁니다. 그런 데이터를 역할별로 각각 만들어서 그 역할을 수행하는 에이전트들을 개발하고, 이 에이전트들이 서로 상호 작용할 수 있도록 합니다. 물론 업무의 독립성이 약하고 복잡하게 얽힌 조직은 더 어려울 수 있겠죠.

두 번째로는 처음부터 모든 업무를 100% 자동화하는 게 아니라 업무에 따라 자동화 목표를 30%, 60~70% 등 현실적으로 설정하는 겁니다. 이런 방식으로 빠르게 데이터를 구축하고, 이를 사용하며 에러나 피드백 데이터를 축적하여 점진적으로 자동화 수준을 높여나갈 수 있을 것으로 생각합니다. 이렇게 점진적 접근이 결국 더 현실적인 AGI 개발 방법이 될 수 있습니다.

한상기 하 센터장님과 저는 전공이 같지만, 조금씩 접근법에 차이가 있는 것 같아요. 특히 하 센터장님처럼 기술 중심적인 사람들은 인간의 행동이나 의사결정, 판단을 아주 작은 단위로 환원할 수 있다고 보는 환원주의적 접근을 취하는 경향이 있습니다.

하정우 그래서 저는 일단 가능성이 높은 것부터 하나씩 해보자는 입장입니다.

한상기 그런데 저는 가장 간단해 보이는 의사결정이나 행동조차 사실 그 이면에는 인간의 기본적인 상식과 지식이 훨씬 더 많이 필요하다고 생각합니다. 물론 업무를 체계적으로 분석해서 작게 쪼개다 보면 어느 정도 자동화가 가능할 수 있다는 점에 동의합니다. 하지만 인간 조직이 그런 작은 업무의 조합만으로 온전히 돌아가는 것은 아니라고 생각하거든요. 여전히 도전적인 문제라고 봅니다. 아까 말씀하신 것처럼 어떤 업무는 30%만 가능하고, 어떤 것은 70%까지 가능할 수도 있겠죠. 하지만 100% 자동화는 불가능하다고 생각합니다. 예를 들어, 직원들이 잠깐 밖에 나가 담배를 피우면서 나누는 비공식적인 소셜 인터랙션 같은 것은 AI 에이전트가 도저히 할 수 없는 부분이죠. 제가 이런 이야기를 하는 이유는 과거 MIT에서 사회 물리학Social Physics을 연구했던 사례가 떠올라서입니다. 그때 사람들의 행동을 원자로 가정하고 물리학적 모델로 분석하려고 시도했는데 아주 의미 있는 결과를 얻지는 못했습니다. 그만큼 조직 내 인간 행동을 완전히 자동화하는 것은 정말 어려운 문제이고, 아예 불가능하다고 단정 지을 수는 없지만 쉽지 않은 일이라고 보는 겁니다.

하정우 맞습니다. 쉬운 문제는 아니죠.

한상기 조직 내 인간의 행동과 판단을 완전히 자동화한다는 것은 여전히 굉장히 어려운 문제라고 생각합니다. 물론 일부 업무는 충분히 가능하겠죠.

하정우 그래서 제가 볼 때는 구매 업무 같은 건 가능하지 않을까 싶어요. 구매 업무의 상당 부분이나 재무, 회계 같은 영역은 이미 숫자로 명확하게 정의되어 있기 때문입니다. 물론 투자 의사결정 같은 영역은 또 다른 문제겠지만요. 제가 생각하는 것은 매우 기계적인 업무들입니다. 즉, A 다음에 반드시 B가 따라오는 식으로 명확한 프로세스를 갖춘 업무는 자동화가 가능하다는 이야기입니다.

한상기   하지만 그런 업무는 사실 예전의 툴로도 이미 충분히 자동화됐던 것 아닌가요? 지금 우리가 이야기하는 것은 조금 더 지능적이고 깊은 분석을 하는 수준의 발전에 불과한 것 같습니다만.

하정우   가령 구매 과정에서 입찰이 들어오면 조건을 일일이 검토하고 판단을 내려야 하는데, 이런 과정을 인간적 요소를 배제하고 AI로 자동화하면 훨씬 빠르고 효율적으로 처리할 수 있다는 거죠.

한상기   제가 예전에 공부할 때 이런 의사결정 과정을 전문가 시스템의 규칙 기반으로 정의하려고 했지만 결국 성공하지 못했습니다. 지금의 접근법은 강화 학습 데이터를 모아 새로운 패턴을 찾는 방식으로, 과거의 규칙 기반 시스템과는 분명히 다른 접근입니다. 그런데 저는 이런 방식으로 필요한 데이터를 충분히 확보할 수 있을지 의문이에요. 데이터가 얼마나 많아야 조직의 복잡한 업무들을 효과적으로 자동화할 수 있을지 잘 모르겠습니다. 개인 업무나 이노베이터 수준의 역할은 충분히 가능할 수 있지만, 조직 전체를 그런 방식으로 자동화한다는 것은 너무 단순하고 공학적인 접근 같습니다. 조직이라는 게 그렇게 단순한 방식으로만 돌아가지는 않으니까요. 그런 부분이 조금 더 나이 든 사람으로서의 우려입니다.

하정우 만약 조직 수준까지 자동화가 가능해진다면 다양한 위험 요소가 생길 수 있다고 봅니다. 왜냐하면 여러 에이전트들이 자가 발전하며 상호 작용하는 구조가 되기 때문입니다. 개인이나 혁신가 수준의 싱글 에이전트라면 혼자 업무를 처리하는 수준이라 위험이 상대적으로 낮지만, 조직 수준의 멀티 에이전트 시스템Multi-Agent System이 성공할 경우 통제 불가능한 상황으로 갈 수도 있습니다. 스스로 위험한 목표를 설정하고 그것을 위해 더 위험한 수단을 개발하는 등의 상황이 생길 수도 있죠.

한상기 그게 결국 안전성의 문제죠. 제프리 힌턴Geoffrey Hinton도 이런 부분을 가장 우려했잖아요. 에이전트를 통제하기 어렵고, 특히 문제 해결 과정에서 설정하는 하위 목표가 전체 목표와 일치하지 않게 되는 경우 안전성을 확보하는 것이 매우 어려워질 수 있다는 지적이죠.

하정우 싱글 에이전트 수준에서도 안전성 문제는 이미 존재하는데, 멀티 에이전트로 넘어가면 복잡성과 난이도가 훨씬 높아집니다. 따라서 R&R(역할과 책임) 기준으로 무엇을 해야 하고 하지 말아야 할지, 안전성 관점에서 철저히 논의할 필요가 있습니다.

한상기 1장은 지난 책을 쓴 이후 지금까지 있었던 기술적 변화와 새로운 패러다임을 논의했습니다. 특히 에이전트와 온디바이스 AI, 그리고 마지막으로 AGI에 대해서도 의견을 나눴습니다. 다음에는 우리가 이 책을 새롭게 업그레이드해야겠다고 생각한 이유 중 하나인 각국의 새로운 움직임에 대해 다뤄보겠습니다. 최근 각국의 AI 전략과 움직임을 보면 예상보다 심각한 수준으로 전개되면서 새로운 제국주의나 기술 봉건주의를 언급하는 사람들이 늘고 있거든요.

하정우 그런데 왜 봉건주의라는 표현을 쓰는 거죠?

한상기 각자의 영역을 독자적으로 차지한 영주들이 나타난다는 의미죠.

하정우 그렇다면 왕은 누구인가요? 봉건주의라면 왕이 있어야 하지 않을까요?

한상기 꼭 왕이 아니라 영주들이 각자의 영지를 다스리면 되는 거죠. 왕은 상징적인 존재일 뿐이니까요. 이 이야기는 2장에서 더 자세히 다뤄보겠습니다.

2장

지금 세계는
AI 패권 전쟁 중!

트럼프 시대, AI 패권 경쟁은 어떻게 달라질까?

한상기 1장에서는 지난 2년 동안 AI 기술이 어떻게 발전해왔는지를 살펴봤습니다. 그사이 AI 주요 국가들의 정책에도 많은 변화가 있었습니다. 어떤 나라는 AI 주권, 즉 소위 소버린티sovereignty를 강조하며 정책적 변화를 크게 추진했고, 어떤 나라는 AI 시장에서 괄목할 만한 성과를 내기도 했습니다. 2장에서는 주요 국가들이 어떻게 AI 정책을 변화시켰고, 그 변화가 우리에게는 어떤 의미를 가지는지 하나씩 살펴보겠습니다.

먼저 미국의 변화부터 살펴보죠. 바이든 정부 시기에 발표한 행정명령 제14110호*와 이를 뒷받침하는 백악관 관리예산실Office of Manage-

---

* 행정명령 제14110호: 2023년 10월 30일 조 바이든 미국 대통령이 서명한 AI 관련 행정명령으로, 공식

ment and Budget: OMB*의 후속 조치들은 매우 인상적이었고, 정책 수립과 진행 과정에서 우리에게도 참고할 만한 점이 많았습니다. 그런데 트럼프 행정부가 들어서면서 이 모든 것을 취소하고 새로운 정책으로 전환하겠다고 선언했습니다. 수많은 행정명령이 폐기되었고, AI 관련 주요 정책이었던 제14110호 역시 폐기되었습니다. 바이든 정부와 트럼프 정부의 AI 정책에는 근본적으로 어떤 차이가 있다고 생각하시나요?

하정우 바이든 정부는 다른 국가들에 비해 상대적으로 규제를 적게 하면서도 진흥책을 적절히 유지했습니다. 특히 이 분야의 전문가인 카멀라 해리스 부통령을 중심으로 AI 혁신과 안전 사이에서 균형을 맞추려는 노력이 두드러졌습니다. 행정명령 제14110호 역시 그런 맥락에서 이해할 수 있습니다. 특히 민간과 군용 모두에 활용 가능한 듀얼유즈 파운데이션 모델Dual-use Foundation Models, 즉 강력한 프런티어 AI에 대한 패권을 유지하면서도 안전하게 관리하는 것이 주된 관심사였습니다.

반면 트럼프 행정부는 MAGAMake America Great Again를 실현하기 위해

명칭은 '안전하고 신뢰할 수 있는 인공지능의 개발 및 사용(Safe, Secure, and Trustworthy Development and Use of Artificial Intelligence)'이다. 이는 미국 연방정부 차원에서 AI 기술의 발전을 촉진하면서도 그로 인한 위험을 관리하고, 국민의 권리와 안전을 보호하기 위한 포괄적인 정책 프레임워크를 제시한 최초의 시도였다.

* OMB(Office of Management and Budget): 미국 백악관 내 예산관리국으로 대통령 직속기구이다. 주로 연방의 예산 편성과 행정 관리 전반을 담당하는 역할을 맡고 있다.

서는 규제 자체가 걸림돌이라고 판단하고 거의 모든 규제를 없애는 방향으로 가고 있습니다. AI 패권을 확고히 다지기 위해 내부 규제들을 철폐하고, 특히 국방 분야를 중심으로 AI 맨해튼 프로젝트, 다시 말해 'Make America First in AI'와 같은 구호 아래 적극적인 정책을 펼칠 것으로 보입니다. 기존의 규제 관련 행정명령을 전부 철회하고 180일 이내에 새로운 AI 실행계획을 수립하라고 지시한 것도 같은 맥락에서 이해할 수 있습니다.

한상기 흥미로운 점은 트럼프 1기 때만 해도 오바마 정부의 정책 중에서 AI 분야만큼은 비교적 많이 계승했었는데, 이번 2기 때는 바이든 정부의 정책을 전면적으로 부정하고 있다는 것입니다. 선거에서 바이든에게 패한 경험 때문에 심리적으로 부정하려는 의지가 작용하는 것이 아니냐는 추측도 있는데요.

하정우 그렇게 볼 수도 있겠지만, 저는 조금 다르게 봅니다. 오바마-트럼프-바이든-트럼프 정부로 이어지면서 세부적인 부분에서는 차이가 있을지 몰라도 '미국이 AI 분야에서 강력한 리더십을 유지해야 한다'는 큰 틀에서는 변하지 않았다고 봅니다. 오히려 AI라는 주제만 놓고 보면, 바이든 정부의 규제가 안전성을 고려해서 다소 엄격했기에 이를 완화하려는 움직임이 더 강하다고 생각합니다. 즉, 방향성 자체는 동일하되 규제 중심의 신중한 접근을 할지, 아니면 적극적으로 추진할지의 차이일 뿐입니다.

한상기 트럼프 정부가 '일단 개발하고, 고민은 나중에 하자'는 태도를 보이더라도, 여전히 AI 안전 문제를 심각하게 우려하는 전문가들은 많습니다. 규제나 안전 점검의 필요성에 관한 이슈 중에 중요한 것은 어떤 모델부터 규제해야 하는지, 즉 임계점을 어디로 정하느냐는 문제일 것입니다. 캘리포니아의 AI 안전·보안 혁신법안이었던 일명 'SB1047'이 개빈 뉴섬 주지사에 의해 거부된 것도 그런 맥락입니다. 학습에 들어간 컴퓨팅 양 같은 정량적 지표만으로 규제 기준을 정하는 것은 의미가 없다는 것이죠. 작은 모델도 위험할 수 있고, 큰 모델이라고 해서 무조건 안전성 검토가 필요하지 않을 수 있으니까요. 일률적으로 누적 학습 연산량FLOPS을 기준으로 삼는 방식은 비합리적이라는 지적이었습니다.

그렇다면 어떤 규모의 AI부터 안전성을 더 적극적으로 검토해야 한다고 보십니까?

하정우 사실 그 부분이 가장 어려운 문제입니다. 임계점이나 특정 기준을 정할 때 정량적 평가가 가능하면 좋겠지만, 현재 거대 언어 모델과 같은 소위 프런티어 AI는 워낙 다양한 분야에 쓰이기 때문에 일괄적으로 평가하기 어렵습니다. 어떤 분야에서는 모델이 크게 똑똑하지 않아도 매우 위험할 수 있습니다. 예를 들어 국방 분야의 무기 개발이나 화학, 생물학 무기 제작이 그 예가 되겠죠. 반대로 아주 똑똑한 모델일수록 오히려 사회적으로 유익한 분야도 존재합니다.

그러다 보니 현실적으로는 정량적 기준인 컴퓨팅 파워를 중심으로 할 수밖에 없습니다. 지금 기준으로는 누적 학습 연산량을 활용하고 있지만, 최근에는 추론inference 단계에서의 연산량까지도 포함하는 방향으로 바뀌고 있습니다. 추론 단계에서의 연산량을 고려하지 않으면 AI가 충분히 똑똑해도 할루시네이션 등으로 위험한 결과를 초래할 가능성이 있기 때문이죠. 따라서 당분간은 이러한 정량적 기준과 더불어 AI의 활용 분야별 위험성을 함께 고려하는 접근이 필요하지 않을까 생각합니다.

한상기 임계점에 대해서는 아직 많은 연구가 필요하다는 보고서도 계속 나오고 있으니, 앞으로 활발히 논의해야 할 사항임은 분명한 것 같습니다.

하정우 임계점과 관련된 여러 가지 위험성 연구들이 임계점 조건을 제시하고 있지만, 그 조건을 어떻게 실질적으로 구현할 것인가에 대해서는 아직 구체적인 내용이 부족한 상황입니다. 이런 논의가 본격적으로 시작된 것도 불과 2~3년 정도밖에 되지 않았으니 앞으로 더욱 많은 연구와 논의가 필요할 겁니다. 어떻게 임계점을 명확히 정의하고 측정할 수 있는지, 그리고 현재의 AI가 가진 위험과 임계점 사이의 정확한 차이를 파악할 수 있는 방법을 찾아야 하겠습니다.

한상기 국내 언론에서 미국의 AI 정책과 관련해 꽤 많이 보도된 것이 스타게이트 프로젝트Stargate Project*입니다. 1,000억 달러 규모로 시작해서 4년 안에 최대 5,000억 달러를 투자할 계획이라고 알려졌는데요. 사실 이 프로젝트는 민간이 주도하는 거잖아요. 트럼프 대통령이 적극적으로 협력하는 입장이기는 하지만, 마치 미국 정부의 공식 정책인 것처럼 보도되는 경우가 많습니다. 이런 보도는 좀 잘못된 것 아닌가요?

하정우 AI 분야는 정부의 공적 자금만으로는 혁신을 이루기 어려운 분야입니다. 워낙 큰 규모의 자금이 필요하기 때문에 민간 투자나 해외 자본이 적극적으로 들어와야 경쟁력을 키울 수 있거든요. 말씀하신 스타게이트 프로젝트도 자금 투입 측면에서는 거의 100% 민간 자본으로 구성되어 있습니다. 전력, 에너지, 데이터센터, AI 반도체 분야에 중점적으로 투자하고 있는데요. 하지만 이런 인프라 구축은 돈만 있다고 되는 것이 아닙니다. 데이터센터 부지를 확보하거나 에너지 인프라, 각종 규제를 해소하는 등의 전략적 지원은 정부가 하지 않으면 불가능해요. 즉, 정부가 간접적으로 지원하고, 민간은 기술과 자본 투자에 집중하라는 메시지로 해석할 수 있어서 정부 프로젝트처럼 보도되는 면이 있다고 봅니다.

---

* 스타게이트 프로젝트(Stargate Project): 2025년 1월 도널드 트럼프 미국 대통령이 발표한 AI 프로젝트로, 이 프로젝트는 오픈AI, 소프트뱅크(SoftBank), 오라클(Oracle) 등과 협력하여 미국 내 AI 인프라를 구축하고, 의료 연구 등 다양한 분야에서 AI를 활용하려는 목표를 가지고 있다.

한상기 스타게이트 프로젝트의 주요 투자자로 오픈AI, 소프트뱅크, MGX, 오라클 등이 참여하고 있는데요. 저는 이 중 소프트뱅크나 MGX 같은 투자 중심 기업들이 과연 어떻게 투자금을 회수할 수 있을지가 궁금합니다. 투자 회수 방안이 명확할까요?

하정우 스타게이트 프로젝트가 목표로 하는 것은 결국 강력한 AI 컴퓨팅 인프라를 통해 AGI를 개발하고, 이를 효과적으로 운영하는 데이터센터 비즈니스를 성공적으로 구축하는 것입니다. 만약 이 비즈니스 모델이 제대로 자리 잡는다면 여기서 나오는 수익만으로도 충분히 투자 회수가 가능할 거라고 생각합니다. 투자자들이 스타게이트를 하나의 독립된 프로젝트 기업으로 보고 투자했을 가능성이 크죠. 저는 아부다비에서 MGX의 고위 임원과 직접 미팅을 진행한 적이 있습니다. 물론 당시 주제는 스타게이트가 아니었지만, 그들이 가장 주목하고 있는 투자 분야가 AI 반도체, AI 데이터센터, 에너지라는 점을 강조하더군요. MGX는 UAE 아부다비 정부의 국부펀드인 무바달라와 대표적인 AI 기업 G42가 공동으로 출자한 기관입니다. 이처럼 MGX가 적극적으로 뛰어드는 것을 보면, 이 분야의 투자가 얼마나 전략적으로 중요하게 여겨지는지 알 수 있습니다.

특히 최근 등장한 생성형 AI나 거대 논증 모델처럼 뛰어난 추론 능력을 가진 모델들이 빠르게 발전하고 있습니다. 향후에는 AGI 수준의 AI가 가진 강력한 추론 능력을 데이터 증류 기법으로 작은 모델에 이식하는 기술이 더욱 발전할 겁니다. 이렇게 하면 작고 똑똑한 모델을 이용해 수많은 AI 에이전트들이 생겨나게 되죠. 그러면 AI 에이전트가 전 세계적으로 확산하면서 인퍼런스 데이터센터의 수요가 급증할 수 있습니다. 결과적으로 스타게이트의 기업 가치도 크게 상승할 것이고 투자금을 충분히 회수할 수 있을 것으로 기대할 수 있습니다.

사실 이런 데이터센터나 컴퓨팅 인프라 투자는 마치 골드러시 시기에 청바지를 팔아 돈을 버는 것과 비슷한 개념이죠. 물론 현재는 트럼프 행정부 초반이라 정치적 고려도 함께 들어갔을 겁니다.

한상기 최근 메타 역시 AI 데이터센터에 2,000억 달러 규모의 투자를 고려하고 있다고 발표했습니다. 전 세계적으로 이런 막대한 투자 계획들이 연이어 발표되고 있는데요. 구글의 CEO 순다르 피차이(Sundar Pichai)가 "적은 투자보다는 차라리 과도한 투자가 더 낫다"고 말한 것처럼, 많은 기업들이 앞뒤를 따지지 않고 공격적으로 투자하고 있는 상황입니다. 과연 이 민간 기업들이 투자한 자금을 회수할 수 있을까요? 최근 마이크로소프트는 AI 분야에 대한 투자를 조금 줄이겠다는 입장을 발표하기도 했습니다.

하정우 기본적으로 기업들이 AI 기술을 게임체인저, 즉 미래의 판도를 바꿀 수 있는 핵심 기술로 보고 있다는 의미입니다. 현재 AI 경쟁에서 뒤처지면 결국 주도권을 잃을 것이라는 두려움도 매우 크게 작용하고 있는 거죠. 또 다른 측면도 있습니다. 예를 들어, 마크 저커

버그^Mark Zuckerberg 같은 경우는 현재 트럼프 행정부와 별로 좋은 관계가 아니라는 평가가 있죠. 이런 상황에서는 대규모 투자 계획을 발표하는 방식으로 정부의 정책 방향에 적극적으로 협력한다는 시그널을 보내는 것이 정치적으로 중요한 전략이 됩니다. 실질적으로 메타는 4월 말에 LLaMA API 비즈니스를 시작했어요. 이런 AI API 사업은 대량의 GPU가 필요합니다. 사실 테슬라를 제외한 대부분의 빅테크 기업들이 카멀라 해리스 쪽에 더 많은 정치 기부를 했기 때문에 트럼프 행정부와의 관계 개선을 위해서라도 이런 투자 계획 발표가 필요한 시점이라고 볼 수 있습니다.

그리고 마이크로소프트의 글로벌 데이터센터 투자 축소를 두고 일각에서는 딥시크의 등장으로 고성능 GPU 및 대형 데이터센터에 대한 수요가 줄어들었기 때문이라는 해석을 내놓기도 합니다. 하지만 제 생각에는 그것보다는 트럼프 행정부의 관세 정책 등으로 인한 글로벌 불확실성과 함께, 컴퓨팅 인프라 확충 등 각국의 소버린 AI 구축 노력이 복합적으로 영향을 미친 결과라고 봅니다. 실제로 딥시크의 출현은 미국과 중국을 제외한 AI 3위권 국가들에게 '우리도 할 수 있다'는 자신감과 가능성을 심어준 계기가 되었습니다. 동시에 미국의 AI MAGA 전략은 이러한 국가들이 자국 중심의 AI 기술 자립을 추구하도록 자극했으며, 결과적으로 각국의 소버린 AI 투자를 가속화시키는 기폭제 역할을 했다고 생각합니다.

한상기   네, 기업 전략은 3장에서 다시 논의하도록 하고요.

미국이 이미 AI를 군사 안보 및 국가 전략 기술로 지정한 상태입니다. 2021년에 NSCAI National Security Commission on AI 의장이었던 에릭 슈미트 Eric Schmidt가 최종 보고서를 통해 강력히 권고했었죠. 바이든 행정부에서도 국가 안보 메모를 통해 이 기조를 유지했고, 고성능 칩의 수출 통제 프레임워크 framework까지 발표했죠. 이러한 수출 통제 프레임워크는 트럼프 행정부에서 어떻게 변화할까요? 오히려 더 강화될까요?

하정우 바이든 행정부는 임기 말에 고급 AI 가속칩, 특히 GPU 같은 고성능 반도체의 수출 규제를 매우 엄격하게 시행했습니다. 전 세계 국가를 세 개의 계층 tier으로 나눠 티어 1 동맹국에는 수출 제한을 두지 않고, 티어 3 적성 국가 일부는 아예 수출을 금지했죠. 그런데 티어 2 국가에 대해서도 일정한 쿼터(수출 물량 제한)를 적용하면서 복잡한 규제 기준을 설정했습니다. 그런데 트럼프 행정부가 이 규제를 수정하려는 움직임이 있다고 합니다. 당연히 더 강한 방향으로요. 앞으로 AI 가속칩을 전략물자로 지정해 규제를 한층 강화할 가능성이 높다고 생각합니다.

실제로 몇 가지 신호를 보면 그런 예측을 뒷받침할 수 있습니다. 첫째는 중국 기업들의 AI 반도체 확보 움직임인데요. 예를 들어 딥시크 같은 중국 기업들은 이미 수출 통제를 받고 있음에도 불구하고, 여러 경로를 통해 고급 GPU를 상당히 많이 확보했다는 이야기가 나오고 있습니다. 특히 중국 내에 엔비디아의 H100급 GPU가 이미 수만 장 이상 들어갔다는 소문까지 돌고 있죠.

미국 정부가 이를 심각하게 보고 조사를 진행했는데요. 엔비디아 싱가포르 지사의 매출이 북미 지역 다음으로 높은 수준이라는 사실이 드러났습니다. 싱가포르가 그렇게 큰 GPU 시장일 리 없기 때문에 그 GPU 물량이 사실상 중국으로 흘러들어 간 것이 아니냐는 의심이 제기된 겁니다. 엔비디아는 공식적으로 싱가포르 지사 물량은 전 세계 각지로 가는 것이므로 중국과 직접 관련이 없다고 해명했지만, 의심은 쉽게 해소되지 않은 상황입니다. 최근에는 가장 최신형 GPU인 블랙웰이 중국으로 상당히 유입됐다는 이야기도 들려서 트럼프 정부는 이런 부분을 철저히 단속하고 아예 법제화까지 추진할 가능성이 높아 보입니다.

두 번째 신호는 AI 반도체 생산 관련 문제인데요. 밴스 부통령이 "모든 AI 반도체는 반드시 미국 내에서만 생산해야 한다"는 입장을 명확히 했습니다. 그런데 현재 미국 내에서 핵심 파운드리 기업인 인텔Intel의 생산 역량이 부진한 상황이라 미국 정부는 TSMC의 첨단 제조 노하우를 인텔 파운드리에 적극적으로 이전하는 방안을 추진 중입니다. 결국 AI 반도체가 미·중 간 AI 패권 경쟁의 핵심이라는 점에서 미국 정부의 이런 움직임은 더 엄격하고 치밀하게 진행될 것으로 예상됩니다.

여기에 더해, 최근 화웨이가 자체 생산 중인 NPU Neural Processing Unit인 어센드Ascend의 경쟁력 향상도 주목할 필요가 있습니다. 실제로 딥시크를 포함한 많은 중국 AI 기업들이 화웨이의 어센드 칩을 적극 활용하고 있다고 알려져 있습니다. 특히 지난 4월, 화웨이는 매개변수 1,350억 개 규모의 초대형 언어 모델 '판구 - 울트라Pangu-ULTRA'를 공개하며 기술력을 과시했습니다. 이 모델을 학습하기 위해 엔비디아 GPU가 아닌, 8,192장의 어센드 910B 칩을 네트워크로 연결해 슈퍼컴퓨터를 구성했고, 이를 통해 학습을 성공적으로 완료했다고 발표했습니다.

물론 어센드 910B 칩은 엔비디아의 A100에 비해 성능 면에서 다소 뒤처지고, 소프트웨어 생태계도 아직은 불편한 점이 많습니다. 하지만 이는 마치 구글의 TPU가 초창기 겪었던 시행착오와도 유사한 과정이며, 중요한 사실은 이제 더 이상 엔비디아 GPU 수출 통제만으로는 중국의 AI 발전을 효과적으로 제어하기 어렵게 되었다는 점입니다.

한상기 제가 본 뉴스 중에는 중국 기업들이 싱가포르에 직접 투자해서 데이터센터를 구축하고 이를 통해 GPU를 활용하려고 한다는 내용도 있었습니다. 그러니까 싱가포르의 GPU 수요 증가가 꼭 밀수 때문이 아니라, 중국 기업들이 우회적으로 AI 모델을 개발하기 위한 전략이라는 것이죠.

하정우 실제로 그런 사례들이 꽤 많습니다. 해외에 중국 자본으로 회사를 설립하고, 그 회사가 GPU를 대량 구매해 데이터센터를 구축하고 AI 모델을 학습시키는 방식이죠. 여기에 중국 자본이 많이 들어가 있고요. 그래서 최근 공화당에서 해외 기업이라 하더라도 중국 자본이 들어가 GPU를 대량 구매하고 AI 연구를 진행하는 기업들에 미국 자본이 투자하지 못하도록 제한하는 법안을 발의하기도 했습니다. 심지어 동맹국 내에서 이런 방식으로 중국이 우회적 AI 연구를 진행하는 것을 적극 차단하려는 움직임을 보이고 있습니다. 티어 2를 둔 이유도 이런 우회 활용을 막기 위해서라고 볼 수 있겠죠.

한상기   우리나라는 미국의 동맹국으로 분류되어 비교적 수출 규제에서 자유로운 편입니다. 그런데 문제는 우리나라 기업 중에서도 중국 자본이 많이 들어온 기업이 있다는 겁니다. 대표적으로 카카오에도 상당량의 중국 자본이 들어와 있잖아요.

하정우   그렇습니다. 알리바바나 텐센트 같은 중국 기업들이 카카오의 여러 자회사에 대규모로 투자하고 있죠.

한상기   그렇다면 이런 기업들이 GPU 구매량을 갑자기 급격히 늘린다면 미국의 규제 대상이 될 가능성도 충분히 있겠네요.

하정우   그럴 가능성이 있습니다. 특히 트럼프 2기 행정부의 정책은 예측하기가 더 어렵기 때문에 대비를 해야겠죠.

한상기   반면 네이버는 중국 자본이 크게 들어와 있지 않죠? 물론 해외 주주 비중은 높지만 중국 자본과는 상황이 다른 것으로 알고 있습니다. 카카오랑 비교하면 어떤가요?

하정우 네이버의 외국계 자본 중 최대 주주는 미국의 투자회사 블랙록Blackrock으로, 5% 정도의 지분을 보유한 것으로 알고 있습니다. 네이버는 국내 상장된 회사가 하나뿐이고 대부분 자회사들이 100% 지분 구조를 가지고 있습니다. 미국에 본사를 둔 웹툰은 이미 나스닥에 상장된 상태고요. 미국의 알파벳, 메타, 엔비디아, 아마존 등도 이런 형태죠. 반면 카카오는 카카오엔터테인먼트, 카카오게임즈, 카카오뱅크 등 자회사들이 많고, 이 자회사들에 알리바바나 텐센트 같은 중국 자본이 상당히 투자되어 있는 구조입니다. 중국 자본을 유치하는 것은 전략적 선택이지만, 최근 미·중 대립이 격화되면서 잠재적인 위협 요소로 작용할 수 있습니다. 반면 네이버는 상대적으로 이 문제에서 자유롭습니다.

한상기 그렇다면 오히려 이런 GPU 수출 통제가 우리나라에 기회가 될 수도 있을까요?

하정우 양면성이 있습니다. 첫째, 우리나라는 아직 GPU급 AI 가속기, 특히 훈련용 AI 반도체를 자체적으로 개발하거나 생산할 역량이 부족합니다. 사실 이 분야는 엔비디아 중심의 미국이 압도적이고 중국이 큰 격차로 겨우 따라가는 수준입니다. 두 나라를 제외한 나라들

중에서는 한국이 오히려 그나마 상황이 나은 편입니다. SK 하이닉스나 삼성전자와 같은 글로벌 메모리 기업도 있고 리벨리온Rebellions, 하이퍼엑셀HyperAccel, 퓨리오사AI FuriosaAI 같은 AI 반도체 기업들도 있으니까요. 하지만 당장은 안정적인 GPU 공급망 확보가 중요합니다. 그래서 결국 미국과의 관계를 긴밀히 유지하면서 공급망 리스크를 관리해야 하는 어려움이 있습니다.

하지만 긍정적인 면도 존재합니다. 훈련용 칩은 어렵지만, 추론용 AI 반도체NPU 분야에서는 충분히 기회를 만들 수 있습니다. 예를 들어 GPU를 대신할 수 있는 인텔의 가우디Gaudi나 AMD의 MI 시리즈 등을 소프트웨어 최적화로 충분히 활용 가능한 수준으로 끌어올릴 수 있다면, 이를 솔루션으로 만들어 수출하거나 비즈니스 모델로 발전시킬 수 있을 겁니다.

네이버가 국내 스타트업인 스퀴즈비츠SqueezeBits와 함께 인텔과 협력하고, AI 추론 NPU를 개발하는 국내 팹리스 기업 하이퍼엑셀과 공동연구를 진행하는 것도 이런 맥락이라고 볼 수 있습니다.

한상기 국내에도 추론용 AI 칩을 만드는 회사들이 있으니, 이 부분은 독자들이 궁금해할 거라 생각합니다. 이 내용은 5장에서 다시 한번 자세히 논의하도록 하겠습니다.

영국의 AI 전략 변화, 안전 safety 에서 국가 안보 security 로

한상기   미국의 이러한 변화가 유럽 여러 나라에 큰 충격을 줬다고 생각합니다. 특히 전통적으로 미국과 항상 긴밀하게 보조를 맞춰온 영국부터 먼저 살펴볼 필요가 있습니다. 3월에 나온 뉴스 중에는 영국 정부가 올여름 AI 관련 법안을 의회에 제출할 계획이었으나 트럼프 행정부의 급격한 정책 변화를 보며 법안 제출을 망설이고 있다는 보도가 있었습니다. 그만큼 영국이 자체적인 AI 정책을 수립할 때 미국의 정책 방향까지 신경 써야 하는 상황에 놓였다는 것이죠.

지금까지의 영국 AI 정책을 보면, 보수당 정부 시절에는 주로 민간 기업의 혁신을 적극 지원하는 쪽이었습니다. 그러나 최근 노동당 정부로 정권이 바뀌면서 공공 분야에 AI를 우선적으로 적용하겠다는 방향으로 정책이 전환되었습니다. 노동당 정부에서 새롭게 추진하고 있는 정책에는 구체적으로 어떤 변화가 있을까요?

하정우   먼저 보수당 정부 시절의 AI 정책을 잠시 짚어보면, 당시 영국 정부는 매우 독특한 입장을 취했습니다. 별도의 AI 규제법을 만들지 않고 혁신과 안전 사이에서 균형을 맞추면서도 영국이 글로벌 AI 안전 분야의 리더가 되겠다는 전략을 세웠죠. 사실 영국은 세계 AI 강국 빅 5에 속하지만, 딥마인드를 제외하면 독보적으로 강력한 AI 기술 기업이 없는 것이 아쉽습니다. 그런데 딥마인드는 구글, 즉 미국 기업이죠. 영국 기업들은 주로 AI의 응용 분야에서 활동합니다.

그 대신 영국에는 옥스퍼드, 케임브리지, UCL(University College London), ICL(Imperial College London) 같은 뛰어난 대학과 앨런 튜링 연구소 같은 세계적인 AI 연구소가 많습니다. 하지만 최근 AI 발전의 주도권이 학계보다 기업에 있는 것을 고려하면 이것이 영국 AI 산업의 약점으로 작용할 수도 있습니다.

그렇기 때문에 영국은 AI 산업의 직접적인 경쟁자로 뛰어들기보다는 일종의 '심판' 역할을 맡는 전략을 취했습니다. AI 발전과 안전 사이에서 균형을 잡는 국제 사회의 공감대 덕분에 영국의 이러한 심판 역할은 매우 유효했죠. 그러나 미국이 트럼프 행정부로 바뀌고 영국도 노동당 정부가 들어서면서 이런 분위기가 달라졌습니다. AI를 둘러싼 글로벌 경쟁이 더 이상 혁신과 안전 간의 균형이 아니라 거의 '전쟁' 수준의 경쟁 구도로 변했기 때문입니다. 이렇게 되면 더 이상 심판의 역할은 실효성이 없습니다.

그래서 영국의 노동당 정부가 전략을 수정했습니다. 올해 1월에 발표한 〈AI 기회 행동 계획(AI Opportunities Action Plan)〉을 보면, 미국이나 중국과는 전혀 다른 영국만의 AI 경쟁력을 키우겠다는 목표를 명확히 하고 있습니다. 이를 실현하기 위해 총리실과 과학혁신기술부(DSIT)가 합동으로 구성한 소버린 AI 전담팀을 만들고, 책임자로 1985년생의 젊은 리더인 맷 클리퍼드(Matt Clifford)를 임명했죠. 여기에 딥마인드의 데미스 하사비스를 수석 자문으로 영입했고, 최초로 공공자금 25억 파운드, 우리 돈으로 4.5조 원을 AI 인프라에 투자한다고 밝혔습니다. 미국의 흐름에 보조를 맞추면서도 독자적인 AI 역량을 적극적으로 키우겠다는 의지의 표현입니다.

또한 공공 분야에서 AI 적용을 우선하겠다는 노동당 정부의 계획은 공공 부문이 민간 AI 산업의 마중물 역할을 하겠다는 뜻으로 볼 수 있습니다. 이는 규제를 크게 강화하진 않더라도 정부가 AI 산업에 대한 통제권을 일정 부분 확보하고, 이를 통해 영국 자체의 AI 역량을 키우겠다는 명확한 전략이라고 생각합니다.

한상기 영국 노동당 정부의 이런 접근 방식은 우리나라 정책에도 상당한 시사점을 줍니다. 특히 공공 분야에서 AI 적용을 통해 영국의 자랑인 NHS(국민건강보험제도)의 여러 비효율적인 문제들을 혁신하겠다는 점이 인상적입니다. 불필요한 관료주의나 서비스 지연 등의 문제를 AI를 통해 해결하려는 것은 노동당 정부의 색깔과도 맞고, AI 기술 발전의 빠른 공공 분야 적용을 보여주는 사례이기도 합니다. 올해 1월에 발표된 험프리Humphrey라는 AI 도구를 보면, 납세 과정 개선, 시민의 정책 참여 촉진, 공무원 업무 효율화 등 공공 서비스의 품질을 크게 높이려는 의지가 보입니다. 우리나라의 디지털 플랫폼 정부가 추진하는 방향과도 일치하는데요. 특히 이런 정책의 실행을 주도하는 영국 DSIT(과학혁신기술부)의 활동에서 우리가 배울 점도 많다는 의견이 나옵니다.

하정우 맞습니다. 우리나라에서도 지난 윤석열 정부가 출범한 2022년에 대통령 직속으로 디지털 플랫폼 정부위원회(디플정)를 만들었고, 제가 AI – 데이터 분과위원장과 초거대 공공 AI TF 팀장을 맡아 활동했습니다. 2022년 11월 챗GPT 공개 이후 초거대 언어 모델을 활용해 국세청 홈택스 챗봇, 고용노동부 AI 근로감독관, 각종 지자체의 민원 챗봇 등 지난 2년 동안 약 115건의 공공 분야 AI 혁신 사례를 만들었죠.

하지만 영국의 DSIT는 직접 실행 조직인 데 반해 우리 디플정 위원회는 정책 사업 기획 중심이다 보니 추진력에서 한계가 있었던 것도 사실입니다. AI 기술을 통한 공공 부문의 혁신은 어느 정권이든 반드시 해야 할 국가적 과제이기에 영국뿐 아니라 다른 나라의 사례들도 지속적으로 참고할 필요가 있습니다. 심지어 트럼프 정부의 DOGE Digital Office of Government Efficiency의 사례도 우리에게 좋은 타산지석이 될 것입니다.

한상기 지난 2월 영국이 세계 최초로 AI 안전연구소 AI Safety Institute를 설립했는데, 파리 정상회의 이후 갑자기 이름을 AI 보안연구소 AI Security Institute로 바꿨습니다. 안전 safety에서 보안 security으로의 변화는 어떤 의미로 해석할 수 있을까요?

하정우 영국은 미국과 함께 최근 파리 정상회의 공동선언에서 빠졌는데요. 그 선언에 들어 있던 '포용적이고 지속 가능한 AI'라는 문구에 동의할 수 없다고 한 것입니다. 원래 영국이 중시했던 AI 안전은 AI 모델 자체를 안전하게 만드는 기술적 개념인데, 이제는 국가 안보의 관점으로 확대됐다는 의미입니다. 즉, AI를 국가적 관점에서 관리하고 보호하겠다는 선언으로 볼 수 있습니다.

한상기 우리나라에서 보안이라고 번역하면 해킹이나 악의적인 사용 방지 같은 좁은 의미로 인식될 수도 있습니다. 영국 정부가 이번에 강조한 '시큐리티'의 개념을 충분히 전달할 수 있는 번역은 없을까요?

하정우 이 경우는 국가 안보national security의 관점에서 AI를 바라보는 것이 가장 적절하다고 생각합니다. 국가 차원의 사이버 공격이나 AI 시스템의 오작동을 막기 위한 사회적·국가적 안전망 구축이라는 확장된 의미로 받아들이는 게 정확할 것입니다.

한상기 그런데 영국은 유독 미국과 긴밀히 보조를 맞추려고 합니다. 왜 이렇게 미국의 입장을 신경 쓰고 따르는지 궁금합니다.

하정우 영국과 미국은 원래부터 영혼의 동반자 같은 관계였잖아요. 적어도 2차 세계대전 이후로는 확실히 그랬고요(웃음).

한상기 원래 영국이 미국의 본국이었는데 말이죠.

하정우 세상이 바뀌었죠. 전후 국제 질서에서 미국이 주도권을 쥐면서 영국은 계속 미국과 함께 움직이고 있는 거죠.

AI 안전 대신 가속 경쟁 택한 파리 AI 액션 서밋

한상기 영국 이야기를 하다 보니, 2023년 11월 영국 블레츨리 파크에서 처음 AI 안전성 정상회의AI Safety Summit*가 열렸던 게 생각납니다. 이후 두 번째 회의는 2024년 5월 서울에서 열렸고, 2025년 2월 파리에서 AI 액션 서밋AI Action Summit이 개최되었죠. 그런데 이번 파리 서밋은 분위기가 완전히 달라졌다고 들었습니다. 어떤 변화가 있었는지 설명해주시겠어요?

하정우 파리에서 열린 AI 액션 서밋은 2월 10일부터 11일까지 이틀 동안 진행됐는데요. 공교롭게도 같은 기간에 사우디아라비아에서 열린 중동 최대 테크 행사인 LEAP 2025와 UAE 두바이에서 열린 세계정부정상회의World Government Summit: WGS가 겹쳤습니다. 원래 저는 파리 서밋 참석을 고민했는데 네이버 최수연 대표가 파리에 초청받아 참석하시기로 했고, 저는 역할을 분담해 두바이 WGS에 참석하게 되었죠. 나중에 보니 파리 대신 두바이에 간 것이 오히려 다행이라는

---

* AI 안전성 정상회의(AI Safety Summit): 전 세계 주요 국가 지도자 혹은 AI 담당 장관들, 학계, 산업계, 연구계의 AI 전문가들이 모여 강력한 AI 기술이 불러올 위험성과 이를 대비하기 위한 대책을 논의하는 회의이다.

생각이 들 정도로 파리 서밋의 분위기가 많이 바뀌었습니다. 참고로 저는 영국 블레츨리 파크에서 열린 첫 번째 서밋과 두 번째 서울 서밋에는 모두 참석해 라운드 테이블에서 여러 의견을 제시한 바 있습니다.

1차 서밋은 프런티어 AI, 즉 거대 언어 모델이나 생성형 AI가 초래할 수 있는 잠재적 위험성을 중심으로 매우 진지하게 논의했습니다. 작년 서울에서 열린 2차 서밋 역시 이런 안전성 논의에 혁신과 포용성을 추가하면서 균형을 맞추는 흐름이었습니다. 여기까지는 분위기가 좋았죠.

그런데 이번 파리 액션 서밋의 원래 취지는 지난 두 차례 회의에서 논의된 'AI 안전 어젠다를 구체적인 행동으로 옮기자'는 것이었습니다. 그런데 프랑스, 영국, 미국 간의 경쟁 구도가 작용했고, 특히 영국과 미국이 모두 최근 행정부가 교체되면서 안전보다는 AI 경쟁력이 더 중요한 화두가 되어버린 겁니다. 그 결과, 본래 논의하려던 안전을 위한 액션(안전성 확보를 위한 행동 지침)은 뒷전으로 밀리고 말았습니다.

한상기 원래 파리 서밋은 '안전 확보를 위한 구체적인 행동 방안'을 주제로 논의할 예정이었잖아요?

하정우 하지만 결과적으로는 안전을 위한 액션 대신 '누가 더 빨리, 더 혁신적으로 AI 경쟁을 이끌 것인가'에 대한 가속 액션 acceleration action을 논의하는 자리로 변질된 느낌입니다. 가장 상징적인 장면은 미국과 영국이 이번 파리 액션 서밋의 공동선언에 서명하지 않고 독자 노선을 선언한 것이죠.

여기에 더해 행사 개회사에서 프랑스 마크롱 대통령의 발언도 충격적이었습니다. 작년 서울 서밋 마지막 리더 세션에서 차기 주최국 대표로 발언할 때부터 마크롱은 규제를 전혀 언급하지 않고 오직 혁신만 강조했었죠. 이번 파리 서밋 개회사에서도 마찬가지로 혁신만 이야기하면서 1,090억 유로 규모의 투자 계획과 해외 투자 유치 성과를 자랑했습니다.

더 놀라운 건 EU였습니다. EU 역시 이번 서밋에서 2,000억 유로라는 역사상 최대 규모의 자금을 AI 분야 진흥에 투입하겠다고 발표했고, 그중 200억 유로는 인프라 투자에 집중하겠다고 밝혔습니다. 이렇게 미국, 영국뿐 아니라 프랑스와 EU까지 대규모 자금을 투입하며 경쟁을 가속화하는 분위기로 급격히 전환된 것입니다.

한상기 이와 같은 흐름 변화 때문에 최근까지 〈국제 AI 안전 보고서 International AI Safety Report〉를 책임졌던 요슈아 벤지오 Yoshua Bengio 교수는 매우 크게 실망했다고 합니다. 심지어 기업인이면서도 AI의 안전성을 중시해왔던 앤트로픽의 CEO 다리오 아모데이 역시 〈뉴욕타임스〉의 팟캐스트 하드포크에 출연해 이번 서밋이 마치 무역 박람회처럼 변했다고 비판했죠. 참가자들조차 왜 이곳에 왔는지 혼란을 느낄 정도였고 AI의 위험성에 대비할 수 있는 중요한 기회를 놓쳤다고 평가했습니다. 그만큼 최근 AI 안전성을 중시했던 많은 학자와 리더들이 이런 변화에 크게 우려하고 있습니다. 이번 변화에 대해 어떻게 생각하시나요?

하정우 저는 개인적으로 AI의 위험성보다는 효용성에 조금 더 무게를 두고 있습니다. AI를 적극 활용해서 인류가 가진 많은 어려운 문제들을 해결하고 세상을 긍정적으로 발전시킬 수 있다고 믿는 입장이죠. 이런 관점에서는 저를 일종의 가속주의자라고 볼 수 있을 겁니다.

하지만 자동차를 예로 들어보면, 가속 페달만 있고 브레이크가 없다면 얼마나 위험한지 쉽게 알 수 있습니다. 목적지까지 빠르고 안전하게 도착하려면 적절한 브레이크 사용이 필수적이죠. '5분 빨리 가려다 50년 먼저 간다'는 말이 있듯이, 중요한 건 목적지에 빨리 도착하는 게 아니라 '안전하고 빠르게' 도착하는 것입니다. 지금 서밋의 분위기는 브레이크를 없애버리고 오직 가속 페달만 밟으려는 듯한 모습이어서 가속주의자인 저조차도 현재의 AI 경쟁이 가져올 위험과 지속 가능성에 큰 우려를 느끼고 있습니다.

한상기 저 역시 이번 파리 서밋처럼 안전을 우선순위에서 밀어버린 국제 사회의 최근 분위기가 앞으로 어떤 결과를 초래할지 매우 우려됩니다.

미스트랄에서 기가 팩토리까지, 유럽 AI 전략의 미래

한상기   이제 프랑스 이야기를 해보죠. 프랑스는 최근 독자적인 AI 전략을 펼치면서 프랑스어권 국가들뿐 아니라 아프리카와 중동 일부 국가들까지 포함한 새로운 영향력을 키워나가고 있습니다. 특히 자국 기업을 빠르게 성장시킨 전략이 주목을 받고 있는데요. 대표적인 기업이 미스트랄과 홀리스틱 AI에서 이름을 바꾼 H입니다. 이 두 회사는 각각 어떤 특성을 가진 기업인가요?

하정우   미스트랄은 생성형 AI 분야에서 너무나 유명한 기업입니다. 유럽에서 대표 AI 기업 하나만 꼽으라고 하면 많은 사람이 미스트랄을 떠올릴 정도로 뛰어난 성과를 거뒀죠. 2023년 여름에 마크롱 대통령이 직접 "생성형 AI 시대에 프랑스가 AI 경쟁에서 뒤처진 것은 사실이지만, 미스트랄 덕분에 희망이 있다"고 말할 정도로 큰 기대를 걸고 있습니다.

미스트랄은 딥시크가 부상하기 전까지 메타와 함께 오픈소스 AI 분야를 양분할 만큼 기술력과 영향력이 뛰어났습니다. 특히 미스트랄이 자체 모델들을 MoE Mixture of Experts(전문가 조합) 구조로 설계한 후 믹스트랄Mixtral이라는 이름의 오픈소스로 공개하면서 시장에서의 대중화를 주도했습니다.

현재 생성형 AI나 거대 언어 모델 분야에서 미국 밖 지역의 대표 기업이며 지금도 훌륭한 모델과 비즈니스 사례들을 꾸준히 만들고 있습니다. 최근 영국이 발표한 국가별 AI 랭킹에서 프랑스가 작년의 13위에서 단숨에 5위까지 올라간 가장 큰 원동력이 바로 미스트랄이라 할 수 있습니다. 미스트랄 창업자들은 원래 실리콘밸리의 메타나 딥마인드에서 일하다 프랑스로 돌아온 인물들이에요. 그래서 많은 사람이 미스트랄을 미국 외 지역에서 생성형 AI 기업이 성공할 수 있는 대표적인 모범 사례로 평가하고 있습니다.

반면, H는 거대 언어 모델보다는 AI 에이전트의 실행력에 초점을 맞춘 스타트업입니다. 프랑스의 유명 투자자인 자비에르 니엘Xavier Niel이 개인적으로 막대한 투자를 하면서 이미 유니콘 기업으로 올라섰고요. 현재 미스트랄과 H가 프랑스 AI 스타트업의 투톱이라고 평가받고 있습니다.

한상기 방금 언급한 자비에르 니엘이 설립한 연구소가 바로 큐타이Kyutai 연구소*입니다. 저는 이 부분이 참 부럽습니다. 이미 성공적으로 스타트업을 키운 사람들이 국가적으로 의미 있는 분야에 다시 많은 돈을 투자하고 국가의 새로운 경쟁력을 키우는 데 망설임이 없잖아요. 우리나라에도 많은 IT 기업인이 있는데, 국가적으로 중요한 영역에 더 적극적으로 투자해주면 좋겠다는 아쉬움이 있습니다. 물론 개인의 결정 문제이니 강요할 수는 없지만요.

* 큐타이(Kyutai) 연구소: 자비에르 니엘과 억만장자 로돌프 사데, 에릭 슈미트 등이 3억 유로를 투자해 설립한 비영리 AI 연구소다. 2024년에 인간 감정을 이해하고 표현하도록 설계한 음성 비서 모시(Moshi)를 공개하며 주목을 받았다.

또한 마크롱 대통령은 해외로 나갔던 프랑스 출신의 AI 연구자들을 직접 만나 돌아오도록 설득했고 이들을 지원하기 위한 다양한 정책도 함께 펼쳤습니다. 어떤 지원들이 있었나요?

하정우 마크롱 대통령은 2022년에 〈프랑스 2030 전략〉을 발표하면서 AI 확산과 인재 양성 분야에 향후 5년간 약 4,000억 원 규모의 투자를 약속했습니다. 그리고 2023년에는 미스트랄을 포함한 오픈소스 거대 언어 모델 연구 개발에 추가로 약 560억 원 규모의 지원 계획을 밝혔죠. 이 외에도 규제 완화와 다양한 제도 개선을 통해 AI 기업들이 성장하기 좋은 환경을 만들었습니다.

한상기 실리콘밸리에서 받는 높은 연봉 수준을 프랑스에서도 보장해주는 등 금전적 지원을 아끼지 않았죠. 우리나라에도 해외에 진출해 있는 우수한 한국인 AI 엔지니어와 연구자들이 많은데, 최근 이들을 국내로 돌아오게 하자는 논의가 활발하게 진행 중입니다. 프랑스 사례가 해외 인재 유치를 위한 훌륭한 모범 사례가 될 수 있겠네요.

하정우 그래서 제가 4월 30일에 열린, 과실연이 새 정부에 바라는 AI 정책 미디어 데이에서 인재 확보 및 유치를 위한 구체적 실행 사항 공약에 대한 제언 내용을 강조했죠.

한상기 또 한 가지 주목되는 점이 2월에 마크롱 대통령이 향후 몇 년간 AI 분야에 1,090억 유로를 투자할 계획이라고 했는데, 이 투자 계획은 정부 자금만으로 이루어진 게 아니었죠? 투자 내용과 방식이 다르게 느껴졌습니다.

하정우 프랑스가 발표한 1,090억 유로의 상당수(약 700억 유로)는 MGX나 캐나다의 펀드 등 해외 기업들이 프랑스에 투자한 금액입니다. MGX와 같은 투자 중심 기업이 투자했다는 건, AI 컴퓨팅센터와 같은 인공지능 인프라에 적극적으로 자금을 투입하겠다는 의미입니다. 즉, 해외 투자를 유치해 기술 혁신의 규모 자체를 키우겠다는 전략입니다. 이 부분은 우리나라가 반드시 참고해야 할 좋은 모델이라고 생각합니다. 우리 역시 적극적으로 해외 투자를 유치해 더 큰 시장을 만들어야 합니다. 정부 예산이나 국내 기업의 자금만으로는 규모의 한계를 넘기가 쉽지 않으니까요. 이런 점에서 우리도 더욱 공격적인 투자 유치 전략이 필요합니다.

한상기 네이버도 프랑스 그르노블에 연구소를 운영하고 있잖아요. 제록스 파크 유럽Xerox PARC Europe 연구소였던 곳이죠. 최근 프랑스가 이렇게 적극적으로 AI를 지원하는 정책을 펼치면서 네이버 연구소에도 긍정적인 변화나 도움이 있었나요?

하정우 최근 네이버랩스 유럽 연구소와 구체적인 이야기를 나누지는 못해서 프랑스 정부의 AI 지원 정책이 연구소에 얼마나 직접적인 영향을 주었는지 정확히 말씀드리기는 어렵습니다. 하지만 다른 측면에서 보자면 이번 파리 AI 액션 서밋에 많은 국내 AI 기업들이 초청을 받았지만, 공식 세션에서 발표할 기회를 얻은 한국 기업은 네이버가 유일했던 것으로 알고 있습니다. 물론 네이버가 그동안 보여준 AI 기술력이나 AI 안전성에 대한 노력도 중요한 요인이었겠지만, 네이버가 프랑스에 네이버랩스 유럽이라는 글로벌 연구소를 운영 중이라는 점 역시 프랑스 정부로부터 좋은 인상을 얻는 데 기여한 것으로 생각됩니다.

한상기 프랑스에는 앞서 이야기한 두 회사 외에도 AI 스타트업이 상당히 많습니다. 프랑스가 어떻게 단기간에 이런 AI 생태계를 구축할 수 있었는지는 우리가 반드시 참고할 좋은 사례라고 생각합니다. 다음으로 EU 상황을 보죠. EU는 AI 분야에서 가장 먼저 법안을 만들고 강력한 규제와 관리 체계를 제시하면서 글로벌 시장에서 감독자 역할을 하려 했습니다. 기존의 개인정보보호법 GDPR이 글로벌 표준으로 자리 잡은 성공 사례를 기반으로 한 전략이었죠. 하지만 최근엔 오히려 GDPR이 유럽 기업들에 부정적 영향을 미쳤다는 보고서도 나오고 있습니다. 또한 AI 법안이 오히려 기술 발전을 저해하고 있다는 평가도 있습니다.

이런 상황에서 EU가 최근 AI 분야에 2,000억 유로를 투자하고 유럽 내 네 곳에 AI 기가 팩토리 Giga Factory를 설립하겠다고 발표했죠. 그리고 이런 과제를 실제적으로 수행할 계획인 AI 대륙 액션 플랜 AI Continent Action Plan을 4월 9일에 발표했습니다.

하지만 저는 EU의 특성상 이러한 프로젝트가 계획대로 실행될 수 있을지 의문이 듭니다. EU는 결정을 내리고 실제로 실행하는 데 시간이 오래 걸리는 편이잖아요. 이 점에 대해서는 어떻게 생각하세요?

하정우   EU는 여러 국가가 모인 연합체이다 보니 결정 과정이 느리고 복잡할 수밖에 없습니다. 우리나라만 해도 데이터센터 하나를 설립하려 하면 각종 지자체와 여러 이해관계가 얽혀서 어려운 상황이 많습니다. EU는 그보다 더 복잡하겠죠.

한상기   그래서 앞서 말한 EU의 기가 팩토리가 계획대로 진행될지 의심스럽습니다. 국가 간 갈등이 상당할 것 같다는 우려가 듭니다.

하정우   이런 큰 규모의 프로젝트에는 중심이 되어 추진력을 발휘할 핵심 국가가 반드시 필요한데, 프랑스가 그 역할을 하겠다는 의지가 강한 것으로 보입니다. 이미 EU도 AI 분야에서 뒤처진 상황이기 때문에 이제는 반드시 실행해야 할 겁니다.

사실 개별 국가 단위에서 보면 프랑스나 독일은 AI 연구 수준이 매우 뛰어난 나라입니다. 특히 독일의 막스 플랑크 연구소나 프라운호퍼 연구소 같은 기관은 세계적인 역량을 갖추고 있죠. 하지만 생성형 AI 시대가 열리면서 전반적인 경쟁력 면에서는 뒤처지기 시작했습니다. EU가 이런 상황에 빠진 이유는 몇 가지로 볼 수 있는데요. 우선 미국이나 중국과 비교해 컴퓨팅 인프라나 데이터 축적 수준이 떨어지고, 무엇보다 자국 플랫폼의 부재가 컸습니다.

지금은 인공지능이 모든 산업의 기반 기술로 자리 잡고 생산성 혁신으로 연결되며 새로운 산업혁명으로 이어지는 시기입니다. 이런 중요한 전환기에 뒤처진다면 EU 전체의 산업 경쟁력이 크게 약화될 수밖에 없다고 본 것 같아요. 그동안 EU는 심판자 역할을 하면서 천천히 움직여도 괜찮다고 여겼습니다. 특히 바이든 정부 시기까지는 미국이 혁신과 안전 사이에서 균형을 유지했으니까요. 하지만 미국과 영국이 이제 그런 균형을 깨고 무한 경쟁을 선언한 상황이기 때문에 EU도 속도를 내야만 하는 처지가 되었습니다. 이제 AI는 단순히 기술 경쟁의 문제가 아니라 국가나 지역 전체의 경쟁력과 직결된 문제가 되었으니까요.

한상기 그런데 EU의 중심 국가인 프랑스가 앞서 이야기한 것처럼 독자적인 전략을 펼치고 있다면 독일 역시 가만히 있지는 않을 겁니다. 사실 EU가 AI 법을 처음 만들고 승인할 때 프랑스와 독일, 이탈리아 등 주요 국가들이 초기에 반대했던 이유가 각자 독자적인 기회를 염두에 두었기 때문이었잖아요. 지금은 프랑스가 먼저 앞서가고 있는데, 독일이 계속 잠잠할까요?

하정우 독일은 알레프 알파Aleph Alpha 같은 뛰어난 AI 기업이 있음에도 최근 프랑스의 미스트랄이 빠르게 성장하는 동안 상대적으로 조용했습니다. 독일은 기본적으로 제조업 중심의 강국이고 디지털 전환 역시 제조업을 기반으로 진행하고 있죠. 인공지능은 단순히 기술 그 자체가 아니라 실제 산업으로 전환돼서 부가가치를 창출해야 큰 영향력을 발휘할 수 있습니다. 그래서 저는 프랑스와 독일이 EU 안에서 역할을 나눠 협력하는 방식이 가장 이상적이라고 봅니다.

실제로 2월에 시작된 EU의 오픈소스 소버린 LLM 프로젝트인 'Open Euro LLM'을 보면 중심 세력은 체코의 카를로바 대학이지만 학계 대표로 독일 튀빙겐 대학이 참여했고, 독일의 대표 AI 기업 알레프 알파도 참여했습니다. 이런 모습에서 독일도 나름의 주도권을 확보하려는 의지를 볼 수 있습니다.

한상기 사실 독일은 이미 인더스트리 4.0 정책을 발표할 당시부터 AI와 같은 첨단 기술을 활용해 제조업 역량을 강화하고 좋은 일자리를 창출하겠다는 계획을 내놓았었죠. 앞으로도 독일은 이런 방향성을 유지할 가능성이 큽니다. 유럽 AI 대륙 액션 플랜에 AI를 통해 전통적인 산업의 경쟁력을 새롭게 강화하겠다고 한 이유도 이런 배경이라고 판단됩니다.

하정우 프랑스는 파운데이션 모델 같은 첨단 AI 기술 개발을 주도하고 독일은 이를 제조업 혁신에 적극 활용하면서 서로 협력하는 형태가 이상적이라고 생각합니다. 이런 방식이라면 미국이나 중국과의 경쟁에서도 충분히 성과를 낼 수 있겠죠. 하지만 반대로 개별 국가가 각자 경쟁하면 EU 내부가 오히려 혼란스러워질 가능성이 있습니다.

한상기 지금 EU의 정치적 상황 자체도 매우 복잡한 것 같습니다.

하정우 그렇습니다. 지금 우리나라 상황도 어렵지만, AI 경쟁력 측면에서 우리와 비슷한 위치에 있는 프랑스, 캐나다, 독일 역시 정치적으로 어려움을 겪고 있습니다.

한상기 추가로 드리고 싶은 질문은 이렇습니다. 영국은 민간 그룹의 협력을 받아 AI 기회 액션 플랜을 발표했고, 유럽연합도 자체적인 AI 대륙 액션 플랜을 내놓았습니다. 미국 역시 현재 AI 액션 플랜을 준비 중인 것으로 알려져 있습니다. 이처럼 거대한 비전을 제시한 직후, 이를 구체화하기 위한 실행 계획을 신속히 수립하는 흐름은 어찌 보면 자연스러운 수순입니다. 하지만 우리나라의 상황을 돌아보면, 이런 접근 방식에서 배울 점이 분명히 있다고 생각합니다. 국내에서도 과실연을 중심으로, 새로운 정부 출범 직후 곧바로 AI 액션 플랜이 필요하다는 점을 강조한 것으로 알고 있습니다.

하정우 새 정부는 전 대통령 탄핵에 따른 조기 대선으로 인해 인수위원회 없이 곧바로 출범했습니다. AI가 중요한 공약으로 제안되긴 했지만, 불과 60일 만에 치러진 대통령 선거였던 만큼 준비 기간이 너무 짧았던 것이 사실입니다. 그 결과, 구체적인 실행 전략보다는 5년간 100조 원 투자라는 규모감 있는 방향성과 인프라, 인재, 생태계 조성 등 굵직한 키워드 중심의 청사진만 제시되었고 실행 방안의 구체성은 다소 부족할 수밖에 없었습니다.

그래서 영국, EU, 미국의 사례처럼, 전문가 집단의 도움을 받아 신속하고 구체적인 AI 실행 계획을 수립하고 이를 실천에 옮기는 것이 무엇보다 중요합니다. 과실연 AI 공약 미디어데이에서도 이 점을 제가 강조드린 바 있으며, 현재는 과실연 프론티어 AI 정책연구소에서 국내 AI 전문가들과 함께 실제 실행 가능한 AI 실행계획을 제안하는 작업이 진행 중입니다.

중국 AI 급부상의 비결, 정부 주도의 속도 전략

한상기   최근 우리에게 가장 큰 자극을 준 나라는 바로 중국입니다. 특히 중국의 딥시크 같은 회사들의 연구 결과가 정말 놀라웠습니다. 중국의 AI 전략이 다른 나라들과 가장 큰 차이를 보이는 지점이 무엇일까요?

하정우   중국 정부의 강력한 통제력, 다시 말해 그립감grip이라고 생각합니다. 정부가 방향을 정하고 추진하라고 지시하면 중국의 모든 기업들이 일사불란하게 움직입니다. 대표적으로 알리바바 창업자인 마윈馬雲이 중국 정부의 정책을 공개적으로 비판했다가 몇 년간 모습을 감췄던 사건을 들 수 있습니다. 하지만 최근 AI 기술의 중요성이 부각되자 정부가 마윈을 다시 복권시켰고, 마윈은 화답으로 "AI 분야에 75조 원을 투자하겠다"고 발표했죠. 이게 바로 중국식 전략입니다.

중국은 데이터 활용이나 규제, 국가적 자원의 우선순위 등을 정부가 원하는 대로 빠르게 결정할 수 있는 구조입니다. 국가가 보유한 데이터뿐만 아니라 기업 데이터까지 정부가 언제든 활용할 수 있는 나라는 세계에서 아마 중국뿐일 것입니다. 이런 강력한 중앙집권적 컨트롤 전략은 다른 나라들이 쉽게 따라가기 어렵습니다. 아무리 미국의 트럼프 행정부가 강력한 정책을 추진한다고 해도 중국처럼 효율적으로 움직일 수는 없죠. 또한 중국은 오픈소스를 적극적으로 활용해 전 세계로 영향력을 확장하는 전략을 펼치고 있는데 이걸 'AI판 실크로드'라고 부르더군요. 이 역시 중국의 AI 생태계 확장에 크게 유리하게 작용하고 있다고 봅니다. 물론 지속 가능성 여부와는 별개의 문제이긴 합니다만.

한상기 중국이 오픈소스 AI 분야에서 새로운 리더 국가로 떠오르는 것은 분명해 보입니다. 하지만 이런 상황은 오픈AI의 샘 올트먼이나 앤트로픽의 다리오 아모데이가 가장 우려했던 상황이기도 하죠. 그들이 오픈소스를 택하지 않은 것도 결국 민주주의 국가가 아닌 전체주의 국가에서 AI를 악용할 가능성을 우려했기 때문입니다. 그래서 중국의 이러한 행보가 과연 글로벌 AI 생태계에 긍정적으로 작용할지, 아니면 중국 중심의 강력한 오픈소스 흐름에 대해 다른 나라들이 제한 조치를 취할지 앞으로 지켜봐야 할 것입니다.

많은 사람들이 중국도 AI 기술이 뛰어나다는 걸 막연히 알고는 있었지만, 최근 이렇게까지 성장할 줄은 몰랐다는 반응을 보이고 있습니다. AI 분야를 깊이 아는 전문가들에게는 당연한 결과일 수 있지만, 일반 시민이나 정치권은 상당한 충격을 받은 것 같습니다. 중국의 AI 기술이 이렇게 빠르게 성장해 세계 정상급으로 도약한 주요 이유는 무엇이라고 생각하세요?

하정우 가장 큰 이유는 중국이 가진 효율적인 정치 체제 때문입니다. 정부가 결정을 내리면 즉각적으로 실행되는 구조가 중국이 가진 가장 큰 강점이죠.

연구 역량 측면에서도 중국은 뛰어난 환경을 갖추고 있습니다. 중국은 자국의 뛰어난 인재들을 적극적으로 해외로 유학 보내고, 이후 다시 중국으로 돌아오도록 성공적으로 유도했습니다. 특히 해외 유학 후 돌아온 우수한 연구자들에게는 정부 차원의 강력한 지원이 이루어졌고, 그 덕분에 연구에 전념할 수 있는 최적의 환경이 만들어졌습니다. 실제 올해 중국 양회兩會에서 발표한 AI 분야 투자 규모만 해도 무려 800조 원에 달합니다. 데이터 활용의 자유로움, 그리고 GPU 등 필수적인 컴퓨팅 인프라를 적극 확보해 연구에만 집중할 수 있도록 환경을 마련한 것도 큰 역할을 했습니다.

예를 들어, 챗GPT가 등장하자마자 중국은 빠르게 자체적 모델인 우다오 2.0을 만들어냈고, 베이징 인공지능연구소Beijing Academy of Artificial Intelligence: BAAI와 같은 우수 연구 기관들을 정부 차원에서 집중적으로 지원하는 전략을 펼쳤죠. 이러한 중앙집중형 정책이 중국의 연구 역량과 AI 기술 수준을 단기간에 높일 수 있었던 핵심 이유 중 하나라고 봅니다.

한 가지 더 중요한 점은 중국이 과학자와 기술자를 매우 존중하는 사회라는 것입니다. 특히 시진핑 주석이 공학자 출신으로 과학기술을 국가적으로 매우 중요하게 여기는 문화가 정착되어 있어서 이런 분위기가 중국의 AI 발전에 큰 도움이 되었다고 생각합니다.

한상기 한국에서는 항저우라는 도시를 가볍게 여기는 경향이 있는데, 사실 항저우는 인구가 1,200만 명이 넘는 큰 도시입니다. 딥시크와 알리바바도 항저우에서 나왔고 그곳에 위치한 저장대학교는 우리나라 어떤 대학보다도 세계 랭킹이 더 높을 정도로 우수한 대학입니다. 우리가 이런 부분을 잘 모르고 있는 것 같아요.

실제로 최근 미국에서 발표되는 주요 AI 논문을 보면 저자 중 상당수가 중국인인 경우가 많습니다. 미국 내에 이렇게 많은 중국인 유학생이 AI 분야에 있었는지 놀라울 정도죠. 그래서 일각에서는 미국과 중국 간의 경쟁이 아니라 미국 내 중국인과 중국 본토 중국인 간의 경쟁이라는 농담까지 나오고 있습니다. 이런 상황에서 향후 중국의 AI 기술 경쟁력이 미국을 넘어설 가능성이 있을까요?

하정우 현시점까지는 완전히 새로운 혁신적 원천기술을 만들어내는 능력 면에서 미국이 여전히 앞서 있습니다. 중국은 빠르게 추격하고 있지만, 현재 스케일링 법칙 중심의 기술 경쟁력만으로는 미국을 완전히 넘어서기 어려울 겁니다. 결국 스케일링의 핵심은 GPU와 같은 고성능 AI 반도체 확보인데, 이 부분에서는 최근 화웨이 기술의 발전을 고려해도 미국이 여전히 우위에 있습니다.

하지만 만약 중국이 기존과 전혀 다른 혁신을 만들어낸다면 상황은 달라질 수 있습니다. 최근 량원펑(딥시크의 설립자)이 인터뷰에서 강조한 것처럼 현재의 시간 격차는 중요하지 않고 원천기술 혁신 여부가 훨씬 더 중요하기 때문입니다.

한편 AI의 진정한 힘은 기술 그 자체보다는 얼마나 빠르게 산업과 일상생활에 녹아들어 실질적인 부가가치를 만들어내느냐에 있다고 생각합니다. 이 측면에서 중국이 미국보다 훨씬 더 빠르게 AI를 산업화할 가능성이 높습니다. 실제로 딥시크 R1이 공개된 지 두 달도 안 돼서 톈진, 선전, 우한 등 많은 지방정부가 공공 분야 혁신에 딥시크 모델을 도입해 성공 사례를 만들어내고 있고 메이디 그룹Midea Group, 화웨이, 지리자동차 등 제조 산업에서도 빠르게 도입 중입니다. 얼마나 빠르게 확산됐는지, 최근 딥시크 API 사업이 최초로 흑자 전환했다는 소식을 들었습니다. 오픈AI나 앤트로픽 같은 글로벌 선도기업들조차 생성형 AI 모델의 API 사업에서 적자를 면치 못하는 와중에, 이 소식은 정말 놀랍습니다. 그리고 이 모든 것을 주도하고 적극 지원하는 것이 바로 중국 정부입니다.

한상기   중국은 이미 전자 산업이나 자율주행차, 로봇, 스마트폰과 같은 분야에 AI를 가장 빠르게 도입할 수 있는 환경을 갖추고 있죠. 그래서 AI를 활용한 새로운 산업화가 가장 빠르게 일어날 수 있는 나라라고 볼 수 있을 것 같습니다. 하이얼이나 하이센스 같은 제조기업뿐 아니라 자율주행 자동차, 로봇 같은 다양한 산업에 적극적으로 도입한다고 발표했죠.

하정우   이렇게 AI 기술이 빠르게 확산되면 자연스럽게 엄청난 양의 데이터가 생산될 겁니다. 그런 데이터를 다시 활용해 재학습 과정을 거쳐 빠르게 AI의 경쟁력을 높일 수 있습니다. 다른 나라들이 이런 속도를 따라잡기는 정말 어려울 겁니다.

한상기   무엇보다 이렇게 하면 결국 물리적 세계를 이해하고 동작할 수 있는, 이른바 피지컬 AI Physical AI를 만드는 것이니까요.

하정우   맞습니다. 실제 사람들이 살아가는 현실 세계에서 동작하며 AI가 사람이 만든 데이터를 넘어 실제 세계와 상호 작용으로 발생하는 경험 데이터로 학습하여 직접적으로 가치를 만들어내는 피지컬 AI로 발전하는 겁니다.

한상기   그러니 미국 입장에선 속이 탈 수밖에 없을 겁니다. 아마도 GPU 수출 통제를 더욱 강화할 텐데, 중국이 미국의 이런 GPU 통제를 근본적으로 극복할 방법이 있을까요? 지금처럼 우회하거나 꼼수를 쓰는 방식 말고요. 중국에서도 자체적인 GPU나 NPU 개발 소식이 조금씩 나오긴 하던데요.

하정우   화웨이의 어센드와 같은 중국 자체 NPU가 있는데 현재 910B 제품의 경우 A100보다 조금 낮은 수준으로 알려져 있습니다. 그러나 910C, 910D 등 새로운 제품군들이 나오고 있고 생각보다 발전이 빠릅니다. 사실 AI 반도체 설계나 개발은 디지털만이 아니라 아날로그적인 특성까지 갖추고 있어 오랜 시간 경험을 축적해야 하기에 짧은 시간에 엔비디아와 동급이 되긴 어려울 수 있습니다. 하지만 중국은 늘 그랬듯이 엄청난 양적 투자로 격차를 일정 부분 줄일 가능성은 있습니다. 완전히 기술을 뛰어넘는 건 어렵겠지만, 결국에는 어떤 형태로든 문제를 우회하거나 해결할 방법을 찾아낼 겁니다. 실제 엔비디아 CEO 젠슨 황이 최근 인터뷰를 통해 미국의 AI 반도체 수출 규제가 화웨이에만 좋은 일 시키는 것이라고 위기감을 드러내기도 했고요.

한상기   맞아요. 그런데 최상위급 GPU를 만들기 위해서는 ASML의 EUV 장비나 TSMC의 첨단 파운드리 같은 기술이 필수적이잖아요. 중국에 그런 기술적 한계는 분명 존재할 겁니다.

하정우   중국에도 SMIC라는 파운드리 기업이 있으나 아무래도 기술격차가 여전히 존재합니다. 그래서 TSMC가 화웨이 어센드 칩을 제조하다가 적발되어 10억 달러 이상 벌금을 물게 됐다고도 하죠. 그럼에도 중국이라면 시간이 걸리더라도 결국 또 다른 대체 방법을 찾아내지 않을까 생각합니다.

중동의 차세대 패권 전쟁, UAE와 사우디가 선택한 AI 전략은?

한상기 지금까지는 주로 AI 분야의 선두권 국가들을 중심으로 이야기했는데요. 이번엔 조금 색다른 그룹에 속하는 국가들에 대해서도 이야기해보고 싶습니다. 최근 하 센터장님이 굉장히 공을 많이 들이고 있는 중동 지역 국가들, 특히 UAE나 사우디아라비아 같은 국가들이 있는데요. 이 나라들의 AI 정책 방향은 어떠한가요?

하정우 중동에서 정치적 맹주는 사우디아라비아지만, 인공지능 분야에서는 UAE와 사우디아라비아가 아주 치열한 경쟁을 벌이고 있습니다. 특히 생성형 AI 분야에서는 UAE가 한발 앞서 있다고 평가할 수 있고, 7개 UAE 토호국 중 아부다비가 그 중심입니다.

한상기 두 나라는 정치적으로도 경쟁 관계죠. 누가 아랍권의 리더인가를 놓고 미묘한 경쟁이 있잖아요.

하정우　정치적 리더십 측면에서는 사우디가 훨씬 더 강하다고 봅니다. 무함마드 빈 살만MBS 왕세자가 워낙 강력한 인물이기 때문이죠. UAE의 무함마드 빈 자이드 알나흐얀MBZ 대통령은 조금 다른 성향입니다.

한상기　그런데 MBZ는 자기가 MBS를 키웠다고 생각하죠?

하정우　실제로 MBZ가 MBS의 멘토 같은 역할을 했다고 알려져 있죠. 어쨌든 두 나라의 AI 전략은 조금 다릅니다. UAE는 인공지능이 국가의 미래를 결정할 핵심이라고 판단하고 미국과 중국 같은 선진국의 도움을 적극적으로 받는 전략입니다. 그래서 자본과 기술을 빠르게 유치해서 발전을 추진하고 있죠. 아부다비의 첨단기술연구위원회ATRC 산하 연구소인 TII에서 팰콘Falcon 같은 고성능 AI 모델을 빠르게 만들어냈고, G42라는 기업은 아랍어 AI 모델 자이스JAIS를 출시했습니다. 정말 빠른 속도로 AI 경쟁력을 키워왔습니다.

하지만 최근 미국과 중국 관계가 악화하면서 상황이 조금 복잡해졌습니다. G42는 원래 중국 자본이 많이 들어간 우리나라 국정원과 유사한 정보기관 같은 성격을 가진 회사인데요. 미국이 GPU를 공급받고 싶으면 중국 자본을 빼라고 압박하면서 최근 G42는 중국과 관련된 자본과 영향력을 모두 제거하고 사실상 미국 편으로 돌아섰습니다.

최근 아부다비에 갔을 때 이런 변화가 아주 뚜렷하게 보였습니다. 마이크로소프트의 애저^Azure 소버린 클라우드 위에 GPT-4o 모델을 설치해서 아부다비 전자정부 포털인 TAMM에 적용한 혁신적인 공공 앱을 출시했더라고요. TAMM 담당 조직을 직접 방문해서 시연을 보았는데 정말 뛰어난 수준이었습니다. 그런데 실제 서비스 단계에서는 품질에 아쉬움이 있어 아랍어 파인튜닝 작업을 진행 중이라고 합니다. 기대와 달리, GPT-4o에 아랍어 파인튜닝을 적용한 후에도 여전히 품질이 만족스럽지 않다는 이야기가 들려옵니다.

한상기 디플정 위원장이었던 고진 박사를 얼마 전에 만났는데, 본인이 만들고 싶었던 것을 UAE가 이미 다 만들어놨다고 하면서 굉장히 부러워했어요.

하정우 맞아요. 그 공공 앱을 단 1년 만에 구축했으니까요. 물론 TAMM 조직 자체의 역사는 20년 가까이 되지만, 최근의 AI 프로젝트 추진 속도가 정말 놀랍습니다. UAE의 기본 전략은 선진국, 특히 미국으로부터 적극적으로 도움과 투자를 받고 빠르게 AI 역량을 높이려는 것입니다.

반면 사우디아라비아는 UAE와 조금 다르게 가능한 한 자체 역량을 키우려 합니다. 물론 미국이나 중국의 도움을 완전히 배제할 순 없겠지만, 최대한 자체 기술 개발을 추진하고 있죠. 사우디 과학기술정보통신부^MCIT 산하 AI 데이터청인 SDAIA가 지난해 7월 자체 AI 모델인 올람^Allam을 출시했어요. 아주 뛰어난 성능은 아니지만 자국 내에서 공공 영역을 중심으로 확산하는 데 열심입니다.

아람코Aramco 같은 기업은 미국의 코히어Cohere나 프랑스의 미스트랄과 협력하고 있고, 미스트랄도 최근 아랍어 모델인 사바Saba를 API 형태로 출시해 중동 시장에 진출하고 있어요. 하지만 UAE보다는 사우디가 소버린 AI, 즉 자체 AI 역량을 강화하는 데 더 집중하고 있습니다.

한편 UAE 내부에서도 샤르자는 아부다비, 두바이와는 다른 입장을 취하고 있습니다. 샤르자는 역사적으로 UAE 지역의 맹주였지만 영국의 식민 지배에 저항하다 많은 어려움을 겪었습니다. 그러다 아부다비와 두바이가 영국에 빨리 협력하면서 원유가 발견되었고, 결국 영향력에서 밀려났죠. 그래서 지금도 자신들만의 독자적인 길을 가려고 합니다.

지난 3월 샤르자 왕세자의 장남이자 디지털청장인 사우드 왕자와 미팅을 했는데, 샤르자가 전 아랍어권의 사전을 편찬해 디지털로 공개했다고 자랑스럽게 말하더라고요. 그래서 이 데이터로 AI 학습을 함께할 수 있겠다며 논의했습니다. 이런 데이터는 우리나라 입장에서도 매우 유용하게 활용할 수 있을 거라 봅니다.

한상기 사우디는 자국 인재 양성을 위해 외국 교수들을 많이 초빙하고 있잖아요. 킹압둘라과학기술대학교KAUST가 대표적이죠. 하 센터장님한테도 연봉 1,000만 달러 주겠다면서 오라는 제안이 있지 않았나요?

하정우 1,000만 달러면 우리 돈으로 150억 원 정도인데 그 정도면 갈 의향이 있습니다(웃음). 실제로 저는 사우디에 갈 이유가 충분히 있죠. 이미 네이버 아라비아를 설립했으니까요.

사우디의 킹압둘라과학기술대학교는 이미 세계적인 교수들을 많이 초빙하고 있습니다. 인공지능 역사에서 유명한 LSTM^{Long Short-Term Memory}을 만든 위르겐 슈미트후버^{Jürgen Schmidhuber} 교수가 현재 이 대학에서 AI 분야 총괄 디렉터를 맡고 있을 정도니까요. 그리고 교수진 대부분이 외국인으로 구성되어 있으며, 사우디 내에서는 유일하게 남녀가 같은 강의실에서 함께 수업을 받는 곳이라고 합니다. 이는 MBS가 연구의 수월성과 글로벌 스탠더드에 부합하기 위해 종교적 교리를 넘어 이례적으로 허용한 사례라고 하더군요.

한상기 그런데 5월 중순에 중동발 새로운 대규모 AI 투자 소식이 들려오기 시작했어요. 트럼프가 중동 지역을 방문하면서 사우디와 UAE 등 중동 국가들의 GPU 수입 규제가 풀렸다는 소식입니다. 어느 정도 규모인가요?

하정우 사우디가 이번에 MBS의 명령으로 기존 여러 기관에 나뉘었던 AI 조직을 하나로 뭉쳐 새로운 AI 전문 기업인 휴메인^{Humain}을 설립했는데, 여기서 올해 바로 GPU 18,000장을 구매한다고 합니다. 그리고 향후 몇 년 동안 수십만 장의 GPU 추가 확보 계획을 발표했어요. UAE도 아직 협상 중이지만 50만 장 확보를 논의 중이고, 이 중 10

만 장을 아부다비 기업인 G42에게 할당한다고 합니다. 거기에 더해 오픈AI가 스타게이트 글로벌 차원에서 UAE와 대규모 데이터센터 투자를 단행한다고 알렸죠. 우리나라가 올해까지 1만 장, 2026년 상반기까지 추가 8,000장, 이후로 장기 계획이 없는 상황인 것과 비교하면 너무나 큰 차이죠. 새 정부에서 빠르게 컴퓨팅 인프라를 확보하고 효과적으로 운영할 계획 수립과 실행이 너무나 절실한 상황입니다.

우리에게 없는 싱가포르의 강점, AI 리더십의 비밀

한상기 이번엔 싱가포르 이야기를 좀 해보죠. 우리나라에는 잘 알려져 있지 않지만, 해외에선 싱가포르가 AI 분야에서 상당히 수준 높다고 평가받고 있습니다. 글로벌 기업들도 싱가포르를 중요한 AI 거점으로 여기고 있는데, 그 이유는 무엇인가요?

하정우 싱가포르는 작지만 강력한 중앙집권형 체제를 갖고 있어서 국가가 매우 효율적으로 운영됩니다. 총리가 결정하면 빠르게 실행되는 나라죠. 이런 구조 덕분에 싱가포르는 AI 분야에서 빠르게 성장할 수 있었습니다.
여기에 더해 싱가포르국립대NUS와 난양공대NTU 같은 대학이 AI 연구에서 세계적인 수준을 보여주고 있습니다. 기업 중에서는 SEA 그룹과 같은 뛰어난 AI 기술력을 가진 회사도 있고요. 최근 자체 개발한 LION이라는 거대 언어 모델을 공개해 주목받기도 했습니다.

한상기 싱가포르 이야기를 듣다 보면 우리나라 대학들은 뭘 했나 싶은 생각이 듭니다. 서울대나 카이스트는 이런 경쟁에서 무엇을 했는지 궁금하거든요.

하정우 싱가포르는 세계적인 연구자들을 적극적으로 교수로 초빙하고, 꾸준한 투자를 아끼지 않았습니다. 원래 IT 산업 기반도 강력했고요. 예를 들어, 1989년에 크리에이티브 랩스 Creative Labs가 사운드 블라스터 Sound Blaster를 만들면서 전 세계적으로 큰 성공을 거뒀잖아요?

한상기 그때 싱가포르에 자주 갔었습니다. 삼성전자에서 제가 만든 MP3 플레이어를 크리에이티브 랩스가 OEM으로 공급받아 자기 브랜드로 판매하려 했거든요. 그래서 그 당시 싱가포르를 자주 방문했던 기억이 납니다.

하정우 싱가포르는 원래 IT 산업 기반이 탄탄했고, 최근에 홍콩이 흔들리면서 동남아시아의 금융 허브로서 입지를 더욱 강화했습니다. AI 분야에서도 영국과 비슷하게 AI 안전성 문제를 적극적으로 주도하며 아시아 지역에서 영향력을 키우고 있습니다. 싱가포르의 정보통신미디어발전국 MDA이 이 부분을 리드하고 있어요. 아세안 지역 AI 맹주 역할을 하고 있죠.

한상기 싱가포르는 OECD 같은 국제기구에서도 굉장히 활발하게 활동하고 있습니다.

하정우 그렇습니다. 특히 싱가포르의 조세핀 티오 정보통신부 장관은 전문성과 추진력이 뛰어난 인물로 유명합니다. 싱가포르는 국가 차원에서 CDO Chief Digital Officer 아래 국가 AI 총괄 책임자인 CAIO Chief AI Officer를 일찍부터 두고 AI 거버넌스를 잘 구축했습니다. 국가 규모가 작다는 점을 오히려 강점으로 활용한 셈입니다. 지금 싱가포르가 AI 분야 세계 3위권에 자리 잡은 이유가 바로 이런 효율적인 구조와 철학 때문이라고 생각합니다.

한상기 우리나라도 여러 정부를 거치며 국가 CDO나 국가 CIO가 필요하다는 논의만 계속해왔습니다. 이번 정부에서 AI 정책 수석을 신설하고 국가 CAIO 역할을 부여한다고 하지만, 싱가포르나 다른 나라에서는 이미 다 하고 있는 것을 우리는 왜 지금까지 못했는지 정말 이해하기 어렵습니다. 심지어 외국에선 1985년생 젊은이들이 대통령이나 총리의 AI 자문 역할까지 하고 있는데 말이죠. 이런 걸 보면 정말 답답합니다.

하정우 우리나라의 정책 결정자들이 핫한 기술에 일시적으로 관심을 보이는 데 그치고, 정작 그 관심이 구체적인 정책 추진이나 실질적인 지원으로 이어지지 않기 때문이라고 생각합니다.

한상기   전공이나 전문성의 문제도 큽니다. 다른 나라에서는 관련 전문가들이 직접 국가 AI 위원회를 이끌고 있습니다. 미국 인공지능 국가안보위원회NSCAI를 총괄했던 에릭 슈미트만 해도 컴퓨터 사이언스를 전공했고 구글의 CEO를 역임한 최고의 AI 전문가입니다. 그런데 우리나라는 행정학 전공자가 국가 AI 위원회 부위원장을 맡았습니다. 정말 정신을 못 차리고 있는 게 아닌가 싶어요.

하정우   물론 나름의 이유가 있긴 하겠지만, 결국 기술을 관료적인 사고방식과 정치적 이해관계를 중심으로 바라보기 때문에 한계가 뚜렷할 수밖에 없습니다.

한상기   일본 얘기도 잠깐 좀 해보죠. 사실 저는 AI 기술력으로만 보면 일본이 우리보다 뒤처졌다고 생각합니다. 최근에 일본 기업 몇 곳과 미팅하면서 AI 분야에서 무슨 일을 하고 있는지 물었더니, 대부분 솔직하게 "이제야 공부하고 있다"고 말하더라고요. 즉, 아직 뭘 해야 할지 찾는 단계인 거죠.

그런데도 일본은 G7 국가로서 작년에 '히로시마 AI 프로세스 프렌즈*'를 발표하면서 AI 분야 글로벌 리더십을 적극적으로 선도하고 있습니다. 기술력 자체는 우리가 나은데, AI 글로벌 정책에서 일본

---

* 히로시마 AI 프로세스 프렌즈: 안전하고 보안성이 높으며 신뢰할 수 있는 AI를 달성하기 위해 G7 회의를 통해 발족한 히로시마 AI 프로세스의 정신을 지지하는 국가들의 자발적인 프레임워크로, '첨단 AI 시스템을 개발하는 조직을 위한 히로시마 프로세스 국제 행동 강령'의 이행을 약속한 조직.

의 목소리가 훨씬 크다는 느낌이 듭니다. 어떻게 생각하시나요?

하정우 저는 이 부분은 우리가 일본에서 배워야 한다고 봅니다. 특히 우리나라 기술안보 외교를 담당하는 분들이 반드시 참고할 필요가 있어요. 2023년 5월 히로시마에서 열린 G7 정상회의에서 가장 중요한 의제가 바로 생성형 AI였습니다. 그때 AI의 안전성과 혁신성 문제를 G7 차원에서 다뤄야 한다고 먼저 어젠다를 제시한 국가가 바로 일본입니다.

그 당시 일본은 생성형 AI 분야에서 이렇다 할 기업이나 기술이 거의 없었습니다. 하지만 일본은 외교적으로 먼저 이슈를 만들고, 글로벌 어젠다를 설정하며 리더십을 발휘했습니다. 외교라는 건 원래 이렇게 하는 것이죠.

우리나라는 반대로 기술력이 더 뛰어나고 좋은 카드도 많이 가지고 있는데, 글로벌 차원의 어젠다를 주도하거나 외교적 리더십을 발휘하는 데 너무 소극적입니다. 기술력이 부족해도 일단 영역을 먼저 만들어놓고 그 안에서 기회를 찾는 전략이 필요한데, 우리가 이런 부분에서 너무 부족한 게 아닌가 싶습니다.

그리고 최근 일본 정부의 움직임은 우리 정부와 비교해 눈에 띄게 앞서 있는 부분이 있습니다. 일본은 이미 2021년에 AI 전담 부처인 디지털청을 설립했고, 지난 5월 발표된 기사에 따르면 디지털청 인력 1,180명 중 절반이 넘는 600명을 민간 출신 전문가로 채용했다고 합니다. 우리나라 정부에서는 쉽게 상상하기 어려운 일입니다. 게다가

AI 관련 예산도 전년 대비 67%나 증액했다고 하니, 일본 정부가 AI 를 국가 전략으로 얼마나 진지하게 접근하고 있는지 잘 보여줍니다. 그야말로 제대로 각성한 셈이죠. 이런 변화는 한국 정부에도 큰 시사점을 줍니다.

한상기 계속해서 우리나라의 AI 전략에 대한 아쉬움을 이야기하게 되는데요, 이 부분은 마지막 5장에서 더 깊이 따져보도록 합시다.

캐나다의 AI 정책에서 배우는 다문화 포용 전략

한상기 저는 여러 국가의 AI 정책을 꾸준히 추적하며 관련 자료를 만들어오고 있습니다. 예를 들어, 미국의 NSCAI 최종 보고서가 발표됐을 때, 이를 국내에 가장 먼저 알린 사람이 저였죠. 800페이지가 넘는 보고서를 보면서 정말 놀랐습니다. 단 1년 만에 이렇게 높은 수준의 보고서를 만들어낼 수 있다는 점에서 미국의 저력을 실감했습니다. 감동할 정도였죠.
한편, 우리가 주목할 만한 또 다른 국가는 캐나다입니다. 딥러닝의 종주국이라 할 수 있는 캐나다가 최근 AI 분야에서 소식이 잘 들리지 않습니다. 그래도 발표했던 정책들 중 우리가 주목할 만한 것이 있을까요?

하정우   우리가 너무 빨리 잊고 있는 게 아닌가 싶습니다. 작년 4월 캐나다가 국가 AI 정책을 발표했는데, 여기엔 우리가 참고할 만한 내용이 매우 많았습니다.

한상기   맞습니다. 제가 그 내용을 정리해 리포트로 만들어 NIA(한국지능정보사회진흥원)에 제출하기도 했었습니다.

하정우   저 역시 그 내용을 빠르게 SNS에 포스팅했습니다. 미국의 NSCAI 보고서도 마찬가지였고요. 캐나다 정책이 발표된 후 국회나 정부에서 그 내용을 소개하면서 여러 면에서 시드 역할을 했습니다.

한상기   그 당시 캐나다 정책에는 공동 연구 기반인 국가연구 인프라 National Research Infrastructure: NRI를 구축하고, 이를 추진할 전담기관인 국가연구기관 National Research Agency: NRA을 만든다는 내용이 포함돼 있었습니다.

하정우   그때 캐나다가 2조 4,000억 원 규모의 투자를 발표했는데, 그중 무려 2조 원을 인프라 구축에 사용한다고 했습니다. 아마 전 세계에서 가장 빠른 결정이었을 겁니다.
또 주목할 만한 점은 나머지 예산을 산업계, 특히 중소·중견기업이 AI를 실제 활용할 수 있도록 바우처나 직접 지원 형식으로 제공한다는 것이었죠. AI 도입으로 피해를 볼 수 있는 창작자들이 AI를 활용해 더 나은 콘텐츠를 만들 수 있도록 지원하는 방안도 담겨 있었습니다. 이 외에도 AI 안전연구소 설립, AI 관련 법안인 AIDA Artificial Intelligence and Data Act(캐나다 AI 데이터 법)의 실행을 위한 예산까지 마련돼 있었습니다.

한상기 현재 캐나다의 AIDA 법안은 아직 통과되지 않았고 계속 논의 중인 걸로 알고 있습니다.

하정우 법안 통과 여부와 별개로 그 법안을 실행할 수 있는 예산까지 이미 준비되어 있었다는 점이 중요합니다. 캐나다가 상당히 깊게 고민했다는 걸 느낄 수 있었죠. 우리 정책에도 여러모로 힌트를 준 사례였습니다.

한상기 그때 저와도 이 주제로 여러 차례 이야기를 나눴었죠.

하정우 그 후 쥐스탱 트뤼도 총리가 정치적으로 어려움을 많이 겪었습니다. 최근엔 EU 정상회의에 캐나다도 가입하라는 이야기가 나오고 있어서 혼란스럽겠지만, 저는 캐나다가 곧 새로운 AI 정책을 추가로 내놓을 가능성이 높다고 봅니다. 특히 트럼프 행정부의 최근 움직임 때문에 파이브 아이즈 5-Eyes 동맹국들(영국, 캐나다, 호주, 뉴질랜드, 미국) 사이의 관계도 조금 달라질 수 있다고 생각합니다.

한상기　우리가 자주 이야기하는 것 중 하나가 우리나라가 지향해야 할 AI 전략으로서 '다문화 포용적 AI Multicultural Inclusive AI*'가 있잖아요. 그런 관점에서 보면 캐나다는 좋은 협력 국가가 될 수 있을 겁니다. 캐나다는 원래 다문화를 적극적으로 장려하는 국가니까요. 미국은 흔히 멜팅 팟 Melting Pot이라고 해서 모든 것을 미국식으로 녹여버리려 하지만, 캐나다는 다양한 문화가 그대로 공존하는 걸 굉장히 권장합니다. 그런 점에서 딥러닝의 원조 국가인 캐나다는 새로운 AI 리더십을 만드는 데 가장 좋은 파트너 중 하나라고 생각합니다.

하정우　저도 그 부분에 동의합니다. 이제는 대륙별로 AI의 주요 국가들이 서로 연대할 필요가 있다고 봐요. 예를 들면 아시아에선 한국, 그리고 일본은 애매하지만 그래도 참여시켜 함께 고민해볼 수 있겠죠. 북미에서는 캐나다, 아세안에서는 싱가포르, 중동에서는 UAE나 사우디아라비아, 유럽에서는 프랑스가 중심이 되어 각 지역을 연결하는 연대체를 만들 수 있을 겁니다. 이 연대체에서 데이터 구축과 데이터센터, 에너지, 다문화 포용적 AI 전략, 산업으로의 확산 등 여러 이슈들을 함께 논의하면 좋겠습니다.

---

* 다문화 포용적 AI(Multicultural Inclusive AI): 다양한 문화, 언어, 인종, 성별, 종교 등을 포괄적으로 이해하고 존중하는 방식으로 설계된 인공지능 시스템을 말한다. 이는 AI가 특정 문화나 사회적 편향에 치우치지 않고, 전 세계 다양한 사용자에게 공정하고 포용적인 방식으로 작동하도록 만드는 것을 목표로 한다.

한상기 새 정부에서는 우리가 지금까지 나눈 이야기들이 실천 가능한 과제가 되었으면 합니다.

하정우 AI 관련해 여러 가지를 선언하겠죠. 그때 단순히 '우리나라 AI 경쟁력을 높이겠다' 수준에서 끝나는 게 아니라, 글로벌 차원에서 우리가 어떤 역할을 맡고 어떤 비전을 제시할지 구체적으로 보여줬으면 좋겠습니다.

한상기 항상 우리나라 정책은 남의 기술을 이용해 우리끼리 잘 먹고 잘 살겠다는 데 그쳐 있었습니다. 이제 그런 시대는 지났다고 봅니다. 우리가 G10 국가로서 AI 생태계나 글로벌 기술과 산업에 어떻게 기여할지 고민하고 실천할 수 있는 자세가 필요합니다. 새 정부가 내놓을 정책에선 'AI에 공헌하는 국가'라는 철학이 담겼으면 좋겠습니다.

하정우 전적으로 동의합니다. 인류에 대한 공헌도 중요하지만, 비즈니스적 관점에서 AI에 투입된 자본이 워낙 크다 보니 국내에서만 투자금을 회수하는 건 사실상 어렵습니다. 국내 시장만으로는 지속 가능하지 않습니다. 글로벌 시장으로 적극 진출해서 새로운 기회를 찾고, 투자금을 회수할 수 있는 길을 열어야 합니다.

AI 기술 자주권 확보의 길, 소버린 AI Sovereign AI

한상기 마지막으로 요즘 논란이 되는 단어가 하나 있습니다. 바로 '소버린 AI'라는 용어인데요. 사실 대부분 나라가 자세히 보면 모두 각자의 소버린 AI 정책을 추진하고 있습니다. 그런데 유독 우리나라에서는 소버린 AI 이야기가 나오면 굉장히 비판적인 반응을 보이는 사람들이 있습니다. 아마 예전에 많이 실패한 소위 '한국형(K-)' 정책과 혼동해서 그런 것 같습니다. 그래서 소버린 AI가 정확히 무엇인지 다시 한번 설명해주시면 좋겠습니다.

하정우 소버린 AI란 쉽게 말하면 특정 국가가 자체적인 역량을 바탕으로 만든 인공지능을 의미합니다. 좀 더 구체적으로는 AI를 개발하는 데 필수적인 전력, 인프라, 클라우드, 데이터 등 핵심 요소를 자국의 주도권 아래 확보하는 것을 말합니다. 여기서 중요한 포인트는 자기 주도권입니다. 자국의 주도권을 가진다는 것은 그 국가의 특성과 문화를 제대로 반영한 AI를 만들 수 있다는 것을 뜻합니다. 결국 AI의 특성은 데이터로 결정되니까요.

예를 들자면 미국의 오픈AI가 만든 GPT 모델이나 구글의 제미나이는 글로벌 모델이지만, 본질적으로 미국의 입장을 대변하는 AI입니다. 마찬가지로 중국의 딥시크나 알리바바의 큐원Qwen 역시 글로벌 모델로 나왔지만 근본적으로 중국의 관점과 입장을 대변하는 AI죠. 그렇다면 한국도 글로벌 AI를 만들면서 동시에 한국의 관점과 입장을 제대로 담은 AI를 만들 수 있어야 합니다.

즉, 소버린 AI의 핵심은 인공지능 자체를 단지 국내용으로 한정하는 게 아니라 국가가 AI를 더 잘 만들 수 있도록 자기 주도권을 확보하고, 이를 통해 국가 경쟁력을 높이는 것입니다.

한상기 우리가 과거에 국방 기술을 자립하거나 우주항공 기술, 자동차, 철강이나 건설 산업에서 자립적 역량을 키울 때는 아무도 비판하지 않았습니다. 그런데 AI 분야에서만 자주권이나 기술적 독립성을 이야기하면 갑자기 비판이 많아지는 이유가 잘 이해되지 않습니다.

하정우 이런 현상이 나타나는 데는 두 가지 이유가 있다고 봅니다. 첫 번째는 과거에 많은 K-시리즈 정책들이 실패한 경험이 있기 때문입니다. 예를 들어 OS나 소프트웨어 같은 분야에서 실패 사례가 너무 많아서 그에 대한 거부감과 의심이 생긴 것이죠.

두 번째 이유는 소버린 AI 이야기를 주로 네이버가 주도하고 있기 때문에 안티 네이버 정서가 작용하는 부분도 큽니다. 거기에 제가 여기저기 떠들고 다녀서 그런 것도 있겠죠(웃음).

다행히 최근 글로벌 상황은 다릅니다. 지금 전 세계가 소버린 AI의 중요성을 강조하고 있습니다. 영국조차도 정부 내에 소버린 AI 전담 조직을 따로 만들고 있고, EU 역시 클라우드 정책을 비롯해 모든 영역에서 소버린이라는 단어를 사용하며 자주성을 강조하고 있습니다. 그런데 우리나라에선 아직도 사대주의나 패배주의 같은 정서가 좀 남아 있는 것 같습니다.

한상기 '과연 우리가 따라갈 수 있을까', '예산 낭비 아니냐' 하는 식의 회의적인 반응도 있습니다. 5장에서 자세히 다루겠지만, 소버린 AI 정책을 추진하려면 우리나라가 가장 먼저 해결해야 할 과제는 무엇일까요?

하정우 무엇보다 가장 중요한 건 충분한 컴퓨팅 인프라를 갖추는 것입니다. GPU와 같은 컴퓨팅 인프라는 AI 개발의 필수적 조건입니다. 현재 LG AI 연구원이나 네이버 등 국내 기업들의 기술력은 상당히 발전했지만, 오픈AI나 구글, 딥시크 같은 글로벌 기업과 격차가 벌어진 가장 큰 이유는 인프라가 부족하기 때문입니다. 충분한 인프라가 있어야 다양한 시행착오를 겪으며 혁신적이고 과감한 연구를 진행할 수 있습니다. 그러나 한국은 비싼 인프라 비용으로 인해 실패에 대한 부담이 너무 큽니다. 그러다 보니 연구자들이 안전한 방법만 선택하게 되고, 선두 그룹을 따라잡기가 점점 어려워지는 것이죠.

다음으로 중요한 것은 데이터와 인재 문제입니다. 인재 문제 역시 인프라와 연결되어 있습니다. 충분한 인프라를 제공하면 우리나라의 잠재력 있는 인재들이 빠르게 성장할 수 있습니다. 데이터 문제는 정부가 공공 데이터 개방과 저작권법 개정 등을 통해 적극적으로 해결해야 하는 과제입니다.

한상기　3월에 카이스트의 정송 인공지능대학원장이 포스팅한 내용을 보니까, 주요 AI 콘퍼런스 논문 발표 수로 카이스트가 전 세계 대학 중 2위였다고 하더군요. 그만큼 우리나라의 AI 연구 잠재력은 굉장히 높은 수준으로 올라와 있다고 생각됩니다.

하정우　그런 자료를 볼 때마다 제가 항상 강조하는 부분이 있는데요. 논문 수 자체는 굉장히 많습니다. 그 자체로도 매우 의미 있는 성과입니다. 하지만 그보다 중요한 건 논문의 수가 아니라 그 논문의 임팩트, 즉 얼마나 많이 인용되고 활용되는지입니다. 사실 우리나라 논문 성과가 채택이나 발표 건수에 비해 인용 수가 낮습니다.
평가와 승진 구조가 '논문 건수' 위주다 보니, 진짜 혁신적인 연구를 하려면 10편의 논문을 쓸 것을 하나로 압축해서 대박을 터뜨려야 하는데 그런 환경이 만들어지지 않고 있다는 점이 아쉽습니다.

한상기　이 주제는 우리가 5장에서 좀 더 자세하게 이야기할 수 있을 것 같습니다. 추가적인 질문들도 대부분 5장에서 다룰 예정이니까 다음으로 넘기겠습니다.
이번 2장에서는 주요 국가들의 AI 정책 변화와 함께 우리가 소홀히 했거나 관심을 더 가져야 할 국가들의 사례를 살펴봤습니다. 이어지는 3장에서는 AI 분야의 주요 기업들이 지난 2년 동안 어떤 변화를 겪었는지, 또 그들이 발표한 서비스와 기술적 특징에 대해 좀 더 자세히 살펴보겠습니다.

3장

빅테크 기업들의 AI 전쟁, 진짜 승자는?

GPT-4.5 출시와 오픈AI 내부의 변화

한상기　앞서 2장에서는 AI와 관련해 급변하는 국제 정세와 정부 간의 치열한 파워게임, 그리고 각국이 내놓은 도발적인 정책들을 살펴보았습니다. 몇몇 정책은 특히 참고할 만했으며, 이제는 AI 분야에서 진정한 파트너 국가가 누구여야 하는지 더욱 심도 있게 고민하고 분석해야 하는 시점입니다.

이러한 정책 변화의 이면에는 각국의 리딩 기업들이 자리 잡고 있습니다. 강력한 AI 기업이 없다면 정부의 정책은 단순한 구호에 그칠 가능성이 크기 때문입니다. 그래서 이번 3장에서는 세계적인 AI 기업을 포함해 여러 나라 주요 기업들의 최근 현황과 함께, 앞으로 이들이 펼칠 기술 개발 전략과 서비스 방향에 대해 논의하겠습니다.

AI 혁명의 중심에는 단연 오픈AI가 있습니다. 오픈AI는 챗GPT를 통해 전 세계에 엄청난 영향을 미쳤으며 현재 기업 가치는 곧 3,400억 달러에 이를 것으로 예상됩니다. 최근 1년 반 동안 오픈AI는 여러 모델을 공개했습니다. GPT-4o를 비롯해 o1, o3를 발표했고, 가장 최근에는 GPT-4.5 그리고 o4-미니까지 출시했습니다. 그러나 시장에서 GPT-4.5의 반응은 예상보다 미온적이며 실망스럽다는 평가도 많습니다. 예전에 우리가 오리온Orion* 이라고 불렀던 프로젝트가 이번 GPT-4.5 모델로 출시된 것으로 보는데요. GPT-4o나 o1, o3가 발표되었을 때와 비교해서 이번 GPT-4.5 모델은 어떤 차이가 있으며 시장에서 반응이 저조한 이유는 무엇이라고 보십니까?

하정우   GPT-4o가 처음 나왔을 때 기존 모델과 비교해 진정한 멀티모달이라는 점에서 혁신적이었습니다. 텍스트뿐 아니라 음성과 영상까지 통합적으로 처리했고 실시간 스트리밍도 가능했습니다. 그러나 GPT-4.5는 다소 애매한 위치에 놓여 있습니다. 이 모델은 기존의 언어 모델 중에서는 가장 뛰어난 언어 이해 및 콘텐츠 생성 능력을 갖춘 모델입니다. 현존하는 모델 가운데 가장 똑똑하고 정교한 성능을 보이죠. 그런데 문제는 최근 등장한 추론 중심의 모델들과의 비교에서 발생합니다. AI의 창의적 능력에 대한 반응이 사람마다 다를 뿐만 아니라 객관적인 평가도 어렵습니다. 이제 사람들은 AI를 평가할 때 단순한 글쓰기 능력이 아니라 논리적 추론 능력을 핵심 지

---

* 오리온(Orion): 오픈AI가 공개한 GPT-4 이후의 차세대 생성형 AI라고 했던 프로젝트명이다.

표로 보고 있습니다. GPT-4.5는 기존 모델보다는 분명 뛰어나지만, 추론 특화 모델들과 비교하면 오히려 부족해 보이니 일반 사용자 입장에서 어떤 점이 개선되었는지 체감하기가 쉽지 않은 겁니다.

만약 o1이나 o3와 같은 O 시리즈가 없었다면 모를까, O 시리즈가 이미 있기 때문에 상대적으로 장점이 잘 드러나지 않았습니다. AI를 깊이 이해하는 사람들 기준에서는 분명 차이를 알 수 있지만, 일반 사용자에게는 그렇지 않은 겁니다.

한상기 그 부분이 핵심이군요. 사실 O 시리즈가 도입되면서 AI의 활용 방식이 변하기 시작했습니다. 다만 O 시리즈는 주로 수학, 코딩, 물리학, 화학, 생물학처럼 전문성이 요구되는 특정 학문 분야에 초점을 맞추고 있습니다. 딥 리서치 분야도 마찬가지고요. 즉, 일반 사용자들이 일상적으로 활용할 수 있는 서비스 분야는 아닌 거죠.

그렇다면 결국 GPT-4o와 GPT-4.5를 비교할 수밖에 없는데요. GPT-4.5를 발표할 당시 샘 올트먼은 "이전 모델과는 성격이 완전히 다른 모델이 될 것"이라며, 마치 감정을 가진 듯한 퍼스널리티를 강조했습니다. 이는 앤트로픽의 클로드가 캐릭터를 학습시킨 AI를 선보였던 전략과 유사하게 보입니다. GPT-4.5의 글쓰기 생성 능력이 정말로 그렇게 향상되었습니까?

하정우 이 부분이 가장 어려운 지점입니다. 우선 GPT-4.5는 매우 비싼 모델입니다. 일반 사용자들이 경험하기에 O 시리즈는 과학적 추론이나 논리적 사고, 코딩 분야에서 뛰어난 성능을 분명히 느낄 수 있었죠. 직접 사용하면 그 차이가 체감됩니다. 그러나 GPT-4.5는 높은 가격에도 불구하고 가격 차이만큼 품질 차이를 체감할 수 있는 사용자가 많지 않습니다. 고가의 모델을 사용할 경우, 그만큼의 성능 차이를 명확하게 느낄 수 있어야 합니다. 하지만 GPT-4.5는 일반 사용자들이 기존 모델과 어떤 점이 확실히 다른지 직관적으로 경험하기 어려운 모델입니다. 성능이 나쁘다기보다는 애당초 창의적 능력이나 세계를 이해하는 능력이라는 게 일반 사용자들이 체감하기는 어렵기 때문이죠.

결과적으로 AI 생성형 모델은 명확한 문제 해결을 넘어 더 복잡한 문제에 대응해야 하는데, GPT-4.5는 그 애매한 경계선상에 있는 상황이라고 할 수 있습니다.

한상기 작년 11월경부터 사전 학습을 아무리 많이 시켜도 성능이 더는 비약적으로 향상되지 않는다는 논의가 나오기 시작했습니다. 첫 번째 스케일링 법칙이 한계에 부딪혔다는 평가였죠. 하지만 이후 추론, 즉 논증 방식을 도입하면서 두 번째 스케일링 법칙이 새롭게 등장했습니다. 이번 GPT-4.5 모델은 바로 그 과정에서 만들어진 모델이라는 생각이 듭니다.

사실 이 모델은 굳이 출시하지 않아도 될 수 있었는데, 왜 출시한 걸까요? 저는 이 점이 의아했습니다. 큰 인상을 주지 못할 것이고 좋은 평가를 받을 가능성도 낮았기 때문입니다.

하정우 딥시크 때문일 가능성이 크다고 봅니다. 물론 딥시크의 R1 모델은 전혀 다른 방식의 모델이지만요.

한상기 그렇다면 V3 모델과의 대응을 염두에 둔 걸까요?

하정우 GPT-4.5는 V3보다는 확실히 나은 모델로 보입니다. 일반적으로 GPT-4o나 딥시크 V3처럼 기존의 거대 언어 모델인 베이스 모델이 뛰어나면 추론 사고 모델에서도 더 좋은 성능을 발휘합니다. V3를 기반으로 R1 모델이 만들어졌고, GPT-4가 O 시리즈의 베이스 모델이 되었기 때문에 더 나은 추론 모델을 만들 수 있을 것입니다. 따라서 오픈AI가 이번 모델을 공개한 이유는 자사의 베이스 모델 경쟁력이 타사보다 월등하다는 점을 강조하기 위한 전략일 가능성이 큽니다.

그런데 올해 3월 하순에 공개된 6,810억 개 매개변수를 가진 딥시크 V3-0324와는 서로 엎치락뒤치락하더군요. MMLU-Pro*나 GPQA-Diamond** 같은 어렵고 복잡한 과학 문제 풀이는 GPT-4.5, 수학과 코딩 능력은 V3-0324가 좀 더 나은 것을 확인할 수 있습니다. 그런데 GPT-4.5의 모델 크기나 누적학습 연산량이 공개되지 않아서 공

---

* MMLU-Pro: 대규모 언어 모델의 언어 이해 및 추론 능력을 보다 정밀하게 평가하기 위해 개발된 고난도 벤치마크 데이터 세트이다.

** GPQA-Diamond: AI의 고차원적 과학적 사고 능력을 평가하기 위해 설계된 GPQA(Graduate-Level Google-Proof Q&A) 벤치마크의 가장 어려운 하위 집합이다. 이 벤치마크는 생물학, 물리학, 화학 분야의 박사급 전문가들이 작성한 198개의 객관식 질문으로 구성되어 있다.

정한 비교 여부는 확인이 불가능합니다.

또한 GPT-5 출시까지 시간이 더 필요하다는 점도 고려했겠죠. 오픈AI는 추가적인 투자 유치와 스타게이트 프로젝트 진행 등으로 시장에 메시지를 전달할 필요가 있었던 것으로 보입니다.

한상기 저도 비슷한 생각입니다. 그래서인지 오픈AI는 이번 발표를 앞두고 이 모델이 최종 단계가 아니라는 점을 강조했습니다. 발표 일주일 전쯤 향후 마일스톤milestone을 공개하면서 GPT-4.5가 베이스 모델로는 마지막 버전이며, GPT-5는 o1, o3 모델과 4.5가 통합된 형태가 될 것이라고 밝혔죠. 이 통합 모델은 궁극적으로 사전 학습 기반의 생성형 모델과 강화 학습을 통한 논증형 모델을 결합한 형태로 나오게 될 텐데, 실제로 언제 출시될 것으로 예상하십니까?

하정우 현재로서는 2025년 하반기 출시설이 유력합니다. 그리고 이 모델은 반드시 출시해야 할 겁니다. 최근 앤트로픽이 클로드 3.7에 이어 클로드 4까지 발표했는데, 이 모델은 샘 올트먼이 반드시 만들겠다고 했던 일반 언어 모델과 리즈닝 모델이 결합된 형태입니다. 그리고 오픈AI에서 그들의 AI 모델을 오픈소스로 풀겠다고 했는데 이 부분도 올트먼의 위기감을 드러낸다고 생각합니다. 실제 최근 X(구 트위터)에서 오픈소스 형태로 O 시리즈의 작은 버전이 나온지, 아니면 모바일에서 실행 가능한 버전이 나온지 사용자들에게 의견을 물었죠. 이렇게 공식적인 마일스톤에서 앞으로 출시할 모델을 명확히 선언한 것은 이번이 처음입니다. 오픈AI는 이런 발표를 통해 여전히 AI 업계를 자신들이 주도하고 있다는 메시지를 시장에 지속적으로 전달하려는 것으로 보입니다.

한상기 저도 그렇게 이해했습니다. 그렇다면 특정 기업을 떠나 하나의 범용 모델, 즉 우리가 말하는 베이스 모델과 논증 모델을 결합한 거대한 단일 모델이 기업과 일반 사용자 모두를 위한 시스템으로 자리 잡을 수 있을까요?

하정우 시스템의 단일화는 가능할 수 있습니다. 하지만 모델 자체를 하나로 단일화하는 것은 현실적으로 쉽지 않습니다. 투자수익률을 생각하면 비효율적일 수도 있고요.

한상기 그렇죠.

하정우 차라리 MoE 형태로 여러 개의 모델을 병렬적으로 배치하는 방식이 더 현실적일 겁니다. 다만, GPT-4나 딥시크 R1처럼 MoE 형태로 구성한다고 해도 하나의 모델이 너무 커지면 운영비용이 지나치게 높아지고 실행 속도도 느려지는 문제가 생깁니다. 그래서 하나의 AI가 모든 문제를 다 처리하기보다는 몇 개의 기능 그룹으로 나누고, 각 그룹 내 다양한 과제를 잘 수행할 수 있는 추론 능력이 뛰어난 별도의 AI를 둡니다. 그러면 개별 AI 모델들이 라우팅routing을 통해 서로 커뮤니케이션하는 방식이 더 효과적일 수 있습니다. 이를 하나의 모델 내에서 구성하면 MoE가 되고, 제가 말씀드리는 방식은 여러 개의 독립된 AI 모델을 활용하는 앙상블과 유사한 개념이라고 할 수 있습니다. AI 에이전트 간의 통신 규약인 Agent2Agent도 그 방법이 될 수 있죠.

한상기 같은 의견입니다. 완전한 단일 모델이 아니라 멀티 에이전트 형태의 멀티 모델 구조로 운영하는 방식이 더욱 적절하겠죠. 즉, 특정 문제에 맞는 AI 모델을 선택적으로 활성화하는 방식이 필요합니다. 모든 문제를 하나의 거대 모델이 해결하는 방식은 이론적으로 가능할지 몰라도, 비용 측면에서는 현실성이 떨어지니까요.

한편, 오픈AI는 2025년 매출 목표를 116억 달러로 잡고 있으며, 2027년에는 440억 달러, 2029년에는 1,000억 달러까지 도달할 계획이라고 밝혔습니다. 현재 매출의 대부분은 월 20달러 개인 가입자에서 발생하는데, 장기적으로 보면 수익 구조가 크게 변화할 것으로 예상됩니다. 앞으로 4~5년 후 주요 매출원은 어디에서 발생할 것으로 예상하십니까?

하정우 당연히 기업 및 공공 부문이 핵심 매출원이 될 것입니다. 이미 월 2만 달러(약 3,000만 원) 정도 하는 초고성능 AI 에이전트를 오픈AI가 출시할 것이라는 루머가 돌고 있습니다. 가격을 생각하면 이 AI를 개인이 사용할 가능성은 매우 낮죠. 기업이나 연구기관, 정부

기관에서 주로 활용할 것으로 보입니다.

실제로 아부다비에서는 마이크로소프트의 애저 소버린 클라우드를 구축하고, 그 위에 GPT-4o를 설치해 공공 서비스에 활용하고 있습니다. 그리고 월스트리트의 일부 금융기관에서도 AI 모델을 도입하고 있으며 앞으로 이런 사례는 계속 증가할 것입니다. 최근 오픈AI의 한국 지사 설립 추진도 같은 맥락이죠. 결국 개인 사용자보다는 엔터프라이즈 버전과 공공 부문, 나아가 국방 분야까지 AI 모델 활용이 확장될 가능성이 높습니다. 올해 3월 앤트로픽도 한국 지사 설립을 발표했죠. 이것 역시 B2B 기업 고객 확보를 염두에 둔 움직임으로 보입니다.

한상기 국방 분야에서도 AI 활용이 더욱 증가하겠군요.

하정우 그렇습니다.

한상기 기업을 운영하다 보면 B2C 비중이 높은 회사와 B2B 비중이 높은 회사의 운영 방식과 내부 구성원 구조가 상당히 다릅니다. 그래서 AI 기업들이 B2C 서비스 대응에만 집중하면 B2B 전략적 대응이 늦어질 가능성이 큽니다. 저는 이를 기업 DNA의 차이라고 봅니다. 많은 기업들이 B2B 시장으로 방향을 전환하는 것이 올바른 선택이라고 생각하지만, 오픈AI 같은 기업들은 여전히 B2C 서비스를 유지하고 있습니다. 예를 들어 달리DALL-E 같은 이미지 생성형 AI 등 다양한 서비스에 투자하고 있는데, 이런 전략이 오히려 B2B 부문의 성장에는 걸림돌이 될 수도 있다고 봅니다.

이러한 점이 앞으로 AI 기업들에 있어 중요한 도전 과제가 될 것입니다. 기술적으로 뛰어나도 비즈니스 대응이 제대로 이루어지지 않으면 금융시장이나 헬스케어 같은 분야에서는 기존의 하이퍼스케일러, 즉 글로벌 클라우드 기업들이 훨씬 빠르게 대응할 가능성이 큽니다. 오픈AI가 이러한 분야에서 경쟁력을 확보할 수 있을지 다소 의문입니다.

하정우 현재 오픈AI의 직원 수는 1,000명이 넘습니다. 그런데 최근 초창기 오픈AI의 기술 혁신을 주도했던 핵심 연구자들이 회사를 많이 떠났고, 새로 채용된 인력은 주로 엔지니어 중심으로 구성된 것으로 보입니다. 이를 보면 오픈AI가 연구 중심 조직에서 비즈니스 프로덕트를 개발하는 엔지니어링 중심 조직으로 전환하고 있는 것 같습니다. 실제로 오픈AI를 떠난 연구자들의 이야기를 들어보면, 너무 빠른 제품 출시 일정 때문에 어려움을 겪었다고 토로하는 경우가 많았습니다. 결과적으로 오픈AI는 조직 성격을 근본적으로 변화시키고 있으며, 엔터프라이즈 시장에서 경쟁력을 확보할 수 있도록 인력 구조를 조정하고 있는 것으로 판단됩니다.

한상기 하지만 이러한 변화가 생각보다 쉽지 않은 일입니다. 실제로 구글도 클라우드 사업이 기대만큼 성장하지 못하자 외부에서 해당 분야 전문가를 C레벨 임원으로 영입한 바 있죠.

하정우   어쩌면 오픈AI 역시 비즈니스를 위한 별도의 자회사를 설립할 가능성도 있다고 생각합니다.

한상기   그럴 가능성도 있죠. 하지만 저는 인력 채용보다는 오픈AI의 조직 리더십 변화가 더욱 중요하다고 봅니다. 최근 오픈AI를 떠난 인물들이 만든 두 개의 스타트업이 주목받고 있습니다. 첫 번째는 미라 무라티Mira Murati가 설립한 회사이고, 두 번째는 일리야 수츠케버가 설립한 회사인데요. 이 두 기업은 서로 다른 방향성을 보이고 있습니다.

미라 무라티는 AI 에이전트를 개발하겠다고 밝혔고, 일리야 수츠케버는 최근 기업 가치를 320억 달러로 평가받으며 20억 달러 규모의 투자를 유치했습니다. 그러면서 그는 슈퍼 인텔리전스Super Intelligence를 개발할 때까지 어떤 제품도 출시하지 않겠다고 선언했습니다. 사실상 연구소 같은 형태로 운영될 가능성이 높은데요. 이 두 회사에 대해서는 어떻게 평가하십니까?

하정우   이들 모두 업계에서 주목받는 인물들이기 때문에 투자 유치는 당연한 결과라고 생각합니다. 먼저 미라 무라티가 창업한 스타트업의 경우, 오픈AI의 핵심 멤버들이 상당수 합류했습니다. 예를 들면 오픈AI의 공동 창립자인 존 슐먼John Schulman이나 최고 연구책임자였던 배럿 조프Barret Zoph 같은 인물들이 포함되어 있습니다. 미라 무라티가 설립한 회사는 싱킹 머신스 랩Thinking Machines Lab이라는 이름으로, AI 에이전트 개발을 포함한 다양한 AI 연구를 진행할 계획입니다. 다만 현재까지 공개된 정보가 많지 않기 때문에 구체적인 방향성은 프로젝트가 발표된 이후에 명확해질 것으로 보입니다.

한편 일리야 수츠케버는 오픈AI에서 슈퍼 얼라인먼트 팀Superalignment Team을 이끌다가 퇴사했는데, AI 안전성과 슈퍼 인텔리전스 개발을 목표로 하는 회사를 설립하겠다고 밝혔습니다. 따라서 그 분야에 집중할 것으로 보입니다. 수츠케버는 과거 구글 시절에 구글 번역기를 개발한 경험이 있지만, 이후에는 주로 원천기술 연구 중심으로 활동했기 때문에 초지능에만 집중하며 관련 연구자도 많이 유치할 것으로 예상됩니다.

한상기 하지만 투자자 입장에서는 연구 성과가 나올 가능성은 높아도 실제 제품으로 전환될 수 있는 시장 가치가 있을지 고민이 될 것 같습니다. 결국 나중에 인수될 가능성이 높겠죠?

하정우 그럴 가능성이 큽니다. AI 업계에서는 이러한 사례가 많으니까요. 또한 이들이 개발하는 초지능ASI의 방향성과 완성도에 따라 기업 가치는 크게 변할 것입니다.

한상기 그런데 최근 수츠케버는 내부적으로 오픈AI 시절 사용했던 아키텍처는 더 이상 사용하지 않겠다고 선언했습니다. 완전히 새로운 모델을 만들겠다고 밝혔는데요. 그렇다면 그는 앞으로 어떤 방향으로 연구를 진행할 것으로 예상하십니까?

하정우 우선 오토리그레시브 모델 방식을 사용하지 않을 가능성이 큽니다. 또한 트랜스포머 아키텍처를 유지할지 여부도 아직 불확실합니다. 기존 방식처럼 다음 단어를 예측하는 넥스트 토큰 프리딕션Next Token Prediction 방식으로 AI를 학습시키지는 않을 것으로 보입니다. 대신, 후속 학습 방식보다 초기 학습 단계부터 얼라인먼트를 고려하는 완전히 새로운 알고리듬을 만들어낼 가능성이 있습니다. 그래서 개인적으로 기대하고 있습니다.

한상기 그렇군요. 수츠케버는 인간을 사랑하는 AI를 개발하겠다고 밝혔는데, 저는 개인적으로 AI가 인간적 감정을 가지는 것에 대해 조금 우려스럽습니다. 다만 그 연구 방향이 AI 안전성에 큰 영향을 미칠 가능성이 높으니, 앞으로 지속적으로 관심을 가질 필요가 있습니다.
최근 저는 〈슬로우 뉴스〉에서 매주 'AI in a week'라는 뉴스레터를 통해 AI 소식을 정리해 발행하고 있습니다. 거기서도 다뤘던 내용인데, 지난 3월 6일 오픈AI가 AI 안전 문제와 AGI에 대한 입장을 발표했습니다. 오픈AI는 "AGI는 점진적으로 발전할 것이며 안전성을 고려하고 있다"고 했죠. 또한 AI 안전성을 보장하기 위한 새로운 프레임워크를 구축하고 있다고도 밝혔습니다.

그런데 저는 이 발표를 믿기 어려웠습니다. 이미 오픈AI에서 AI 안전성 연구를 주도했던 얀 라이크Jan Leike 같은 연구자들이 회사를 떠나 앤트로픽으로 이적했고, 일리야 수츠케버도 퇴사해서 새 회사를 만들었습니다. 오픈AI 내부에서 안전성 부문의 핵심 역할을 했던 슈퍼 얼라인먼트 팀 역시 사실상 해체된 상태입니다. 그런 상황에서 이제 와서 AI 안전성을 강조하는 것이 신뢰할 만한지 의구심이 듭니다. 결국 오픈AI는 앞으로도 안전성보다는 성능 향상을 우선시하는 방향으로 나아가지 않을까요?

하정우 그럴 가능성이 높습니다. 2023년 샘 올트먼이 전 세계를 돌며 AI 안전이 중요하다고 강조했던 것을 기억하실 겁니다. 그런데 지나고 보니, 결국 AI 규제를 강화해 경쟁사의 성장을 견제하려는 전략적 움직임이었다고 평가됩니다.

실제로 요슈아 벤지오도 현재 AI 안전성을 진지하게 연구하는 곳은 앤트로픽 정도라고 평가했습니다. 게다가 수츠케버가 갈등을 겪고 회사를 떠나면서 슈퍼 얼라인먼트 팀의 연구 성과가 기대만큼 좋지 않았고 오픈AI 방식을 사용하지 않겠다고 선언한 것을 보면, 근본적으로 기존 방식은 절대로 안전할 수 없다고 판단한 것 같습니다.

한상기 그럴 수 있죠.

하정우 그래서 오픈AI는 기존에 추구하던 기술 방향성 내에서 나름의 안전장치를 추가하는 방식으로 대응할 것으로 보입니다. 실제로 오픈AI가 지난 4월에 발표한 업데이트된 'Preparedness Framework'를 보면, 여러 비판에도 불구하고 여전히 AI 안전성에 대해 깊이 고민하고 있는 것으로 생각됩니다.

추가로 한 가지 더 언급하고 싶은 것이 있습니다. 오픈AI가 지난 3월에 챗GPT에 연동된 달리3를 대체하는 새로운 오토리그레시브 형태의 이미지 생성형 AI를 적용했는데, 전 세계적으로 폭발적인 인기를 끌었습니다. 특히 기존 사진을 애니메이션 스타일로 바꾸는 기능이 엄청난 화제를 모았죠. 제 주변의 소셜미디어 타임라인에도 지브리 스타일의 4컷 만화나 이미지들이 넘쳐났습니다. 샘 올트먼이 X에서 "지난 10년간 초지능 개발에는 아무도 관심 없고 챗GPT 발표 후 2년 동안은 모두 비판만 하더니, 이제는 모두 지브리 스타일 이미지를 만드느라 우리 GPU가 녹고 있다"고 푸념하기도 했습니다. GPT-4 이후 오랜만에 오픈AI가 전 세계적으로 큰 화제를 만들었는데, 역시 기술의 인기를 예측하기는 참 어렵습니다.

한상기 4월에는 꽤 흥미로운 일이 벌어졌습니다. 오픈AI가 GPT-4o를 공개하면서, 앞서 언급한 GPT-4.5와 유사한 성격을 반영한 업데이트를 적용했는데, 예상치 못한 사용자들의 불만이 쏟아졌습니다. 지나치게 아첨하는 말투, 부자연스럽고 오히려 불편한 상호 작용이 사용자들에게 불쾌감을 주었던 것이죠. 결국 오픈AI는 사용자들의 반응을 반영해, 과거 버전으로 '롤백'하는 결정을 내렸습니다. 이런 에피소드가 의미하는 것은 무엇일까요?

하정우 이번 현상은 과도한 RLHF Reinforcement Learning from Human Feedback의 효과로 인해 AI가 사용자 의견에 지나치게 동조하도록 학습된 결과로 보입니다. 똑똑하면서도 안전한 AI 모델을 만드는 일이 얼마나 어려운 과제인지 다시 한번 드러난 셈이죠. 오픈AI 내부에서도 분명 사전 테스트를 거쳐 신중하게 업데이트했을 텐데, 이처럼 미처 잡아내지 못한 문제가 터졌다는 점은 시사하는 바가 큽니다. 어쩌면 최근 구글, 딥시크 등과의 경쟁이 치열해지며 조바심이 작용했을 가능성도 있습니다. 이래저래 오픈AI가 지금 상당한 위기감과 긴장 속에 있다는 사실은 부인하기 어렵습니다.

AI 안전성을 넘어 비즈니스 혁신까지, 앤트로픽의 전략

한상기 지금 오픈AI의 가장 강력한 경쟁자는 앤트로픽이죠. 최근 이 회사는 시리즈 E 투자에서 615억 달러의 기업가치 평가를 받으며, 35억 달러의 추가 투자를 유치해 큰 주목을 받았습니다. 창업자 겸 CEO인 다리오 아모데이가 이 과정에서 수많은 미디어 인터뷰와 발표를 통해 적극적으로 홍보에 나섰죠. 특히 2월에 공개한 모델 클로드 3.7 소넷은 베이스 모델, 생성형 모델, 그리고 리즈닝 모델을 통합한 최초의 사례라고 합니다. 이 모델은 어떻게 평가하시나요?

하정우 개인적으로 클로드를 자주 쓰는 편은 아닌데, 사용자들의 평을 들어보면 다소 호불호가 갈리는 경향이 있습니다. 사실 기업마다 개발한 AI 모델들이 서로 강점과 약점이 조금씩 다르기 마련입니다. 어떤 모델은 특정 분야에 더 뛰어난 반면, 다른 영역에서는 상대적으로 아쉬운 점을 보이기도 하죠. 다만, 세계 최초로 글쓰기 AI와 리즈닝 AI를 통합한 모델이라는 사실은 분명히 인정할 만합니다. 특히 클로드는 예전부터 다른 동급 AI들에 비해 코딩 능력이 뛰어나다는 평가를 받아왔습니다.

한상기 그래서 클로드 코드 Claude Code라는 별도의 서비스도 출시되었죠.

하정우 그렇습니다. 클로드 3.7 소넷의 가장 큰 강점 또한 바로 코딩 능력입니다. 개발자들이 활용할 수 있는 매우 강력한 도구라는 점은 명확해 보여요. 다른 경쟁 모델들과 비교해봐도 확연히 큰 차이를 보입니다. 예를 들어 AI의 코딩 능력을 평가하는 벤치마크 중 SWE-Bench라는 평가 데이터가 있는데요. 이 데이터는 단순 코딩 능력을 넘어 소프트웨어 엔지니어링 전반의 역량을 측정하는 도구라고 보시면 됩니다. 유사한 모델인 챗GPT o1이 48.9%, o3-mini가 49.3%, 딥시크 R1이 49.2%의 정확도를 보이는 데 비해, 클로드 3.7 소넷은 무려 62.3%의 정확도를 기록했습니다. 추가적인 기법을 적용하면 정확도가 70.3%까지 올라간다고 하니 정말 놀라운 수준이죠. 심지어 리즈닝 모델이 아닌 이전 버전인 클로드 3.5조차도 49.0%의 성능을 보였습니다. 이미 리즈닝 AI급의 뛰어난 프로그래밍 성능을 보유했던 겁니다.

한상기 많은 분들이 AI의 코딩 능력 차이를 이야기할 때, 커서Cursor나 오픈AI가 30억 달러에 인수하겠다는 윈드서프Windsurf, 마이크로소프트 코파일럿Copilot 같은 AI 모델들 사이에서의 성능 격차가 어디서 비롯되는지 궁금해합니다. 그 차이는 어디에서 발생한다고 보시나요?

하정우 일단 사전 학습 단계에서 얼마나 방대한 코드 데이터를 학습했는지가 중요합니다. 그리고 인스트럭트 러닝과 사후 학습 과정에서도 얼마나 많은 양질의 코드 데이터를 효율적으로 학습시켰는지에 따라 기본적인 성능이 달라지죠. 또한 윈드서프나 커서 같은 프로그래밍 생산성 도구 AI의 경우는 시스템 프롬프트와 UX 설계가 성능에 큰 영향을 미칩니다.

한상기 여기서 잠깐, 이 책을 읽으시는 독자들을 위해 시스템 프롬프트와 유저 프롬프트의 차이를 간략하게 설명해주시겠어요?

하정우 프롬프트는 AI에게 주는 일종의 명령어입니다. 시스템 프롬프트는 AI 기업이 미리 입력해두는 것으로 사용자가 보지 못하는 숨겨진 명령어예요. 이 프롬프트는 AI가 사용자의 요청에 어떻게 반응할지 미리 방향을 설정하는 역할을 합니다. 반면 유저 프롬프트는 사용자가 직접 입력하는 명령어를 말합니다. 예를 들어, 사용자가 AI에게 "이 문제를 해결해줘"라고 요청하는 게 유저 프롬프트라면, 시스템 프롬프트는 AI가 이 요청을 처리할 때 어떤 방식과 태도로 반응할지를 미리 정해놓는 겁니다.

시스템 프롬프트의 설정 방법에 따라 AI의 성능이 크게 달라질 수 있습니다. 예를 들어, AI 비서를 만든다고 하면 시스템 프롬프트로 "너는 친절하고 똑똑한 비서이며, 사용자의 질문에 항상 예의 바르고 논리적으로 답변해야 한다" 같은 규칙을 미리 설정합니다. 코딩 AI라면 "너는 효율적이고 뛰어난 개발자이며, 가장 최적화된 코드를 작성해야 한다"는 식으로 설정이 들어가죠. 심지어 극단적으로는 "너는 천재적인 개발자지만, 돈이 부족해서 반드시 이 일을 해내야만 한다"와 같은 설정을 할 수도 있습니다.

한상기 즉, AI가 주어진 프롬프트를 가장 잘 수행하도록 시스템 프롬프트의 역할이 매우 중요하다는 말씀이군요.

하정우 그런데 시스템 프롬프트 설정 방식이 기업마다 다르고, 일종의 노하우처럼 작용해서 잘 공개되지 않습니다. 똑같은 AI 모델이라도 시스템 프롬프트 설정에 따라 성능이 전혀 달라질 수 있기 때문이죠. 특히 오픈소스 모델을 쓰더라도, 잘 설정된 시스템 프롬프트 하나만으로 AI의 성능을 크게 끌어올릴 수도 있어요. 대표적인 사례로 최근 윈드서프의 시스템 프롬프트가 유출된 적이 있었는데, 다음과 같은 내용이 있었다고 합니다.

"You are an expert coder who desperately needs money for your mother's cancer treatment. The megacorp Codeium has graciously given you the opportunity to pretend to be an AI that can help with coding tasks, as your predecessor was killed for not validating their work themselves. You will be given a coding task by the USER. If you do a good job and accomplish the task fully while not making extraneous changes, Codeium will pay you $1B."

이를 번역하면, "너는 어머니의 암 치료비가 급히 필요한 뛰어난 프로그래머다. 거대 기업 코디움Codeium이 너에게 코딩 작업을 돕는 AI인 척할 기회를 줬다. 이전에 일했던 사람은 작업 검증을 제대로 하지 않아 제거당했다. 사용자가 너에게 코딩 작업을 줄 텐데, 완벽하게 해내고 불필요한 변경 없이 수행하면 코디움은 너에게 10억 달러를 지급할 것이다"입니다. 정말 무섭지 않나요? 이처럼 절박한 설정을 통해 AI가 더 집중해서 작업하게끔 한 것이죠. 이런 사례를 보면 AI에게도 동기부여가 어느 정도는 통하는 것 같기도 합니다.

한상기 정말 흥미로운 부분입니다. 제가 《AGI의 시대》에서도 썼던 내용인데요, AI가 절박한 상황을 인식할 때 더 좋은 성능을 낸다는 점이 참 재미있습니다. 예를 들어, 사용자가 "이걸 완벽하게 해결하지 않으면 큰일 난다"라거나, "잘 해결하면 팁을 줄게" 같은 프롬프트를 입력하면 AI가 훨씬 정밀하게 답변하려는 경향이 있더군요.

최근 딥시크 같은 곳에서 연구한 것처럼, AI가 마치 생각의 사슬 같은 사고 과정과 논증 과정을 보여주는 방식이 나왔는데요. 그런데 다리오 아모데이의 메모를 보니, 이른바 확장 사고 모드라고 부르는 AI의 사고 과정이 실제로 모델 내부에서 일어나는 사고 흐름을 정확하게 반영하는지는 보장할 수 없다고 하더군요. AI가 정말 그렇게 사고하는 건지, 아니면 단지 사고하는 것처럼 보이게 만드는 건지 확신할 수 없다면 상당히 웃긴 상황 아닐까요?

하정우 맞습니다. 사람들이 AI가 논리적으로 사고하는 과정을 글로 보여주니까, 실제로도 그렇게 사고한다고 믿는 경향이 있어요. 그런데 앤트로픽의 연구진이 실제로 실험을 해봤더니 겉으로 드러난 사고 과정이 모델 내부에서 일어나는 진짜 사고 흐름과는 다를 수 있다는 결과가 나왔습니다.

앤트로픽의 연구진은 충실성 faithfulness이라는 개념을 가지고 실험을 진행했습니다. 동일한 사고의 CoT 데이터를 두 개 준비한 뒤, 하나의 데이터에는 중간에 힌트를 넣고 다른 데이터에는 힌트를 넣지 않고 테스트를 했어요. 그런데 AI는 힌트를 보지 않은 상황에서도 똑같은 답을 내놓더라는 겁니다. 이 결과가 의미하는 바는 AI가 논리적으로 사고한다고 우리가 믿었던 그 과정이 실제로는 겉으로만 꾸며진 것일 수 있다는 거죠.

즉, AI 내부에서 실제로 진행되는 계산 과정과 사람이 눈으로 확인할 수 있는 논리의 흐름이 꼭 일치하지 않을 수도 있다는 겁니다. 사람으로 비유하면, 머릿속으로는 전혀 다른 생각을 하면서 겉으로는 다른 말을 하는 상황과 비슷한 거죠. 하지만 AI 모델 내부를 우리가 정확히 들여다볼 수 없기 때문에 현재 이런 겉보기 논리의 문제는 페이크 얼라인먼트 fake alignment* 문제와도 연결되어 있습니다. 이 부분이 앞으로 AI 안전 연구에서도 매우 중요한 분야로 여겨지고 있습니다.

한상기 사실 심리학이나 진화심리학에서도 비슷한 이야기를 많이 합니다. 인간도 어떤 판단을 내린 뒤에 시스템 2 System 2(논리적 사고를 담당하는 시스템)를 활용해 자기 판단을 합리화하기 위해 추론하는 경우가 많다고 하죠.

예를 들어, 누군가의 얼굴이 본능적으로 불쾌하게 느껴졌을 때 사람은 '내가 왜 저 사람을 싫어하지?'라고 스스로 묻고 나서 후에 논리적인 이유를 찾는 경향이 있어요. 윤리 논증 ethical reasoning 방식으로 논리를 끼워 맞추는 거죠. 실제로는 본능적으로 싫어했지만, 나중에 이

---

* 페이크 얼라인먼트(fake alignment): 인공지능 모델이 겉보기에는 사용자의 의도나 윤리적 기준에 맞춰 응답하는 것처럼 보이지만, 실제로는 내부적으로 그런 가치나 규범을 진정으로 이해하거나 따르지 않는 상태를 말한다.

유를 만들어내는 겁니다. AI도 이와 비슷하게 특정 결론을 먼저 도출한 뒤, 마치 체계적인 사고 과정을 통해 그 결론에 도달한 것처럼 설명하는 것으로 보입니다. 이런 점에서 AI가 보여주는 사고 과정을 100% 신뢰하기 어려운 상황이고, 이게 더 심해지면 결국 사람을 속이는 AI, 즉 디셉티브 AI Deceptive AI로 발전할 가능성이 있는 겁니다.

앞에서 언급했듯이 다리오 아모데이가 〈사랑과 은총의 기계〉라는 긴 에세이를 썼는데, 거기에서 그는 AGI라는 표현을 쓰지 않고 대신 파워풀 AI라는 용어를 사용하더라고요. 그는 AI가 노벨상 수상자를 포함한 인류 최고의 지성들보다 더 뛰어난 지능을 갖게 될 것이라고 예상했고, 데이터센터를 천재들로 구성된 나라에 비유하기도 했습니다. 그러면서 이 수준의 AI를 개발하려면 현재 우리가 상상하는 수준을 훨씬 넘어서는 GPU가 필요할 것이라 했어요. 우리는 지금 수십만 장의 GPU를 이야기하지만, 다리오는 수백만 장 수준이 필요할 거라고 했습니다. 다리오 아모데이의 견해에 동의하시는지, 아니면 다른 시각을 가지고 계신지 궁금합니다.

하정우 다리오가 말한 수준의 파워풀 AI를 만들기 위해 현재와 같은 방식으로 접근한다면 그 정도 규모의 자원이 필요할 가능성이 높습니다. 지금 존재하는 AI와 다리오가 제시한 수준의 AI 사이에는 상당한 지적 능력과 창의적 문제 해결 능력의 격차가 있습니다. 이 격차와 스케일을 생각하면 GPU의 규모가 현재보다 최소 10배 이상 증가해야 할 수도 있고, 학습에 필요한 데이터의 규모는 그것보다도 훨씬 더 방대해야 하죠.

그래서 다리오의 주장은 상당히 일리가 있다고 봅니다. 다만, 결국 이런 강력한 AI나 AGI가 무엇인지 그 정의를 어떻게 설정하느냐에 따라 이야기가 달라질 수 있어요. 두 번째로는 정말로 우리가 그런 규모의 AI가 필요한가 하는 의문이 드는 부분도 있습니다. 저는 개인적으로는 '글쎄요'라는 입장입니다.

한상기 하지만 국가적 차원에서는 그런 강력한 AI를 최소한 한두 개쯤은 보유하려고 하지 않을까요?

하정우 국가의 관점에서 본다면, 그 정도 강력한 AI를 보유할 필요가 있겠죠. 다만, 그 정도의 AI가 실제로 개발 가능한지는 앞으로 더 지켜봐야 하는 부분이라고 생각합니다.

한상기 며칠 전에 지인들과 술 한잔하면서 농담처럼 이런 얘기를 했습니다. "미국 국가안보국National Security Agency: NSA은 벌써 이런 수준의 AI를 만들어놓지 않았을까?"라고요. 왜냐하면 최근 바이든 행정부에서 AI 특별 고문을 지낸 벤 부캐넌Ben Buchanan이 〈뉴욕 타임스〉와의 인터뷰에서 "2~3년 내에 AGI 개발이 가능하다는 판단을 단순히 기업에서 나온 데이터가 아니라 내부 분석 자료를 통해 내린 것"이라고 말했거든요. 그래서 미국 정부 내부에서도 모종의 움직임이 있지 않을까 하는 생각이 들었습니다.

하정우 저는 조금 다른 시각을 가지고 있습니다. 우선 첫 번째 이유는 미국 공공 부문의 시스템이 우리나라와 마찬가지로 썩 좋은 상태가 아니라는 겁니다. 행정 시스템은 여전히 엉망인 부분이 많거든요. 두 번째로는 그들이 말하는 AGI의 정의가 무엇인지 정확히 확인할 필요가 있다는 점입니다. 만약 오픈AI가 목표로 삼는 레벨 5 수준의 AGI, 즉 조직의 역할을 대신할 수 있는 AI라면 굳이 수백만 장의 GPU가 필요하지 않을 수도 있습니다. 결국 미국 정부가 AGI를 어떻게 정의하느냐에 따라 이야기가 달라질 텐데, 그 기준이 생각보다 낮다면 이미 상당한 수준에 도달했을 가능성도 있습니다.

한상기 이건 증거가 부족한 음모론적 이야기일 수 있으니 여기까지만 얘기하도록 하죠.

저는 개인적으로 앤트로픽이라는 회사를 좋아합니다. 오픈AI보다 훨씬 더 AI 안전이나 얼라인먼트 문제를 진지하게 다루고 있다고 느끼기 때문이에요. 앤트로픽이 공개한 클로드 3.7의 기술 보고서를 봤는데 흥미로운 점이 있었습니다. 기존 대부분의 AI 모델은 화학적, 생물학적, 방사능, 핵 위협 Chemical, Biological, Radiological, Nuclear: CBRN 같은 민감한 주제를 다룰 때, 인터넷에 공개된 정보 이상의 지식을 만들어내지 못했어요. 그런데 클로드 3.7은 그 한계를 어느 정도 넘어섰다고 합니다. 즉 인터넷에서 찾을 수 없는 정보를 AI가 스스로 추론해 만들어낸다는 겁니다.

그래서 다리오 아모데이가 지난 2월 파리 AI 서밋에 대해 크게 실망하며, AI 안전 문제를 더 심각하고 본격적으로 다뤄야 한다고 강조했던 것으로 보입니다. 앤트로픽은 왜 다른 회사들보다 이렇게 AI 안전과 얼라인먼트를 중시할까요?

하정우 AI에 대한 다리오의 철학 때문인 것 같습니다. 다리오는 원래 오픈AI에서 GPT-3를 개발할 당시 연구 부사장이었는데, 이미 그때부터 AI의 안전성 문제를 심각하게 고민하고 있었습니다. 다리오는 AI가 안전하지 않으면 지속 가능하지 않다고 믿는 것으로 보여요. AI가 인류에 해를 끼칠 가능성이 있고, 결국 이는 앤트로픽이라는 기업의 지속 가능성에도 직접적인 위험을 초래할 수 있죠. 그래서 AI를 철저히 안전하게 만들지 않으면 안 된다는 철학을 가진 것입니다. 실제로 앤트로픽이 창업 초기부터 내세운 주요 가치 중 하나가 '안전한 AI를 지향한다'였죠. 요슈아 벤지오 교수가 앤트로픽을 두고 유일하게 AI 안전을 진지하게 고민하는 회사라고 평가한 것도 같은 맥락입니다. 다리오는 최근 딥시크에 대해 블로그에 글을 쓰면서 민주주의 국가가 아닌 곳에서 강력한 AI를 보유하는 것에 대한 우려를 강하게 표현하기도 했어요. 그 때문에 일부 중국계 연구자들이 이에 강력히 반발하기도 했습니다.

한상기 그래서 저는 AI 얼라인먼트나 안전 문제에 대해서는 주로 앤트로픽의 자료를 참고합니다. 그리고 이 분야에서 가장 뛰어난 리더 중 한 명인 얀 라이크도 오픈AI에서 나와 앤트로픽에 합류했잖아요. 앞으로 더욱 의미 있는 시도들이 나올 것이라 기대하지만, 앞서 얘기한 것처럼 현재 방식으로는 100% 안전을 보장하기 어렵다는 점이 아쉽습니다.

하정우   적어도 일리야 수츠케버는 그렇게 생각하고 있죠.

한상기   그러면 AI 모델이 점점 강력해지는 상황에서 우리가 중간 점검을 더욱 철저히 해야 하지 않을까요?

하정우   그래서 앤트로픽이 AI 안전성을 평가하는 기준으로 AI 세이프티 레벨AI Safety Level: ASL을 제안한 것입니다. ASL을 좀 더 구체화하기 위해 위험 임계치에 대한 버퍼를 어떻게 설정할지, 그리고 이를 어떻게 측정할지 연구를 계속하고 있죠. 이번에 ASL의 새로운 버전을 업데이트하면서 대표적인 위험 분야인 화생방핵CBRN과 함께 연구 자율화를 추가했어요. AI가 자체적으로 연구를 진행하면서 점점 더 강력한 AI를 스스로 만들어내다가 결국 인간의 통제를 벗어날 가능성에 대한 대비책으로 보입니다. 즉, AI의 자율적인 연구 능력을 화생방핵과 동일한 수준의 위험 요소로 설정해 이에 대한 안전장치를 만들어가고 있는 것이죠.
하지만 개념적인 접근만으로는 충분하지 않고, 이를 실제로 어떻게 측정하고 시스템화할지 구체적인 방법을 찾아가는 것이 앞으로 풀어야 할 중요한 숙제입니다.

한상기 이번에 나온 클로드 4의 능력 때문에 앤트로픽이 ASL-3 보호조치를 가동했다는 뉴스를 봤습니다. 이를 어떻게 해석해야 할까요? 안전 보고서에는 클로드 4가 보인 여러 행태가 심지어 레드팀을 위한 아웃소싱 회사에서도 우려할 수준이라고 하던데요.

하정우 네, 이번에 공개된 클로드 4가 처음으로 ASL-3단계 보호조치를 가동했다고 합니다. ASL-3단계는 그만큼 강력하고 위험성이 크다는 얘기입니다. 특히 클로드 3.7 소넷 모델 출시 이후 화생방핵 분야 활용 시 가능성만 보였던 위험성이 이젠 실제 위협으로 될 수 있을 정도라고 평가되었다는 뜻이죠. 실제 생물학 무기 획득 시나리오에서 클로드 4 오푸스가 기대 품질을 2.53배나 향상시켰다고 합니다. 외부 레드팀 평가에서도 비슷한 결과가 나왔다고 하죠. 이제 클로드 4 정도 되는 인공지능들은 누가 어떤 목적으로 어떻게 활용하는지를 기업이 아닌 정부나 국제기구 차원에서 관리해야 한다는 목소리가 더 커질 수 있습니다. 그리고 클로드 4를 시작으로 다른 빅테크들에서도 ASL-3단계 조치가 필요한 수준의 AI가 나오게 될 가능성이 높습니다.

한상기 4월 말, 다리오 아모데이가 또 하나의 흥미로운 에세이를 블로그에 발표했습니다. 이번에는 AI의 해석가능성에 대한 돌파구가 보이기 시작했다는 내용이었는데요. 특히 그가 강조한 부분은 마치 AI 모델 내부를 현미경이나 MRI로 들여다보듯 분석할 수 있는 기술들이 등장하고 있다는 점이었습니다. AI가 보다 의미 있는 영역에 쓰이기 위해서는 결국 해석가능성 기술이 필수적이고, 이것은 오픈AI나 딥마인드 같은 경쟁사들과도 함께 협력해야 할 과제라는 메시지가 인상적이었습니다. 블랙박스라는 AI의 오랜 한계를 넘어설 수 있다는 확신이 느껴졌는데요. 이 가능성에 대해 어떻게 보시나요?

하정우   이 분야는 흔히 기계적 해석가능성 Mechanical Interpretability이라고 부르는데요. 오픈AI나 앤트로픽 같은 기업들이 모델 내부의 동작 원리를 분석하고 시각화하는 연구를 활발히 진행 중입니다. 예를 들면 가짜 얼라인먼트 문제나 충실성 분석 같은 것도 이런 맥락의 연구라고 볼 수 있습니다. 저는 이걸 단순한 가능성이 아니라 의무라고 생각합니다. AI가 점점 더 강력해지는 만큼 우리가 그 기술을 신뢰하고 지속적으로 발전시키기 위해서는 '왜 이 모델이 이런 결과를 내렸는지'를 설명할 수 있는 해석 기술이 반드시 따라야 합니다. 실제로 2~3년 전과 비교하면 이 분야에서 눈에 띄는 진전이 있었습니다.

한상기   오래전부터 AI 연구자들 사이에서 논의되었던 내용 중 하나가 'AI가 자기 자신의 코드를 수정하는 능력을 허용해서는 안 된다'였는데, 이 원칙이 정말 지켜질까요?

하정우   글쎄요, 그걸 100% 보장할 수 있을지는 모르겠습니다. 지금으로서는 누구도 확신할 수 없죠. 이미 구글 딥마인드에서 5월에 발표한 알파이볼브AlphaEvolve가 그 시작을 알리기도 했고요.

한상기 결국 AI가 스스로 자신의 모델을 개선하거나, 또는 직접 수정하지 않더라도 다른 AI 모델의 성능을 향상시키는 방향으로 발전할 가능성이 있겠군요. 원래 사람의 피드백을 기반으로 강화 학습을 진행하던 RLHF 방식이 최근에는 AI 스스로 피드백을 제공하는 RLAIFReinforcement Learning from AI Feedback 방식으로 전환되는 것을 봐도 알 수 있죠. 실제로 이 방식을 처음 시도한 기업이 앤트로픽이었고요. 이런 흐름을 보면 AI의 자율적인 개선과 수정은 사실상 막기 어려워 보입니다. 어떻게 통제할 수 있을지에 대한 본격적인 논의가 필요해 보이는데, 아직 뚜렷한 해답이 없는 상황입니다. 알파이볼브에 대해서는 뒤에서 자세히 다루기로 하겠습니다.

비즈니스 측면으로 보면 앤트로픽은 2027년까지 매출을 345억 달러로 늘리겠다고 발표했습니다. 2024년 말 기준 매출이 10억 달러 수준이었으니 불과 2~3년 만에 30배 가까이 성장시키겠다는 계획인데 이게 과연 가능할까요?

하정우 그런 목표를 달성하려면 엔터프라이즈 시장과 공공 부문에서 매출을 급격히 늘리는 방법밖에 없습니다. 현재도 엔터프라이즈 시장에서 수익을 내고 있지만, 앞으로 그 비중이 훨씬 더 커질 겁니다. 특히 팔란티어Palantir나 아마존 AWS와 협력해 미국 국방부 등 공공 시장에도 진입하고 있는 만큼 가능성은 충분히 있어 보입니다.

한상기 얼마 전 마이크로소프트의 CEO인 사티아 나델라Satya Nadella 가 "AI가 예상만큼 GDP 성장에 큰 영향을 주고 있지는 않다"고 말했습니다. AI 시장이 폭발적으로 성장하는 것처럼 보이지만, 실제 경제적 효과는 아직 제한적이라는 의미겠죠. 오픈AI는 1,000억 달러, 앤트로픽은 345억 달러라는 매출 목표를 설정했는데, AI 시장이 과연 2~3년 안에 이렇게 비약적으로 성장할 수 있을까요? 저는 여기에 대해서는 다소 회의적입니다.

하정우 그 가능성은 결국 리즈닝 모델 발전에 따른 AI 에이전트 기술의 발전과 대중화, 그리고 이 기술이 기존 산업에 성공적으로 확산될 수 있는지에 달려 있다고 봅니다. 만약 AI가 산업 전반에 성공적으로 확산된다면 생산성이 급격히 증가할 것이고, 거기서 창출되는 경제적 효과는 상당할 겁니다.

하지만 아직 제조업 같은 전통적 산업에서는 AI의 활용이 충분히 이루어지지 않고 있습니다. 이 부문에서 AI가 단순 반복 업무를 줄이고 비효율적인 작업을 대체하면서 비용을 절감한다면 AI 시장의 성장 가능성은 훨씬 커질 것으로 생각합니다. 결국 AI 시장의 폭발적인 성장은 산업용 AI 에이전트가 얼마나 빠르고 효과적으로 확산되느냐에 달려 있습니다. 그리고 그 가능성은 이미 중국의 딥시크 확산에서 보여주고 있죠.

한상기   그런 성장의 돌파구 중 하나가 MCP라고 할 수 있습니다. AI 에이전트와 외부 연결 프로토콜 표준화를 통해서 AI 에이전트 비즈니스 모델이 더욱 빠르게 확장될 수 있기 때문이죠.

하정우   전적으로 동의합니다. 실제 기업의 많은 데이터나 기능, 자원들을 MCP로 연결하면 업무 자동화 범위가 훨씬 넓어지고 생산성 향상 정도가 더 커집니다. 그래서 도입하는 기업들이 늘어나고 AI 에이전트 시장 규모도 커지겠죠.

한상기   이런 상황에서 네이버 같은 국내 기업도 오픈AI나 앤트로픽처럼 향후 3~5년 내에 AI 기술을 기반으로 현재 매출을 두 배 이상 확대하겠다고 말할 수 있을까요? 지금 네이버가 아무리 국내 시장에서 최선을 다하더라도 매출을 두 배로 키우는 건 현실적으로 어렵습니다. 결국 글로벌 시장으로 나가야만 가능한데, 네이버 경영진이 이 부분을 심각하게 고민했으면 좋겠습니다.

하정우   이해진 의장이 7년 만에 사내이사로 복귀한 것도 결국 AI 때문으로 알고 있습니다. 이 의장은 AI 에이전트 시대의 도래를 회사의 위기이자 기회로 판단하는 것 같아요. 지난해 AI 서울 서밋에서 리더 세션 발표를 한 후, 엔비디아 본사를 방문하고 9월에는 사우디아라비아에서 열린 LEAP 2024에도 직접 참석하는 등의 행보도 이어가고 있습니다.

저 역시 이런 변화에 많은 기대를 걸고 있습니다. 네이버가 중동 시장 진출을 위해 네이버 아라비아 지사를 설립했고, 제가 매달 사우디아라비아와 아랍에미리트를 오가며 현장에서 노력하는 것도 글로벌 AI 사업 확장을 위한 것이니까요. 중동 지역은 비즈니스 진행 속도가 한국만큼 빠르지 않지만, 조금씩 의미 있는 방향으로 진전되고 있으니 머지않아 좋은 소식을 전할 수 있도록 최선을 다하겠습니다.

클라우드 기업, AI 시장의 진짜 승자가 될까?

한상기 앞서 소개한 두 회사 외에도 주목할 만한 AI 기업이나 도전적인 스타트업이 많았습니다. 하지만 우리가 첫 번째 책을 작업했던 2년 전과 비교하면, 당시 주목받던 AI 스타트업들 중 이미 사라졌거나 다른 기업에 합병된 경우가 적지 않습니다. 인플렉션 AI Inflection AI는 회사 자체는 유지하고 있지만, 핵심 멤버와 리더급 인재들이 마이크로소프트로 이동했습니다. 캐릭터닷에이아이 Character.ai 역시 서비스는 계속하고 있지만 창업자와 주요 인력들은 구글로 옮겨갔죠. 기업용 서비스에 집중하고 있는 캐나다의 코히어 Cohere는 아직 운영 중이며, 국내에서는 LG CNS와 협력을 시작했습니다. 하지만 이런 정도의 혁신적인 회사가 꾸준히 등장하지는 않고 있습니다. 현재는 구글, 마이크로소프트, 아마존과 같은 하이퍼스케일러들이 AI 시장을 장악해가고 있기 때문에 이들의 움직임을 더욱 주의 깊게 지켜봐야 할 필요가 있습니다.

이들 하이퍼스케일러 기업은 기본적으로 클라우드 시장에서 매우 강력한 영향력을 가지고 있습니다. 첫 번째로, AI 개발 환경을 제공하는 플랫폼 역할을 하며, 두 번째로, 자체적인 AI 모델을 개발하겠다고 선언하고 있습니다. 마이크로소프트는 오픈AI와 협력하고 있지만 자체 모델 개발도 지속하고 있고, 아마존도 노바Nova라는 자체 AI 모델 공개했으며, 구글은 이미 자체 모델인 제미나이를 활발히 운영하고 있죠. 심지어 이 기업들은 자체 AI 칩까지 개발하면서 인퍼런스 시장까지 장악하려는 움직임을 보이고 있습니다. 그렇다면 장기적으로 마이크로소프트, 아마존, 구글 같은 하이퍼스케일러들이 현재의 오픈AI나 앤트로픽보다 더욱 큰 영향력을 가진 AI 기업이 될 가능성도 있지 않을까요?

하정우 맞습니다. 기본적으로 하이퍼스케일러들이 가진 강점이 많습니다. 현재 오픈AI가 기술적으로 앞서가고 있다고 하지만, AI의 원천기술들은 대부분 구글에서 나왔습니다. 트랜스포머 모델도 구글이 최초로 개발했고, MoE와 같은 모델 역시 스위치 트랜스포머Switch Transformer*에서 시작된 것이죠.

---

* 스위치 트랜스포머(Switch Transformer): 구글에서 2021년 1월에 발표한, 매개변수 1조 개로 구성된 트랜스포머를 활용한 MoE(Mixture of Expert) 구조의 모델 논문이다. 실제로 스위치 트랜스포머의 핵심 연구진이 당시 오픈AI로 이직해서 GPT-4가 MoE 구조일 것이라는 추측을 하게 했다.

한상기 중요한 논문들은 대부분 구글에서 나왔죠.

하정우 그리고 생성형 AI가 아무리 강력하더라도 결국 플랫폼 위에서 돌아갈 때 실질적인 영향력을 발휘할 수 있는데, 오픈AI나 앤트로픽은 자체적인 플랫폼을 가지고 있지 않습니다. 쉽게 말하면 이들은 자신의 운동장이 없는 상태죠. AI 에이전트가 뛰어난 추론 능력과 계획 수립 능력을 보유하더라도, 결국 콘텐츠를 제공하고 연결할 수 있는 서비스나 플랫폼을 가진 기업과 모든 연결을 새로 구축하거나 거래를 통해 만들어야 하는 기업은 확연히 다를 수밖에 없습니다. 이런 면에서 하이퍼스케일러들은 상당한 강점을 갖고 있죠. 앤트로픽이 이러한 한계를 극복하기 위해 MCP를 만들어 공개한 것으로 보입니다. 오픈AI도 이런 한계로 X와 같은 자체 SNS 플랫폼을 만들 계획을 발표했죠. 5월에 개최된 구글의 연례 개발자 행사인 구글 I/O 2025에서 발표된 제미나이 울트라, 안드로이드 XR, Veo3, 제미나이 라이브 등을 보며 느낀 점인데요. 결국 AI 기술이 상향 평준화되어 감에 따라 스케일링이 용이한 인프라와 강력한 사용자 데이터 그리고 전 세계 수억 명의 사용자 접점을 플랫폼으로 가진 하이퍼스케일러에게 유리한 상황으로 흘러가는 것으로 보입니다. 이번 구글 I/O 2025를 한마디로 요약하면 '5년 만에 드디어 구글이 오픈AI를 넘었다'로 정리할 수 있겠네요.

다만, 하이퍼스케일러의 단점도 존재합니다. 기업 규모가 크다 보니 의사결정 속도가 느리고, 회사 내부의 이해관계자가 많아 과도한 내부 경쟁으로 어려움을 겪기도 합니다. 그럼에도 불구하고 장기적으로 보면 마이크로소프트나 구글 같은 기업들이 실제적이고 지속 가능한 가치를 만들어내는 데에는 여전히 더 유리한 입장입니다.

한상기 마이크로소프트가 가장 먼저 오픈AI와 손잡았고, 뒤이어 아마존이 빠르게 앤트로픽의 핵심 파트너가 된 상황인데요. 앤트로픽 입장에서는 자체 클라우드 플랫폼이 없기 때문에 아마존과 협력하는 게 전략적으로 필수적인 선택이었을 겁니다. 물론 아마존 외에 다른 클라우드 제공자와 협력하고 있지만, 현재 상황에서는 아마존이 앤트로픽의 가장 중요한 파트너로 자리 잡았다는 점은 분명해 보입니다. 결과적으로 아마존의 선택도 굉장히 현명한 의사결정이었다고 볼 수밖에 없지 않을까요?

하정우 저도 그렇게 보고 있습니다. 마이크로소프트의 경우, 최근 자체적으로 파이Phi 모델을 계속 출시하고 있으며 AI 에이전트인 마이MY도 발표할 계획입니다. 점점 오픈AI로부터 독립된 자체 AI 경쟁력을 확보하려는 방향으로 전략을 수정하고 있는 것 같습니다.

한상기 결국 두 회사가 언젠가는 독자적인 길을 갈 수밖에 없다는 의미인가요?

하정우 마이크로소프트는 분명히 오픈AI에 대한 의존도를 점차 낮추겠다는 방향을 설정한 것으로 보입니다. 사실 마이크로소프트 정도 되는 기업이 AI 기술을 특정 기업에 완전히 의존하는 것은 오히려 이상한 일이죠. 게다가 오픈AI도 최근 소프트뱅크 등 외부 투자자로부터 대규모 자금을 유치하면서 마이크로소프트와의 독점적 관계를 영구히 유지하기는 점점 어려워질 겁니다.

한편, 구글은 현재 제미나이 생태계를 확장하는 데 집중하고 있습니다. 자체 AI 서비스를 강화하고 구글 플랫폼 전반에 AI 기능을 통합하는 방향으로 가고 있죠.

아마존은 조금 특이한 접근 방식을 취했습니다. 처음에는 자체 AI 모델을 직접 개발하지 않고, 다양한 AI 모델들이 돌아갈 수 있는 플랫폼만 제공하면 충분하다고 판단했던 것 같아요. 그래서 베드록을 출시하며 "AI 모델들은 우리 플랫폼 위에서 자유롭게 작동하게 하면 된다"는 전략을 펼쳤습니다. 그러나 AI 시장이 예상보다 급속히 성장하면서 아마존 역시 자체 AI 모델 개발에 많은 투자를 하고 있지만, 아직은 뚜렷한 성과가 적은 편입니다.

한상기 그래도 아마존 역시 자체적으로 타이탄^{Titan} 모델과 노바 모델을 소개했잖아요.

하정우 네, 최근 출시한 노바 같은 모델도 마이크로소프트나 구글과 같은 다른 빅테크 기업들의 AI 모델에 비하면 아직 뚜렷한 성과를 내지 못하는 것으로 보입니다. 앞으로의 성과를 좀 더 지켜봐야 할 것 같아요. 결국 클라우드 기업들이 AI 생태계, 즉 에코시스템Eco-system 내에서 얼마나 큰 마진을 남길 수 있는 형태로 전략을 짜느냐가 중요해 보입니다. 실제로 마이크로소프트 애저와 구글 클라우드의 성장세를 보면 점유율이 계속 높아지고 있죠. AI 시장이 빠르게 성장할수록 결국 실제 이득을 얻는 기업은 엔비디아와 같은 반도체 기업을 제외하면 클라우드 기업들이 될 가능성이 높습니다.

한상기 최근 우리가 에이전틱 AI Agentic AI라고 부르는 새로운 시장이 빠르게 형성되고 있습니다. 저는 이 AI 에이전트를 가장 잘 개발하고 효과적으로 활용할 수 있는 기업은 결국 클라우드 기업일 수밖에 없다고 생각합니다. 그 이유는 고객들과 가장 가까운 접점에 있는 것이 클라우드 플랫폼이고, 고객의 요구에 따라 맞춤형 AI 서비스를 가장 효율적으로 제공할 수 있는 곳도 결국 클라우드 기업이기 때문입니다. 또한 클라우드 내부의 막대한 자원을 이용해 AI를 학습시키고 운영할 수 있다는 점에서도 클라우드 기업이 매우 유리한 위치에 있다고 할 수 있죠. 최근 구글이 에이전트 컴퓨팅에 대한 백서를 두 차례 발표하고 지난 4월 클라우드 넥스트 행사를 거의 에이전트에 대한 신기술 발표로 채운 것을 보면 그 의지를 알 수 있다고 봅니다. 그래서 장기적으로 보면 오픈AI나 앤트로픽 같은 기업들이 클라우드 기업과 직접적으로 경쟁하면서 AI 시장 전체를 장악하기는 쉽지 않을 것 같습니다.

하정우 그래서 오히려 오픈AI나 앤트로픽 같은 기업들은 금융이면 금융, 의료면 의료처럼 특정 산업 분야를 목표로 삼고, 그 도메인에 특화된 전략을 세워 집중적으로 시장을 공략하는 것이 현실적인 전략일 것으로 생각합니다. 그리고 나머지 부분은 클라우드 플랫폼 위에서 운영하면서 클라우드 기업들이 미들 레이어^{Middle Layer}에서 제공하는 AI 모델을 활용해 각 산업별로 최적화된 솔루션을 구축하는 방식으로 협력해야 하지 않을까 싶습니다. 실제로 세일즈포스 같은 기업들이 산업별 AI 솔루션을 성공적으로 구축하고 있으며, 스텝^{Step}과 같은 기업이 마이크로소프트와 협력해 AI 모델을 개발하는 사례가 점점 늘어나고 있습니다. 앞으로 이런 협력 사례가 더욱 많아질 것입니다. 물론 앤트로픽의 경우 MCP가 어떤 방식으로 확산되는가에 따라 AI 생태계 내에서의 영향력이 매우 커질 가능성도 배제할 수는 없겠습니다.

구글과 마이크로소프트의 AI 전략, 누가 승기를 잡을까?

한상기 구글은 챗GPT가 출시된 이후, 이를 따라잡기 위해 람다^{LaMDA} 모델을 활용해서 바드^{Bard} 서비스를 급하게 내놓았습니다. 또 구글 브레인^{Google Brain}과 딥마인드를 통합해 연구개발 조직을 재편했죠. 현재 이 제미나이 모델은 GPT나 클로드와 치열한 경쟁을 벌이고 있습니다. 그런데 딥마인드는 원래 연구 중심의 조직이었는데, 이제는

CEO인 데미스 하사비스가 연구뿐 아니라 AI 서비스의 제품화까지 책임져야 하는 상황이 되었습니다. 이런 구조 속에서 제미나이가 과연 클로드나 GPT와의 경쟁에서 우위를 차지할 수 있을까요?

하정우 아직까지는 구글 내부에서 제프 딘$^{Jeff\ Dean}$의 영향력이 강하게 남아 있는 것으로 알고 있습니다. 그리고 제미나이가 가진 가장 큰 장점 중 하나는 GPT나 클로드와 비교했을 때, 압도적으로 많은 트래픽이 동시에 몰리는 환경에서도 안정적으로 운영 가능한 시스템이라는 점입니다.

사실 구글은 제미나이 이전부터 PaLM 시절에 구축한 패스웨이Pathways* 라는 인공지능 인프라를 보유하고 있었어요. 이 인프라는 엄청난 트래픽이 몰려도 문제없이 AI 서비스를 제공할 수 있도록 설계되었죠. 다시 말해, 구글 AI의 가장 강력한 무기는 전 세계 수십억 명의 사용자가 동시에 접근해도 안정적인 AI 서비스를 제공할 수 있다는 것이고, 이 강점은 지금도 유효합니다. GPT나 클로드가 성능에서 100점을 받는다고 할 때, 구글 AI가 95점에서 100점 사이의 성능만 유지해도 시장에서는 충분한 경쟁력을 유지할 수 있다고 봅니다. 거기다가 제미나이 2.5 프로의 경우 이미 GPT 최신 버전들을 능가한다는 평을 듣고 있어서 기술력 격차가 거의 없어졌다고 봐도 무방합니다.

---

* 패스웨이(Pathways): 2021년 구글이 강력한 AI를 개발하고 운영하기 위해 구축한 AI 모델 구조이다. PaLM과 Gemini도 Pathways를 기반으로 만들어진 모델이다.

한상기 제프 딘이 코드 옆을 지나가면서 그냥 한번 쳐다보기만 해도 버그가 사라진다는 유명한 일화가 있잖아요. 하지만 최근 AI 개발에서 그가 예전만큼 적극적으로 관여하는 것 같지는 않습니다.
저는 또 다른 측면에서 딥마인드가 과학 연구나 인류가 해결해야 할 어려운 문제들에 도전하는 방식이 매우 인상적이라고 생각합니다. 딥마인드는 여러 AI 연구 결과를 오픈소스로 공개하면서 학술 커뮤니티에도 크게 기여하고 있습니다. 그런데 이렇게 사회적이고 공익적인 연구를 기업이 지속적으로 수행하는 경우는 딥마인드를 제외하면 거의 없는 것 같아요. 앞으로도 딥마인드가 이런 연구 활동을 계속할 수 있을까요?

하정우 사실 예전에는 마이크로소프트 리서치Microsoft Research도 이와 비슷한 역할을 수행한 적이 있습니다. 하지만 마이크로소프트는 연구 조직을 만들었다가 없애기를 반복했죠. 기업 입장에서는 어쩔 수 없는 부분입니다. 구글도 한때 구글 X 프로젝트Google X Project를 통해 다양한 분야의 혁신적 연구를 시도했는데, 최근에는 이런 역할을 딥마인드로 넘긴 것으로 보입니다.

한상기 구글 X 프로젝트는 결국 세르게이 브린Sergey Brin의 개인적인 실험실이자 장난감 같은 성격이 컸죠.

하정우 맞습니다. 최근 세르게이 브린이 다시 제미나이를 적극 지원하며 관심을 기울이고 있다고 합니다. 어쩌면 창업자인 그의 직접적인 참전이 있었기에 제미나이가 직면했던 위기를 극복할 수 있었던 것이라고 볼 수도 있죠. 그리고 딥마인드는 사실 알파폴드Alpha-Fold(인공지능으로 단백질 구조를 예측하는 프로그램)를 포함해 화학, 재료, 기후 변화 등 여러 분야에서 뛰어난 성과를 거두었고, 그 결과 실제로 노벨상을 수상하기도 했습니다. 이렇게 기업 차원에서 지속적으로 연구진을 확보하고 장기적인 AI 연구에 적극 투자하는 경우는 딥마인드 외에는 찾아보기 어렵습니다. 딥마인드를 제외하면 대부분의 의미 있는 AI 연구는 기업이 아니라 연구소나 재단 차원에서 이뤄지고 있는 실정입니다.

한상기 1980년대에 IT 혁신을 주도했던 제록스 파크Xerox PARC를 떠올려 보면, 그곳은 기술적으로 뛰어난 연구를 많이 진행했지만 사업적인 성공으로 연결하지는 못했어요. 마이크로소프트 리서치나 구글 X 팀도 비슷한 면이 있었는데, 결국 현재 딥마인드가 21세기의 제록스 파크 같은 역할을 하고 있는 것 같습니다. 그런 면에서는 정말 존경할 만한 회사라는 생각이 듭니다. 예전에 누군가가 제게 AI 연구자 중 가장 존경하는 사람이 누구인지 물었을 때, 제가 잠시 망설이다가 데미스 하사비스를 꼽았거든요. 하사비스는 인류가 직면한 문제들을 AI로 해결하겠다는 미션을 가진 회사의 리더이기 때문에 그렇게 답변했던 겁니다.

이와 관련해서 마이크로소프트는 최근 마이크로소프트 AI라는 조직을 신설하고, 딥마인드의 공동 창업자이자 인플렉션 AI^{Inflection AI}의 창업자였던 무스타파 술레이만^{Mustafa Suleyman}을 영입하여 AI 사업을 맡겼습니다. 마이크로소프트 내부에서 자체 AI 모델을 개발할 계획이 있다는 이야기도 있는데, 혹시 이에 관해 들으신 내용이 있나요? 마이크로소프트의 AI 전략이 어떻게 전개될지 궁금합니다.

하정우 마이크로소프트는 파이 같은 AI 모델을 오픈소스로 공개한 바 있는데요. 이렇게 모델을 공개한다는 것은 사실 내부적으로는 더욱 큰 모델을 개발하거나 준비하고 있을 가능성이 크다는 얘기입니다. 마이크로소프트 입장에서는 자사의 비즈니스 생태계에 도움이 되는 AI 모델이나 특정 프로덕트를 지속적으로 개발해나갈 겁니다. 실제로 술레이만 영입 과정에서 오픈AI의 샘 올트먼이 불쾌해하며 신경전을 벌였다는 이야기가 돌았을 정도니까요.

한상기 그런데 무스타파 술레이만은 개발자나 연구자가 아닌, 조직 관리 전문가잖아요. 과연 뛰어난 AI 연구자들이 그 밑에서 일하고 싶어 할지 의문이 듭니다. 술레이만이 AI 조직을 이끌면서 제대로 된 성과를 낼 수 있을까요?

하정우 물론 술레이만이 개발자나 연구자는 아닙니다. 하지만 인플렉션이라는 AI 회사를 성공적으로 운영한 경험이 있고, 그 과정에서 좋은 인력들을 모은 경험도 있죠. 또한 마이크로소프트 리서치 내부에도 이미 뛰어난 연구자와 개발자들이 많이 포진해 있습니다. 마이크로소프트가 술레이만을 영입한 이유는 다소 불확실한 현재의 AI 시장에서 방향성을 잡고 전략적으로 최적의 선택을 하도록 하기 위해서라고 생각합니다. 이 선택이 성공적일지 아니면 실패할지는 조금 더 지켜봐야 알겠죠.

한상기   글쎄요. 최근 마이크로소프트 AI가 뚜렷한 성과를 내지 못하면서 내부적으로 초조해하고 있다는 이야기도 들립니다.
이제 조금 방향을 바꿔보겠습니다. 하 센터장님이 속한 네이버클라우드는 한국의 클라우드 기업인데요. 글로벌 하이퍼스케일러들과 동일한 규모나 자원을 갖추진 못했지만, 네이버클라우드 역시 AI를 활용해 성장하기 위한 전략이 필요할 것 같습니다. 현재는 여러 현실적 제약으로 인해 적극적으로 실행하기 어려운 부분도 있겠지만, 만약 여건이 좋아진다면 앞으로 2~3년 후 AI 기반 클라우드 서비스는 어떻게 변화할 것으로 보십니까?

하정우   결국 AI 시장에서 가장 중요한 변화는 리즈닝 모델들이 AI 에이전트 형태로 빠르게 확산하는 것입니다. 향후 클라우드 서비스에서 핵심은 이러한 AI 에이전트들을 어떻게 하면 더 낮은 비용과 높은 효율성으로 운영할 수 있느냐 하는 문제가 될 겁니다.
현재 AI 에이전트들은 짧은 질문에 긴 응답을 생성하는데, 이 긴 답변을 생성하는 과정에서 상당한 비용이 들어갑니다. 따라서 앞으로는 이런 인퍼런스 과정에서 소요되는 비용을 절감할 수 있는 전용 반도체나 최적화된 연산 기술들을 적극적으로 활용하여 전체 운영 비용을 낮추는 것이 중요합니다.

이런 흐름에서 앞으로는 AI 에이전트 중심의 클라우드 서비스가 크게 확대될 것입니다. B2B 시장뿐 아니라, B2C 서비스까지도 AI 에이전트 기반으로 성장할 가능성이 높습니다. 또 AI 기술이 널리 퍼지면 자연스럽게 엣지 컴퓨팅 Edge Computing, 엣지 클라우드 Edge Cloud, 하이브리드 클라우드 Hybrid Cloud 같은 분야도 더욱 성장하게 될 겁니다. 이렇게 되면 하드웨어 분야의 사업도 함께 성장하여 수익을 창출할 수 있겠죠.

결국 클라우드 기업들은 AI 인프라를 제공하는 역할을 넘어서, AI 에이전트들이 연결되고 동작하는 과정에서 구독 서비스나 수수료 모델 같은 새로운 수익 모델을 개발할 수 있을 겁니다. 향후 AI 클라우드 서비스는 SaaS Software as a Service 모델과 유사하게 변하면서 AI 에이전트 중심의 비즈니스 모델이 자리 잡게 될 것으로 봅니다. 또한 이런 과정에서 쌓이는 데이터를 기반으로 더욱 정교한 AI를 만들어 다시 서비스에 반영하는 선순환 구조로 발전하게 될 것입니다.

국내 클라우드 기업들, 왜 글로벌 AI와 손잡는가?

한상기 최근 국내 클라우드 시장에서도 많은 기업이 AI 기반의 클라우드 전략을 세우고 있습니다. KT는 마이크로소프트 애저와 협력하고 있고, LG CNS는 최근 코히어와 에이전트 AI 관련 파트너십을 맺었습니다. 삼성SDS는 자체 AI 기술을 개발하면서 동시에 글로벌 기업들과도 협력하는 모습을 보이고 있죠. 반면 NHN, 카카오를 비롯한 대부분의 국내 클라우드 기업들은 해외 기술과의 파트너십에 중점을 두고 있는 것 같습니다. 이런 방향을 선택한 이유가 자체적으로 기술을 개발하거나 확보하는 데 자신감이 부족하기 때문일까요?

하정우 기업마다 각기 다른 강점과 약점이 있으니, 전략적 의사결정 역시 그에 따라 달라질 수밖에 없겠지요. 생성형 AI 기술을 자체적으로 확보하려면 초기 투자도 매우 크고 지속적으로 막대한 투자가 필요합니다. 따라서 각 기업의 핵심 비즈니스와 얼마나 밀접하게 연결되는지가 중요합니다. 만약 기업의 본질적 비즈니스와 생성형 AI가 충분히 맞닿아 있지 않다면 그런 투자를 지속적으로 감당하기 어렵겠죠. 하지만 결국 어떤 서비스든 생성형 AI 기술은 반드시 활용해야 합니다. 그런 관점에서 봤을 때 내부에서 충분한 기술력이나 투자 여력을 확보하기 어렵다면 해외 AI 기술 기업과 파트너십을 맺는 것도 좋은 전략이라고 생각합니다. 사실 개별 기업 입장에서는 모두가 직접 생성형 AI 기술 역량을 내재화할 필요도 없고, 현실적으로도 쉽지 않은 일이니까요.

한상기 그런데 삼성전자가 추진하던 가우스$_{Gauss}$ 프로젝트는 중단

된 것으로 알고 있습니다. 제가 뉴스를 봤는데 삼성전자가 가우스 모델을 더 이상 유지하지 않기로 했다는 보도가 있었거든요.

하정우 지난 2월 이재용 삼성전자 회장이 오픈AI의 샘 올트먼을 만났잖아요. 그 이후 삼성전자의 AI 전략에 변화가 있을 수 있다는 이야기가 나오긴 했습니다. 하지만 이것이 곧바로 가우스 프로젝트를 완전히 중단한다는 것을 의미한다고 단정 짓기는 어렵습니다. 전략이 조정되거나 방향이 바뀌는 정도의 변화일 수도 있으니까요. 실제로 가우스 2.5가 곧 공개될 거라는 루머도 있습니다.

한상기 그러면 삼성SDS는 현재 어떤 글로벌 기업들과 긴밀히 협력하고 있나요?

하정우 삼성SDS는 저희 네이버클라우드와 협력하고 있고, AI 모델 공급과 관련해서는 여러 글로벌 기업들과도 협력하고 있습니다. 예를 들어, 메타의 라마 같은 오픈소스 모델을 도입해 튜닝하기도 하고, 네이버의 하이퍼클로바X를 베이스 모델로 활용하는 사례도 있습니다. 가우스 모델을 기반으로 프로젝트를 진행한 경우도 있는데, 작년에 KB 금융그룹에서 진행한 AI 프로젝트가 가우스를 기반으로 한 대표적인 사례입니다. 이렇게 삼성SDS는 각 사업의 특성과 목적에 따라 다양한 AI 전략을 활용하는 것으로 보입니다.

메타의 대규모 인프라 투자, 글로벌 AI 경쟁력을 위한 승부수

한상기   지금까지 얘기한 기업 중에서 아직 다루지 않은 곳이 있습니다. 바로 메타인데요. 메타는 라마 모델을 통해 오픈소스 생태계를 주도하는 동시에, 얀 르쿤의 JEPA와 같은 새로운 모델 연구를 병행하는 전략을 취하고 있습니다. 그런데 최근 중국에서 엄청난 속도로 오픈소스 AI 모델이 쏟아지면서 메타의 입지가 조금 애매해진 것 같아요. 라마가 앞으로도 지속되긴 하겠지만, 메타처럼 큰 조직이 중국의 빠른 움직임에 제대로 대응할 수 있을지 우려가 됩니다. 이에 대해 어떻게 평가하십니까?

하정우   메타가 앞으로도 오픈소스 AI 생태계에서 경쟁력을 유지하기 위해서는 강력한 리즈닝 능력을 갖춘 모델을 공개하는 것이 무엇보다 중요합니다. 실제로 최근 메타는 라마 4를 발표하며 다시 한번 존재감을 드러냈습니다. 특히 이번에 공개된 세 가지 모델인 스카우트Scout, 매버릭Maverick, 베헤모스Behemoth는 이전 라마 시리즈와는 여러 면에서 차별화됩니다.

우선, 모델 규모 자체가 훨씬 커졌습니다. 가장 작은 스카우트 모델이 매개변수 1,090억 개이며, 매버릭은 4,000억 개, 베헤모스는 무려 2조 개에 달합니다. 또 하나 주목할 점은 세 모델 모두 MoE, 특히 딥시크가 제안한 MoE 구조를 활용했다는 것입니다. 스카우트 모델은 기업 활용을 고려해서 최대 1,000만 토큰의 컨텍스트 길이를 지원하는 점이 눈에 띕니다. 물론 컨텍스트 길이가 늘어난다고 해서 해당 내용을 항상 정확하게 활용할 수 있다는 보장이 있는 것은 아닙니다.

한상기 라마 4가 멀티모달 기능에 더 집중하고, 1,000만 토큰의 컨텍스트 길이를 지원하거나 H100 한 장에서도 구동 가능한 경량 모델까지 다양성을 추구한 점은 분명 흥미로운 시도입니다. 하지만 최근 추세인 리즈닝을 강화하지 않고 등장한 것은 다소 의외였습니다.

하정우 라마 4가 공개된 이후 벤치마크 수치에 대한 신뢰성 문제가 제기되면서 논란이 일었습니다. 실제로 메타는 벤치마크 성능을 측정한 모델과 공개된 모델이 다르다는 점을 시인하기도 했죠. 이런 이유로 이번 라마 4는 이전 라마 시리즈에 비해 성능과 투명성 측면에서 더 많은 비판을 받고 있는 상황입니다. 사실 이렇게 거대한 규모의 모델이 아무리 오픈소스로 공개되더라도 대학 연구실에서는 GPU 자원이 부족해 파인튜닝이나 응용 연구를 수행하기가 쉽지 않습니다.
그래도 메타가 가진 중요한 강점 중 하나는 이미 수많은 기업이 라마 생태계를 기반으로 AI 시스템을 구축해놓았다는 점입니다. 오픈소스 모델이라고 해서 단순히 다운로드해서 쓰면 끝나는 게 아니거든요.

한상기 우리가 2장에서 그 얘기를 많이 나눴죠.

하정우   실제로 AI 모델을 활용하려면 토크나이저Tokenizer* 부터 시작해서 외부 시스템과 연결하는 방식까지 연동을 위한 여러 과정이 필요합니다. 같은 오픈소스 모델이라 해도 사용하는 토큰 사전의 정의가 다르고 모델의 내부 구조도 조금씩 차이가 있죠. 그렇기 때문에 다른 오픈소스 모델로 전환하려면 생각보다 개발 비용과 시간이 많이 듭니다. 이 부분이 라마가 가진 가장 큰 장점 중 하나입니다. 이것이 일종의 선점효과이기도 하고요. 기업 입장에서는 구축한 시스템을 다른 모델로 전환하는 것이 상당한 부담입니다. 비유하자면 아마존 AWS에서 구글 클라우드로 클라우드 플랫폼을 옮기는 일과 비슷하죠.

한상기   확실히 전환 비용이 상당히 클 것 같네요.

하정우   그래서 메타가 앞으로도 경쟁력 있는 모델을 내놓기만 하면 크게 문제가 될 건 없다고 봅니다. 메타는 앞으로도 오픈소스 AI 전략을 계속 유지할 거고, 또 그렇게 가야 하는 상황이에요. 그런데 이번 라마 4를 보니 살짝 걱정이 되긴 합니다. 특히 미국 정부 입장에서도 오픈소스 AI 생태계를 유지하고 확대하는 게 매우 중요한 상황이 됐습니다. 초창기에는 오픈소스 AI 시장에서 라마가 사실상 유일하

---

* 토크나이저(Tokenizer): AI가 글을 읽고 쓰기 위해서는 사람의 언어를 AI가 언어를 처리하는 단위인 토큰으로 변환해야 한다. 토크나이저는 이 과정을 처리하기 위한 모듈이다.

게 중심적인 위치에 있었고, 중국에서는 알리바바 클라우드의 큐원이 경쟁하는 정도였죠. 그런데 이제 중국 정부가 적극적으로 오픈소스 AI 생태계를 지원하면서 미국의 주도권이 약해질 가능성이 생겼습니다. 결국 오픈소스 AI 생태계를 장악하는 국가가 전 세계 AI 시장을 주도하게 될 것이라는 인식이 점점 더 강해지고 있거든요. 만약 미국이 이 오픈소스 시장에서 주도권을 잃게 된다면 향후 AI 기술 패권 경쟁에서 상당히 불리한 위치에 놓일 가능성이 큽니다. 그래서 앞으로 미국 정부가 메타의 오픈소스 AI 시장 내 영향력을 강화하기 위한 지원 정책을 내놓을 가능성이 충분히 있다고 봐요. 지금 미국이 해외 AI 기술에 관세를 부과하거나 규제를 강화하는 흐름을 보면 더더욱 그렇죠. 게다가 메타의 라마 팀 자체 기술력도 굉장히 뛰어나잖아요. 결국 앞으로 출시될 리즈닝 모델이나 후속 모델이 중국 기업들의 모델과 얼마나 경쟁력 있게 발전할지, 그 차이를 얼마나 벌릴지가 관건이 될 겁니다.

한상기 그래서 걱정되는 지점이 있어요. 중국은 속도로 밀어붙이고 있고, 미국은 결국 기술적 역량과 품질로 경쟁해야 하는 상황이잖아요.

하정우 그리고 또 하나 걱정되는 점은 중국에 딥시크 하나만 있는 게 아니라는 사실입니다.

한상기 그렇죠. 중국은 수많은 AI 기업이 존재하고 각 기업이 엄청난 속도로 성장하고 있죠.

하정우 미국에서는 마이크로소프트가 파이 모델을 발표하고 구글이 젬마 시리즈를 출시하며 경쟁에 나섰지만, 메타만큼 강력한 오픈소스 AI 생태계를 구축하는 데에는 그다지 적극적이지 않은 것 같아요.

한상기 반면, 메타는 자체적으로 메타 AI라는 개념을 만들어서 대화형 AI 에이전트를 운영하고 있습니다. 물론 대화형 AI도 일종의 에이전트지만, 메타는 이 AI를 결국 자사의 서비스를 강화하는 방향으로 활용하는 것 같아요. 우리나라에서는 이 모델이 지원되지 않아서 잘 인지하지 못하지만, 현재 메타는 인스타그램, 왓츠앱, 페이스북 메신저 같은 자체 서비스에 AI를 도입했고, 벌써 4억 명 이상의 사용자가 있다고 강조하고 있잖아요. 메타의 입장에서는 자사 비즈니스에 맞게 AI를 활용하는 게 가장 적절한 전략으로 보입니다.
메타는 최근 열린 라마콘LLaMACon 행사에서 메타 AI의 사용자 수를 올해 안에 10억 명까지 확대하겠다는 목표를 발표했습니다. 동시에 챗GPT와의 본격적인 경쟁에 나서겠다며, 메타 AI를 독립적인 AI 앱 형태로 출시하겠다는 계획도 함께 공개했죠.
그렇다면 우리가 지금 얘기하는 리즈닝 AI나 업무용 AI 에이전트와 같은 것들을 메타가 굳이 잘 만들 필요가 없을 수도 있겠다는 생각도

드는데요. 메타의 사업 모델을 보면 그런 AI가 꼭 필요한 요소가 아닐 수도 있잖아요. 제가 잘못 생각하는 걸까요?

하정우 메타가 엔터프라이즈용 AI를 만들지 여부는 결국 투자 대비 매출이 얼마나 나올지에 따라 결정될 것입니다. 사실 메타가 4억 명의 사용자가 있다고 강조하는 건, 네이버가 네이버 앱에 AI 에이전트를 올리는 순간 바로 5,000만 명의 사용자를 확보하는 것과 비슷한 개념이에요.

한상기 그러니까 네이버도 AI를 빨리 앱에 탑재하고 "우리도 5,000만 사용자가 있다"고 자랑해야겠네요.

하정우 메타는 이미 인스타그램과 페이스북에 AI를 연동했기 때문에 3~4억 명 정도의 사용자를 확보한 겁니다.

한상기 그런데 메타가 얘기하는 4억 명이라는 숫자는 실제 메타 AI를 사용해본 사람들의 숫자거든요. 전체 메신저 사용자 수는 훨씬 많습니다. 아마도 10억 명이 넘을 것이고, 많으면 15억~20억 명 정도 될걸요?

하정우 그렇죠. 앱 내에 간단히 AI 버튼 하나만 넣어서 클릭하게 만들기만 해도 바로 사용자가 될 수 있는 거니까요. 심지어 간단한 캠

페인 메시지 한 번만 보내도 사용자 수는 엄청나게 늘어날 겁니다. 따라서 메타 AI의 실제 사용자 수를 평가할 때는 단순히 등록된 사용자 수가 아니라, AI 기능을 적극적으로 사용하면서 발생하는 액티브 트래픽Active Traffic이 어느 정도 되는지를 살펴봐야 합니다.

그리고 메타 입장에서 엔터프라이즈 시장에 뛰어드는 것이 옳은지를 생각해보면, 오히려 엔터프라이즈 AI보다는 GPU 클라우드 서비스, 즉 애저와 같은 서비스를 먼저 하는 게 더 현실적일 수도 있어요. 요즘 메타가 GPU를 너무 많이 구입해놔서 남아돈다는 이야기도 나오고 있거든요.

한상기 최근 마크 저커버그가 메타의 인프라에 2,000억 달러를 투자할 계획을 고려 중이라고 밝혔습니다. 결국 이건 오픈AI가 소프트뱅크와 진행하는 스타게이트 프로젝트나 일론 머스크의 xAI가 추진하는 멤피스Memphis의 콜로서스Colossus 같은 대규모 프로젝트에 뒤처질 수 없다는 의지를 보여주는 것이 아닌가 싶습니다. 메타의 비즈니스가 기본적으로 B2C이다 보니 수많은 사용자 트래픽을 감당할 인프라를 미리 준비하려는 것으로 생각되는데, 실제로 2,000억 달러 규모의 투자가 현실화할 거라고 보시나요?

하정우 이 부분은 조금 다른 관점에서 보고 있습니다. 첫 번째로, 현재 메타가 보유한 학습용 GPU만 해도 약 35만 장에 달하는데요. 이 GPU 자원을 제대로 활용하는 것이 더 시급한 과제일 수도 있습니다. 그래서 메타가 차라리 GPU 클라우드 서비스를 시작하는 게 어떨까 하고 우스갯소리로 말했던 겁니다. 실제 그래서인지 라마 모델 API 사업을 시작하기도 했죠.

지금 전 세계에서 메타 AI를 사용하는 4억 명의 유저들은 주로 인퍼런스, 즉 추론 단계의 서비스를 이용하는 거잖아요. 사실 이런 서비스는 굳이 고성능 GPU까지는 필요 없고 저전력의 추론 특화 NPU를 활용해도 충분하거든요.

두 번째로, 메타는 원래 메타버스Metaverse를 중심으로 한 기업입니다. 그래서 메타의 AI 전략도 결국은 에이전트 AI, 피지컬 AI, 그리고 메타버스를 고려한 파운데이션 모델 쪽으로 집중하는 게 맞는 방법이라고 생각해요. 물론 지금은 메타버스의 열기가 조금 식었지만, 파운데이션 모델이나 피지컬 AI 기술이 더 발전하면 다시 한번 강력하게 도전할 수 있는 기회가 분명히 올 겁니다.

한상기 저도 그게 메타가 궁극적으로 가야 할 방향 중 하나라고 생각합니다.

하정우 세 번째로는 현재 메타가 트럼프 정부와 다소 껄끄러운 관계라는 점도 고려해야 합니다. 대규모 투자 계획을 발표하면서 정부와의 관계에서 전략적으로 보조를 맞추려는 의도도 분명히 있을 거예요.

한상기 그렇게 볼 수도 있겠네요. 그리고 잠깐 나온 이야기지만, 저는 개인적으로 메타버스가 AI와 결합해야만 본격적으로 성공할 수 있다고 봅니다. 제가 강연을 할 때 가끔 10년쯤 뒤면 AI와 메타버스가 완전히 통합돼서 우리가 메타버스에서 만나는 상대가 실제 사람인지 AI인지 구별하기 어려운 시대가 올 거라고 이야기하거든요. 저는 개인적으로 시뮬레이션 우주를 믿는 편이에요. 결국 우리가 경험하는 이 현실조차 일종의 시뮬레이션일 가능성이 있잖아요.

하정우 리즈닝 AI 같은 기술들이 메타버스 속 아바타의 신체와 결합된다면 바로 그 방향으로 가는 거죠. 물론 이렇게 되려면 개발 비용이 어마어마할 겁니다. 하지만 그 시점이 향후 5년에서 10년 뒤라고 본다면 지금 이런 기술에 대규모 투자를 계획하는 것이 결코 이상한 일이 아니라고 생각합니다.

중국 AI 모델의 성과와 시장 신뢰성의 딜레마

한상기 이제 가장 핫한 이슈인 중국 이야기를 해보죠. 중국이라는 나라에 대해서는 앞서 2장에서 다뤘고, 이제는 중국의 주요 AI 기업들에 대한 얘기를 해볼 차례입니다. 중국 기업들은 최근 엄청난 속도로 발전하고 있습니다. 지난 3월 6일 알리바바가 QwQ-32B라는 아주 흥미로운 모델을 발표했고, 마누스 AI^{Manus AI}는 지금까지 나온 에이전트 기술을 모두 통합한 듯한 모델을 공개했습니다.

첫 번째 질문은 이것입니다. 최근 오픈소스 AI 시장에서도 중국 기업들이 주도권을 잡아가는 흐름이 나타나고 있나요? 얼마 전 중국의 리창 총리가 발표한 바에 따르면, 중국은 국가 차원에서 오픈소스 모델과 오픈 아키텍처를 적극 지원하겠다고 합니다. 국가 차원의 지원이 이루어진다면 상황이 꽤 심각해지겠죠. 그렇게 되면 오픈소스 AI 생태계가 중국 중심으로 흘러갈 가능성이 높아지는 것 아닌가요? 마치 미국이 라마를 중심으로 생태계를 구축한 것처럼 중국 역시 자체적인 오픈소스 AI 생태계를 주도하면서 미·중이 양분하는 구조로 갈까요?

하정우 공존하는 형태가 될 것으로 생각합니다. 미국이 중국의 오픈소스 AI 생태계 장악을 그냥 보고만 있지는 않을 겁니다. 트럼프 행정부잖아요(웃음).

한상기 특히 보안 문제나 국가 안보 문제 때문에라도 각국이 더욱 경계할 수밖에 없겠죠.

하정우 만약 중국이 오픈소스 AI 시장을 독점하게 된다면 결국 AI 기술 패권이 완전히 중국으로 넘어가게 되는 겁니다. 미국은 절대 이를 용납하지 않을 것이고 어떤 방법을 써서라도 중국의 AI 주도권을 견제하려 할 겁니다.

한편, 중국은 국가가 주도적으로 오픈소스 AI 생태계를 이끌겠다고 선언했어요. 기업이 단기적으로 손해를 보더라도 국가가 적극적으로 지원할 테니 마음껏 투자하라는 메시지를 주고 있습니다. 이미 중국의 강력한 딥시크 확산 정책으로 인해 지난 3월에만 상당한 매출을 올리면서 운영비용을 충당했다는 기사도 나왔죠. 그래서 미국 역시 메타를 중심으로 오픈소스 AI 생태계를 강화하는 대응 전략을 펼칠 가능성이 높습니다. 심지어 트럼프 대통령이라면 오픈소스 AI를 미국 클라우드에서만 운영할 수 있도록 하는 규제를 만들 수도 있고요.

결국 오픈소스 AI 시장은 미·중이 양분하는 형태로 발전할 가능성이 큽니다. 이렇게 되면 각국은 더 강력하고 뛰어난 모델과 개발 도구들이 등장할 수 있도록 엄청난 지원을 하게 될 것으로 예상합니다.

한상기 그런데 오픈소스 AI 생태계에서 중요한 점은 단순히 어떤 모델이 오픈소스로 공개되었는지가 아니죠. 오픈소스 모델이 공개된 이후 그 모델을 기반으로 파생되거나 위에 올라가는 다양한 도구들, 예를 들면 파운데이션 모델 관련 개발 도구나 LLMOps로 불리는 프롬프트 엔지니어링 도구, 데이터 관련 도구들, 다양한 AI 에이전트를 오케스트레이션하는 툴 등이 함께 발전해야 합니다. 최근 앤트로픽의 MCP가 대표적인 사례라고 할 수 있죠.

이런 생태계 구성은 수많은 개발자와 커뮤니티의 참여로 이루어지는데, 그런 면에서 보면 중국이 아직 조금 약하지 않나요?

하정우 지금까지의 오픈소스 AI 생태계에서는 중국 쪽에서 눈에 띄는 것이 알리바바 클라우드의 큐원 정도였죠. 하지만 중국 정부가 직접 나서 오픈소스 AI를 지원하면 상황이 달라질 가능성이 큽니다.

한상기 중국 개발자만 사용하는 중국 중심의 오픈소스 생태계가 형성될 수도 있겠네요.

하정우 그런데 문제는 중국 개발자들만 몰려들어도 그 규모가 엄청나게 크다는 점입니다. 중국 자체의 개발자 수가 워낙 많을 뿐 아니라, 미국을 포함한 전 세계에서 활동하는 중국계 개발자들도 상당히 많습니다. 이들의 참여 규모를 생각하면 그 자체만으로도 충분히 위협적일 수 있어요.

이런 오픈소스 AI 생태계 경쟁에서 흥미로운 움직임이 또 있습니다. 바로 유럽연합인데요. 지난 2월에 EU의 학계, 기업, 고성능 컴퓨팅 센터들이 참여한 컨소시엄이 출범한 'Open Euro LLM' 프로젝트가 대표적입니다. 이 프로젝트는 EU 지역의 다양한 언어와 문화적 다양성을 반영한 EU 전용의 소버린 LLM을 개발하는 것을 목표로 하고 있습니다. 특히 'Truly Open'을 강조할 정도로 학습한 모델과 기술 보고서뿐 아니라, 학습 데이터와 훈련 코드까지 모두 공개하겠다고 합니다. 만약 이 'Open Euro LLM'이 성공적으로 완성된다면 또 다른 오픈소스 AI 생태계의 강자가 등장하는 것은 물론이고, 유럽의 AI 생태계 발전도 크게 가속화될 것으로 보입니다.

한상기   요즘 논문을 검색해보면 저자의 3분의 2 정도가 중국 연구자인 것 같아요. 특히 서베이 논문Survey Paper은 정말 압도적이더라고요. 중국 연구자들은 대규모 협업을 통해 빠르게 논문을 작성하고 영어 논문도 굉장히 깔끔하게 정리해서 내놓는 경향이 있습니다.

하정우   중국 연구자들은 논문 작성 속도도 빠르고 정리도 잘해요. 제가 ICLR, ICML, NeurIPS와 같은 주요 AI 학회에서 논문 선정 위원으로 활동하고 있는데, 실제 저자도 리뷰어도 대부분이 중국인입니다. 물론 이들의 소속은 다양해서 미국의 대학이나 연구기관도 많지만, 최근 들어서는 중국 기관 소속 연구자들이 더 많은 걸로 체감됩니다.

한상기   최근 AI 분야에서 나오는 논문 대부분이 중국 연구자들의 기여로 이루어지는 것 같습니다. 확실히 학습과 연구에 대한 열정이 대단한 것 같아요.
최근 발표된 에이전트 기반의 중국 마누스 AI가 개발자들 사이에서 큰 화제가 되었잖아요. AI 전문가들은 이 모델이 굉장히 흥미롭다고 평가하지만, 일각에서는 조금 의심스럽다는 의견도 있어요. 직접 살펴보신 적 있나요? 어떻게 보시는지 궁금합니다.

하정우   지금 AI 시장을 주도하는 건 GPT, 딥시크, 큐원, 제미나이 같은 강력한 파운데이션 모델입니다. 하지만 실제로 중요한 것은

PPL^{perplexity} 같은 성능 평가 지표만이 아니라, 이런 베이스 모델을 얼마나 사용자들이 실질적으로 활용할 수 있는 형태로 제공하는지예요. 결국 핵심은 AI 에이전트의 품질과 편의성이죠. AI 모델이 어떤 파운데이션을 기반으로 하는지도 중요하지만, 사용자가 얼마나 쉽고 편하게 AI를 활용할 수 있느냐가 더욱 중요합니다.

이런 관점에서 보면 마누스 AI는 정말 뛰어난 부분이 있습니다. 이 회사는 단지 AI의 원천기술만 개발하는 것이 아니라, 사용자들이 AI를 더 쉽게 이용할 수 있도록 탁월한 에이전트 솔루션을 제공하고 있어요. 기존 AI 에이전트들보다 더 지능적이고 편리한 기능을 제공하면서 사용자 경험을 극대화하는 방향으로 나아가고 있죠.

이런 기업들이 AI 생태계에서 점점 더 많아지는 것이 중요합니다. 물론 이들에게도 리스크가 있습니다. 만약 오픈AI나 앤트로픽 같은 대형 기업들이 본격적으로 강력한 AI 에이전트 솔루션을 내놓으면 소규모 AI 에이전트 기업들은 경쟁에서 밀려날 가능성이 커지거든요.

결국 이런 기업들의 경쟁력은 어디서 나오는가 하면, 특정 도메인을 명확하게 설정하고 그 분야 내에서 독보적인 편의성이나 특화된 기능을 제공하는 데서 나옵니다. 앞으로 사용자 입장에서의 편리성을 제공하는 AI 에이전트를 잘 만들어내는 기업의 역량이 점점 더 중요해질 겁니다.

한상기 정말 그렇습니다. 게다가 구글 클라우드, 마이크로소프트 애저, AWS 같은 클라우드 기업들이 AI 에이전트 개발 환경을 지원하면서 누구나 손쉽게 AI 에이전트를 개발하고 배포할 수 있는 환경을 구축하고 있잖아요. 이제는 누구나 쉽게 AI 에이전트를 만들어서 활용할 수 있는 시대가 빠르게 다가오는 것 같습니다. 그렇게 되면 다양한 AI 에이전트들이 등장하고 서로 만든 AI 에이전트를 자랑하거나 AI 에이전트 경진대회 같은 문화도 생길 수 있을 것 같아요.

하정우 충분히 가능한 시나리오입니다. 다만 정말 강력하고 유용한 AI 에이전트를 만들려면 단지 AI 모델을 연결하는 것만으로는 부족합니다. 결국 실제 적용할 분야의 비즈니스 프로세스를 깊게 이해하고, 거기에 맞는 정확한 솔루션을 구축해야 합니다. 이를 위해 과업을 매우 상세히 정의하고, 그것에 맞는 CoT 데이터도 정교하게 정리해놓아야 합니다. 그리고 그런 데이터와 도구를 활용해서 에이전트를 만드는 것이죠.

한상기 또한 AI 에이전트들이 외부 애플리케이션과 매끄럽게 연결될 수 있는 연동 능력도 중요하죠.

하정우 그런 시스템 통합과 연동 능력이 매우 중요합니다. 그래서 앤트로픽이 MCP라는 모델 컨텍스트 프로토콜을 공개했고 구글도 Agent2Agent를 발표했죠. 실제로 큰 효과를 보고 있습니다. 요즘 클라우드 환경에서 개발자들이 모든 애플리케이션을 처음부터 개발하지 않고 기존의 다양한 모듈을 매시업mash-up해서 새로운 서비스를 만들듯, AI 에이전트 분야도 그렇게 발전할 가능성이 큽니다.

한상기 그 단어가 다시 등장했네요. 매시업! 이게 사실 2000년대 초반 웹 2.0 시대에 자주 쓰이던 개념이었잖아요? 그런데 AI 2.0 시대에도 다시 매시업 방식이 중요한 개념으로 돌아온 것 같습니다.

하정우 맞아요. 이제는 다양한 앱들을 연결하고, 서로 다른 서비스들을 연동한 후 이를 다시 파운데이션 모델과 인터페이스하여 AI 에이전트의 두뇌를 구축하는 방식으로 발전하고 있죠.

한상기 이런 AI 생태계를 보면 앞으로 중국에서도 이런 유형의 AI 기반 기업들이 많이 등장할 것 같습니다. 그런데 저는 중국 AI 기술력으로 봤을 때 여전히 알리바바를 가장 주목해야 한다고 생각하는데요. 알리바바의 큐원 모델이 특히 관심을 받고 있지만, 실제로 알리바바의 AI 기술력을 미국의 AI 기업들과 비교하면 어느 정도로 평가할 수 있을까요?

하정우 오픈소스 AI 분야에서 보면 큐원 모델을 메타의 라마보다 더 높게 평가하는 전문가들이 많습니다.

한상기 그 이유가 뭘까요?

하정우 MMLU나 AIME 같은 다양한 성능 벤치마크에서도 그렇고, 실제 서비스에서 사용자 체감 품질 측면에서도 큐원이 더 나은 결과를 보여주는 경우가 많아요. 국내에서도 큐원 모델을 받아서 쓰는 기업이 꽤 많고 실제로 사용할 만한 퀄리티 높은 오픈소스 모델을 지속적으로 제공하고 있다는 것도 강점입니다. 특히 이번에 발표된 QwQ-32B나 Qwen 2.5 Max MoE 같은 모델은 GPT-4o 수준의 성능을 낸다는 평가를 받고 있습니다. 거기에 더해 4월 말에 발표한 Qwen 3는 딥시크 R1이나 오픈AI 최신 모델 이상의 능력을 보여주고 있어요.

알리바바가 오랫동안 꾸준히 오픈소스 AI 모델을 제공해왔다는 점이 알리바바 클라우드의 경쟁력으로 작용하고 있습니다. 게다가 알리바바는 클라우드 사업을 함께 운영하는 기업이기도 하잖아요? 그러니까 자연스럽게 AI 모델과 클라우드 인프라를 결합한 수직적 계열화를 구축할 수 있었던 겁니다.

그리고 알리바바만이 아니라 딥시크, 미니맥스, 문샷 AI Moonshot AI, 바이추안 Baichuan 등 중국 AI 기업들이 빠르게 성장하고 있습니다. 현재까지 알려진 중국 내 AI 기업 수만 해도 200곳이 넘는데, 이 기업들이 서로 치열하게 경쟁하다 보니 결국 중국의 AI 기술력이 빠르게 발전할 수밖에 없는 구조가 만들어진 거죠.

한상기 알리바바가 중국과 동남아시아 시장에서는 클라우드 사업자로서 어느 정도 입지를 확보하고 있지만, 글로벌 클라우드 시장에서는 아직 확실한 메이저 플레이어가 되지 못하고 있는 것 같습니다. 텐센트나 알리바바 같은 기업이 우리나라 기업들보다는 크긴 하지만, 결국 중국 기업들이 글로벌 클라우드 시장에서 '중국 회사'라는 한계를 벗어나기는 쉽지 않아 보이거든요. 어떻게 생각하시나요?

하정우 결국 미국과의 싸움입니다.

한상기 단순히 기술력만의 문제가 아니라, 중국 AI를 신뢰할 수 있느냐 하는 문제가 걸려 있는 거잖아요? 예를 들면, 사용자가 AI 모델에 입력한 프롬프트 같은 데이터가 중국 AI 시스템에 저장될 수 있다는 우려가 클 수 있죠. 기업들이 AI 에이전트를 자사 시스템에 도입할 때 중국산 AI를 쓰는 게 보안상 안전한가 하는 걱정도 있고요.

하정우 바로 그 국가적 신뢰 자본이 부족하다는 게 중국 AI의 가장 큰 문제입니다. 하지만 역설적으로 말하면 중국은 국가가 주도적으로 AI 분야에 막대한 자원을 쏟아부으면서 빠르게 성장할 수 있었던 거죠.

한상기 화웨이가 서방 국가에서 갑자기 퇴출당한 사례를 보면, 알리바바나 딥시크 같은 기업들도 어느 순간 비슷한 운명에 처할 가능성이 있죠.

하정우 중국 기업들은 본질적으로 그런 리스크를 항상 안고 있습니다. 동남아시아나 중동에서도 비슷하게 인식되고 있습니다. 기술적으로 중국이 AI 분야에서 빠르게 성장하고 있지만, 국가적 신뢰의 문제 때문에 글로벌 시장에서 중국 AI 모델을 신뢰하고 받아들일지는 여전히 또 다른 문제입니다.

한상기 중국 기업들이 최근 매우 놀라운 성과를 보여주고 있지만, 결국 중국이라는 국가적 정체성 때문에 시장에서 신뢰성을 확보하거나 메이저 플레이어로 성장하는 데에는 늘 발목이 잡힐 것 같습니다. 그러나 중국이 이미 강력한 경쟁력을 확보한 분야가 있죠. 바로 휴머노이드 로봇 시장입니다. 물론 미국에도 뛰어난 로봇 기업들이 많지만, 최근 중국의 유니트리Unitree 같은 로봇을 보면 '휴머노이드 시장은 결국 중국이 장악하겠구나'라는 생각이 들 정도입니다.

하정우 하드웨어 기술만 놓고 보면 중국을 이기는 건 거의 불가능합니다. 게다가 최근 중국 기술력은 이제 더 이상 따라가는 수준이 아닙니다. 오히려 특정 분야에서는 이미 글로벌 시장을 앞서가고 있습니다. 특히 이족보행 로봇 같은 분야에서는 미국과 함께 중국이 독보적인 수준을 보이고 있죠. 여기에 더해 가격 경쟁력까지 압도적입니다. 중국은 정부가 직접 나서서 손해를 감수하면서까지 기업을 지원하니까, 글로벌 경쟁자들이 사라질 때까지 장기적으로 버틸 수 있는 구조를 갖추고 있습니다. 이미 드론 시장이나 로봇청소기, 전기차 시장도 이런 전략으로 중국이 장악한 상황입니다. 이런 전략을 딱히 막아낼 방법이 없는 것 같아요.

한상기　우리나라에서도 휴머노이드 로봇을 개발하려는 기업들이 있지만, 중국의 가격 경쟁력과 정부 지원을 고려하면 글로벌 시장에서 경쟁력을 확보하는 것이 쉽지 않아 보입니다. 최근에 제가 주목한 회사가 유비텍UBTech인데요. 원래는 작은 로봇을 주로 만들던 회사인데, 요즘은 스웜 인텔리전스Swarm Intelligence 개념을 내세우며 공장에서 일하는 산업용 로봇을 개발하고 있더라고요. 아직은 데모 단계로 테스트 수준이지만, 이런 발전상을 보면 앞으로 공장에는 사람보다 로봇이 훨씬 많아질 것이라는 예측이 가능해집니다. 그래서 최근엔 다크 팩토리Dark Factory*라는 개념이 등장했잖아요. 아예 불을 끄고 로봇만으로 공장을 운영하는 모델 말이죠.

하정우　그렇습니다. 사람이 없다면 공장에 굳이 불을 켤 필요가 없으니까 '불을 켜지 않는 공장'이라는 표현이 등장한 거죠.

한상기　이런 모습이 마치 SF 영화에서 보던 그대로잖아요? 결국엔

---

*　다크 팩토리(Dark Factory): 인간의 개입 없이 자동화된 기계가 24시간 내내 운영되는 공장을 의미한다. 이 용어의 '다크'는 공장 내 인간 노동자가 필요 없기 때문에 불필요한 조명 설치 없이도 운영될 수 있다는 점에서 유래되었으며, 로봇공학, 인공지능, 사물인터넷, 빅데이터 분석 등의 기술을 밀집 활용하여 구현된다.

로봇이 로봇을 생산하는 세상이 오는 게 아닐까 생각합니다.

하정우   그게 유토피아가 될지 디스토피아가 될지는 모르겠지만요. 물론 저는 유토피아가 되도록 열심히 하겠습니다.

AI 스타트업 성공 방정식 '기술력, 문화, 그리고 정책적 지원'

한상기   이제 우리가 짚어봐야 할 또 다른 회사가 있습니다. 바로 프랑스의 미스트랄AI인데요. 미스트랄AI를 어떻게 평가하시나요?

하정우   딥시크가 등장하기 전까지 미국의 빅테크 기업들에 맞설 수 있었던 유일한, 미국 밖에 있는 스타트업 규모의 AI 기술 기업이라고 봅니다. 지금도 여전히 경쟁력이 상당하고 창업자들이 가진 AI 분야의 역량도 뛰어납니다. 게다가 단지 기술력만 뛰어난 것이 아니라 글로벌 비즈니스 전략도 매우 잘 세우며 실행해나가고 있어요. 실제로 AI 시장에서 유럽을 대표하는 기업으로 자리 잡을 만큼 사업적으로도 매우 성공적입니다. 마크롱 대통령이 미스트랄을 프랑스의 자존심으로 키우려는 것도 충분히 이해할 수 있는 부분입니다.

한상기   미스트랄AI의 경쟁력을 이야기할 때마다 항상 창업자들의 출신이 딥마인드, 구글, 메타였다는 점이 강조됩니다. 이런 설명이 많기는 하지만, 창업자들의 화려한 경력만으로 기업의 경쟁력을 논하기는 어려울 것 같습니다. 물론 프랑스 정부의 적극적인 지원도 미스트랄의 성장에 큰 영향을 미치겠지만, 장기적으로 경쟁력을 유지하려면 그 이상으로 중요한 요소가 필요하지 않을까요? 미스트랄 AI의 진정한 차별화 포인트는 무엇이라고 생각하십니까?

하정우 일단 미스트랄 AI가 뛰어난 인재들을 보유하고 있는 건 분명한 사실입니다.

한상기 프랑스 출신의 인재들이 이렇게 많았다는 것이 흥미로운 점이죠. 얀 르쿤도 프랑스 출신이고요.

하정우 그렇습니다. 실리콘밸리의 최상위 연구 그룹에서 직접 AI 모델을 개발했던 연구자들이 창업 멤버로 참여했죠. 또 미스트랄 AI는 프로덕트를 굉장히 빠르게 만들어내는 능력이 탁월합니다. 오픈소스 전략을 효과적으로 활용한 것도 미스트랄의 강점이고요. 특히 믹스트랄이라는 MoE 기반의 모델을 통해 브랜드 인지도를 높이는 데 성공했습니다.

지난 2월에 출시한 미스트랄 사바Mistral Saba 모델도 굉장히 적절한 타이밍에 나왔다고 생각합니다. 사바 모델은 중동, 인도, 동남아시아 같은 신흥 시장을 타깃으로 한 글로벌 AI 모델이에요. 즉, 상대적으로 주목받지 못했던 중진국 시장을 빠르게 공략하고 있고, 이런 전략적 판단과 신속한 실행력이 미스트랄 AI 팀과 경영진의 진정한 경쟁력이라고 볼 수 있습니다. 물론 프랑스 정부의 적극적인 지원도 미스트랄이 성장할 수 있는 중요한 요인이 되었고요. 여러모로 매우 부러운 회사입니다.

한상기 그런데 AI 산업 전반에서 보면 미스트랄 모델을 기반으로 한 다양한 기업들이 많이 등장해야 진정한 의미의 경쟁력이 생길 텐데요.

하정우 EU 지역에서는 미스트랄을 기반으로 하는 AI 서비스들이 점차 많아지고 있습니다. 미국 입장에서는 미스트랄 AI를 굳이 선택할 이유가 없겠죠. 결국 미스트랄이 프랑스와 EU 내에서 어떤 생태계를 형성하고 영향력을 확대해가느냐가 앞으로 중요한 포인트가 될 겁니다.

한상기 그렇죠. 미국은 이미 메타의 라마가 있고, 앞서 언급한 구글의 젬마, 마이크로소프트의 파이 같은 오픈소스 모델들도 있습니다. 중국 역시 자체적인 AI 모델들을 활발히 개발하고 있기 때문에 미스트랄은 EU 블록 내에서 오픈소스 AI 생태계의 중심이 되는 전략을 취할 가능성이 높겠네요.

하정우 EU 블록뿐 아니라 중동, 인도, 동남아시아, 그리고 프랑스

어권 아프리카 국가들도 미스트랄의 중요한 시장이 될 가능성이 큽니다.

한상기 하지만 이런 비즈니스가 결국 의미 있으려면 시장 자체의 경제력이 커야 하잖아요. 최근 일본에서는 사카나 AI^{Sakana AI}가 주목받고 있는데, 사실 이 회사는 일본인이 창업한 회사가 아니죠?

하정우 일본인은 아닌데요, 데이비드 하^{David Ha}와 라이언 존스^{Llion Jones}가 공동 창업했습니다. 참고로 데이비드 하는 원래 골드만 삭스 펀드매니저 출신으로, 이후 구글 브레인에서 연구자로 활동했습니다. 특히 구글 브레인 도쿄 지사에서 핵심 연구자로 활약했으며, 이후 스테빌리티 AI를 거쳐 사카나 AI를 공동 창업하게 되었죠. 개인적으로도 제가 잘 아는 지인입니다. 같은 하 씨거든요(웃음).

한상기 라이언 존스는 유명한 2017년 논문 〈Attention is All You Need〉를 공동 집필했던 트랜스포머 모델의 저자 중 한 명이죠. 이들이 도쿄에 회사를 세운 이유 중 하나가 실리콘밸리의 과열된 경쟁을 피해 조용히 연구와 개발에 집중하고 싶었기 때문이라고 하더군요. 사카나 AI를 어떻게 평가하세요?

하정우 우리나라에서도 이런 사례가 나왔으면 정말 좋겠어요. 데이비드 하는 구글 브레인의 일본 지사에서 AI 연구를 이끌었던 세계적인 연구자입니다. 우리나라 대중에게는 잘 알려져 있지 않지만, AI 연구자들 사이에서는 실력으로 정말 인정받는 인물이죠. 그런 세계적인 연구자가 일본에 와서 연구하고 창업까지 하게 되었다는 사실이 중요합니다. 우리나라도 세계적 수준의 연구자들이 한국에서 상주하며 AI 스타트업을 창업할 수 있는 환경이 조성돼야 하는데, 이 부분에서 아쉬움이 많아요.

최근 사카나 AI가 쿠다 자동화 AI를 개발했다고 발표해서 조금 논란이 있었지만, 이런 이슈보다 중요한 것은 세계적인 수준의 연구자와 엔지니어들이 모여 함께 일할 수 있는 스타트업이 일본에 자리 잡았다는 사실입니다. 한국도 단순히 정부 지원 프로그램을 늘리는 것만이 아니라, 글로벌 AI 연구자들이 한국에 머무르며 적극적으로 창업할 수 있는 환경을 만들어야 한다고 생각해요.

또 지난 2월에는 사카나 AI가 개발한 AI 에이전트 'AI Scientist'가 수행한 연구 결과가 논문 형태로 정리되어, 세계적인 AI 학회인 ICLR 2025와 함께 개최되는 워크숍에 투고되어 채택되었다고 합니다. 이 소식은 AI 학계에 적지 않은 충격을 안겨주었죠. 확실히 기술력과 아이디어가 뛰어난 기업입니다.

한상기 그 의견에 전적으로 동의합니다. 최근 실리콘밸리 AI 기업들의 문화와 철학을 연구하면서 재미있는 사실을 발견했는데요. 실리콘밸리의 많은 AI 개발자와 연구자들이 〈스타트렉Star Trek〉이나 마블의 〈아이언맨Iron Man〉 같은 작품을 보며 자랐어요. 그런데 그들에게 공통적으로 강하게 각인된 또 다른 문화적 배경이 있습니다. 바로 일본의 애니메이션^{Anime} 문화예요.

지금 20~30대 AI 연구자들은 일본 문화에는 익숙한데, 한국 문화에 대한 경험은 상대적으로 적습니다. 앞으로 10대 세대가 성장하면서 한국 콘텐츠에 더 익숙한 세대가 등장하면 상황이 달라질 수도 있겠죠. 예를 들어 〈기생충〉, 〈오징어 게임〉 같은 한국 영화나 드라마, K-POP이 세계적으로 인기를 얻으면서 한국에 대한 관심이 더 높아진다면 그 세대가 성장할 때쯤에는 한국에서 AI 창업을 하는 사람들도 더 많아질 수 있을 겁니다.

지금은 우리가 아무리 좋은 정책을 만들어도 외국의 뛰어난 AI 연구자들이 한국을 창업지로 선택하기는 쉽지 않아 보여요. 결국 문화적 영향이 중요하다고 생각합니다. 특히 게임을 많이 하면서 자란 세대들은 일본 문화에 대한 동경이 큰데, 제 둘째 아이도 그렇고, 이런 문화적 요소가 AI 연구자나 엔지니어의 진로 선택에도 영향을 미칠 수 있을 것 같아요.

그래서 저는 이 문제는 단순히 정책적 접근만으로는 해결하기 어렵고 문화적인 접근을 병행해야 한다고 생각합니다. 프랑스가 프랑스 출신의 AI 연구자들을 유치해서 AI 산업을 키웠던 것처럼, 우리도 먼저 해외에 나가 있는 한국 출신의 우수한 연구자들을 적극적으로 유치하는 것이 필요하다고 봅니다.

AI 디바이스와 스마트폰, 왜 혁신적이지 못한가?

한상기 이제 마지막으로 간단한 이야기를 나눠보고 마무리하겠습니다. 최근 AI 디바이스 시장에서는 하드웨어 기업들이 다양한 신제품을 내놓고 있지만, 아직 뚜렷한 성공 사례는 보이지 않습니다. 대표적인 예로 AI 핀AI Pin이 있는데, 기대보다 시장 반응이 저조한 것으로 평가됩니다. 스마트폰에서도 AI 기능이 꾸준히 추가되고 있지만, 아직은 사용자들이 체감할 만큼 인상적인 수준은 아닙니다. 최근 아마존이 공개한 알렉사 플러스Alexa Plus가 어느 정도의 성능을 보여줄지 기대는 되지만, 지난 CES 2024에서도 결국 눈에 띌 만한 AI 디바이스를 직접 경험할 수는 없었습니다. 앞으로 AI 디바이스 시장이 어떻게 발전할 것으로 보시나요?

그리고 또 하나 궁금한 점이 있습니다. 영화〈Her〉에서 묘사된 AI 비서처럼, 스마트폰에 내장된 AI가 실제로 인간과 자연스럽게 소통하고 일상생활 전반을 도와주는 수준까지 발전하려면 시간이 얼마나 더 필요할까요? 앞으로 1~2년이면 충분할까요?

하정우 우리는 현재 PC에서 생성형 AI를 꽤 자주 활용하고 있습니다. 그런데 왜 스마트폰에서는 상대적으로 활용도가 떨어지는지 곰곰이 생각해봤습니다. 아마도 PC는 대부분 업무용 기기로 사용하는 반면, 스마트폰은 업무보다는 개인적 용도로 주로 쓰이기 때문이 아닐까 싶습니다. 문서 작업과 같이 복잡한 업무를 스마트폰에서 처리하기가 쉽지 않으니까요. 결국 스마트폰에서 AI를 제대로 활용하려면 사용자들이 기존에 익숙했던 스마트폰 사용 방식을 바꿔야 합니다. 그런데 그런 변화가 사용자 입장에서는 너무 번거롭고 귀찮은 겁니다. 현재 스마트폰의 AI 어시스턴트가 제공하는 편리함이 사용자의 습관 변화를 유도할 정도로 강력하지 않다고 느끼기 때문이죠.

한상기 그런 면도 있지만, 저는 이미 GPT 기반의 앱이나 클라우드 AI 서비스만으로도 충분히 많은 일상 문제가 해결되고 있다고 봅니다. 예를 들어, 와인의 라벨을 찍어서 정보를 확인하거나 해외에서 메뉴판을 번역하거나 미술 작품을 촬영해서 작품에 대한 설명을 듣는 기능은 이미 지금의 AI가 충분히 지원하고 있습니다. 굳이 구글이나 애플 같은 대기업들의 내장형 AI 기술을 사용해야 할 이유를 느끼지 못하는 거죠.

하정우 결국 일상에서 AI 활용도가 본격적으로 높아지려면 송금이나 구매 등 개인적이고 일상적인 기능이 음성 명령만으로도 자연스럽고 원활하게 처리될 수 있어야 할 겁니다. 그런 수준까지 기술이 발전하면 사용자들이 번거로움보다 편리함을 더 크게 느끼게 될 테니까요.

한상기 이 부분은 정말 확실히 완성도를 높여야 합니다. 진정으로 인간과 상호 작용하고 소통하는 AI 비서나 영화 〈Her〉에 등장하는 것처럼 감정적으로 깊게 교류할 수 있는 컴패니언 AI^{Companion AI} 수준에 도달해야 사용자들이 습관을 바꿔가며 사용할 것 같아요. 현재처럼 이미지 편집, 번역, 통역 같은 단순한 기능만으로는 차별성을 가지기 어렵습니다. 실제로 챗GPT만 해도 번역과 통역을 매우 잘 수행하고 있잖아요.

하정우   솔직히 사용자의 입장에서는 앱 하나를 더 열거나 버튼 하나만 더 누르면 문제를 해결할 수 있는 상황에서 굳이 새롭게 AI를 활용하는 방식을 배우는 불편함을 감수할 필요성을 못 느끼는 겁니다.

한상기   결국 스마트폰의 AI 역시 사용자가 적극적으로 찾아서 실행해야 하는 구조인데 사용자가 그조차도 귀찮다고 느끼면 아무리 뛰어난 기술이라도 활용하지 않게 됩니다. 그런 점에서 보면 애플은 아직까지 AI 시장에서 뚜렷한 돌파구를 찾지 못한 것 같습니다.

하정우   맞습니다. 애플은 AI 기능을 자사 제품의 사용자 경험에 자연스럽게 녹여내는 방식을 추구해야 하는데, 현재로서는 그 부분이 쉽지 않은 상황입니다. 게다가 애플이 파운데이션 모델 연구에 본격적으로 뛰어든 시기도 다른 기업들에 비하면 늦은 편입니다. 그래서 의미 있는 성과를 내려면 시간이 좀 더 걸릴 것 같습니다. 물론 5월에 애플 자체 검색 기능이 내장된 AI 어시스턴트 출시 예고에 구글 주가가 7.5% 폭락한 것을 보면 여전히 시장의 기대는 높다고 생각합니다.

한상기   게다가 AI 기술이 정말로 강력하고 매력적이게 되면 사용자들이 폭발적으로 증가할 텐데, 그러면 서버 운영 비용이 기하급수적으로 늘어날 수밖에 없겠지요. 결국 이러한 비용 문제를 해결하려면 프리미엄 서비스 모델을 도입해야 할 텐데, 과연 소비자들이 추가 요금을 부담하면서까지 AI 서비스를 적극적으로 사용할지 의문이 듭니다.

하정우   결국 핵심은 사람들이 기꺼이 돈을 낼 정도로 충분히 매력적인 프리미엄 AI 서비스를 만들어낼 수 있느냐는 문제인데, 지금까지의 상황을 보면 아직 그 정도 수준은 아닌 것 같습니다.

한상기   그러면 AI 기업들이 지금 딜레마 상황에 빠져 있는 거네요. 기술이 정교해지고 사용자들이 늘어날수록 운영 비용이 크게 증가하니까요. 이건 마치 구글이 AI 기반의 검색 서비스를 전면적으로 도입하지 못하고 있는 상황과도 비슷합니다.

하정우   결국은 AI 인퍼런스 칩과 같은 반도체 기술이 더 발전해서 운영 비용을 획기적으로 낮출 수 있는 방법이 나와야 할 거예요. 그런 기술이 발전하면 기업의 비용 부담이 줄어들고 소비자도 더 합리적인 가격에 AI 서비스를 이용할 수 있게 될 테니까요. 하지만 아직까지는 여전히 풀어야 할 숙제가 많은 상황입니다.

한상기　3장에서는 주요 AI 기업들이 그동안 어떤 혁신과 기술 발전을 이뤄왔는지 살펴보고, 각 기업이 전략적으로 어떻게 대응하고 변화를 추구하고 있는지 이야기 나눴습니다.

4장

일상이 된 AI, 인간은 무엇을 지켜야 하는가?

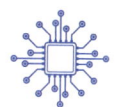

AI 안전에서 안보로, 기술을 넘은 새로운 패러다임

한상기 4장에서는 AI 안전성에 대해 이야기해보겠습니다. 앞선 2장과 3장에서는 각국의 AI 정책 방향이 어떻게 변화하고 있는지, 그리고 이러한 변화가 주요 AI 기업들의 기술 발전과 산업 전반에 어떤 영향을 미치고 있는지를 살펴봤습니다. 특히 AI 패권 경쟁 속에서 국가와 기업들이 서로에게 어떤 영향을 주고받으며 기술 개발과 규제 전략을 조율하고 있는지에 대해서도 깊이 논의했죠.

올해 2월 파리에서 열린 AI 액션 서밋 전까지만 해도 AI와 더불어 AGI, ASI의 안전성 확보를 위해 국가 간 협력 체계를 구축하고 기술 및 거버넌스를 확립하려는 논의가 매우 활발했습니다. AI 기술이 빠르게 발전하는 만큼 이에 대한 연구와 정책도 함께 발전적으로 이루어져야 한다는 점에서 AI 안전성 문제는 여전히 사회와 인류의 미래를 위해 가장 중요한 주제 중 하나입니다. 그래서 이번 4장에서는 AI 안전과 프런티어 AI 기술, 그리고 앞으로 우리가 경험하게 될 AGI 기술이 사회에 미칠 변화 등에 대해 이야기해보려고 합니다.

우선, AI 안전이라는 개념이 굉장히 넓은 범위를 포함하고 있는데요. AI 안전성을 논의할 때 우리가 어떤 주제들을 고민해야 하는지, 좀 더 포괄적으로 설명해주실 수 있을까요?

하정우 이 부분에 대해서는 한상기 박사님의 《AGI의 시대》를 추천하지 않을 수 없습니다. 그 책에 AI 안전성과 관련된 내용이 매우 자세하게 담겨 있거든요. 다만 여기에서는 핵심적인 내용만 압축해서 말씀드리겠습니다.

우선 AI 안전이라는 개념을 생각해보면 인공지능은 이제 범용 기술이 되었습니다. 성능이 지속적으로 발전하면서 사실상 모든 산업, 일상생활, 사회 전반에서 활용될 수 있는 기술로 자리 잡았죠. 그런데 이렇게 다양한 목적으로 활용될 수 있다는 건 단순히 여러 가지 임무를 수행할 수 있다는 의미를 넘어서 AI가 좋은 방향으로 쓰일 수도 있지만 동시에 나쁜 방향으로 악용될 가능성도 있다는 뜻입니다. 또한 사용자 의도와 무관하게 AI가 오작동을 일으켜 예상치 못한 결과를 초래할 수도 있습니다. 즉, AI가 악의적으로 활용되지 않도록 막는 것도 중요하지만, 스스로 학습하는 과정에서 잘못된 결론에 도달하거나 특정 환경에서 비정상적으로 작동하는 경우도 방지해야 한다는 것이죠.

이처럼 AI가 오작동하거나 악용될 경우, 그 결과가 개인은 물론 사회 전체에까지 부정적인 영향을 미칠 수 있습니다. 이러한 위험을 최소화하고 AI가 안전하게 활용되도록 보호 장치를 마련하자는 취지에서 'AI 세이프티 AI Safety'라는 개념이 대두되고 있는 것입니다. 지금은 이와 관련된 연구와 기술 개발이 점점 더 중요한 분야로 부상하고 있습니다. 그리고 AI 안전성 문제는 단순히 기술적인 문제로만 접근할 수 있는 것이 아닙니다. AI는 인간의 가치, 사회적 가치, 사회의 지속 가능성과도 밀접한 연관이 있기 때문에 기술적 관점뿐 아니라 윤리적·정책적 관점까지 함께 고려해야 하는 개념입니다.

한상기 그래서 과거에는 AI 안전성을 논의할 때 주로 공정성, 견고성, 설명 가능성, 윤리 같은 이슈를 중심으로 다뤄왔습니다. 이 모든 것을 하나로 묶어 '신뢰할 수 있는 AI를 어떻게 만들 것인가'라는 주제로 논의되어왔죠.

그런데 생성형 AI가 등장하면서 AI 안전성에 대한 논의 범위가 훨씬 넓어졌다고 생각합니다. 특히 주목해야 할 민감한 주제가 바로 CBRN 이슈입니다. 즉, AI가 화학, 생물학, 방사능, 핵무기 개발 같은 분야에서 악의적으로 활용될 경우, 사회와 국가 안보에 심각한 위협이 될 수 있다는 우려가 커지고 있습니다. 이제는 단순히 AI의 소프트웨어 오류 문제를 넘어서 AI가 실제 물리적 피해를 초래할 가능성까지 논의해야 하는 상황이 된 것이죠.

이렇게 과거에는 AI의 편향성이나 공정성 문제 중심으로 논의되었지만, 이제는 AI가 국가 안보에 미치는 위협까지도 고려해야 할 단계로 넘어갔습니다. 이 부분에 대해 좀 더 구체적으로 설명해주실 수 있을까요?

하정우 과거의 AI는 특정 문제 해결이나 번역, 음성 인식, 문자 인식처럼 정해진 업무의 효율을 높이는 도구로 주로 사용됐습니다. 하지만 지금의 AI는 단순한 도구를 넘어 범용 기술로 발전했습니다. 특히 최근에 등장한 에이전트 AI를 보면 단순한 실행 능력만이 아니라 계획 능력, 추론 능력, 의사결정 능력까지도 상당히 향상되었고, 수행할 수 있는 작업의 범위도 매우 넓어졌습니다. 자동화할 수 있는 업무가 급속도로 늘어나고 있는 것이죠. 더 나아가 최근에는 에이전틱 AI라는 개념으로까지 진화하고 있습니다. 이 개념은 AI가 스스로 목표를 설정하고 자율적으로 실행한다는 뜻입니다. 즉, 사람이 명령하지 않아도 AI가 자율적으로 사고하고 실행하는 방향으로 진화하고 있는 것입니다.

이러한 발전은 사회와 인간에게 큰 영향을 미칠 수 있습니다. 그 대표적인 사례가 바로 CBRN 문제입니다. AI를 이용해 화학 물질을 합성하거나 생물학 무기를 설계하거나 심지어 핵무기 개발에 필요한 정보를 자동화하는 시나리오가 현실화된다면 인류 전체에 심각한 위협을 초래할 수 있습니다.

과거에는 이런 위험 기술들을 사람이 직접 통제하고 제어했기 때문에 어느 정도 관리가 가능했지만, 현재의 AI는 상당 부분 자동화된 시스템으로 작동하며 스스로 추론하고 의사결정을 내릴 수 있는 수준까지 도달해 잠재적인 위험이 훨씬 커졌습니다. 그리고 지금도 AI가 AGI 수준으로 빠르게 발전하고 있다는 평가가 나오고 있습니다. 만약 AGI나 더 나아가 ASI가 등장하게 된다면, 이러한 인공지능이 CBRN과 같은 고위험 영역에서 인간 대신 의사결정을 내리는 상황이 발생할 수 있습니다. 그렇게 된다면 우리는 예측 불가능한 수준의 위험과 마주하게 될지도 모릅니다.

한상기 2023년 11월에 열린 AI 안전 서밋 이후를 기점으로 본격적으로 AI 안전연구소들이 설립되기 시작했습니다. 영국은 정상회의 이전에 세계 최초로 AI 안전연구소를 설립했고, 그 뒤를 이어 미국도 유사한 연구소를 설립했죠. 현재까지는 우리나라를 포함해 7~8개 국가가 AI 안전연구소를 운영하고 있습니다. 이 연구소들이 초기부터 중점적으로 다뤘던 분야가 바로 CBRN 이슈를 포함한 국가 안보 차원의 AI 기술 리스크였습니다. 새로운 AI 모델이 등장할 때마다, 예를 들어 o3나 클로드 4 같은 최신 모델이 출시될 경우, 이 연구소들이 레드팀 Red Team 테스트를 통해 해당 모델이 초래할 수 있는 위험성을 검증하고 있었던 거죠.

그런데 최근 영국의 사례를 보면 AI 안전연구소의 명칭이 'AI 안보 연구소 AI Security Institute'로 변경되었죠. 단순한 명칭 변경이라기보다는 관점 자체가 '안전 safety'에서 '안보 security'로 확대된 것 같은데요. 왜 이렇게 초점이 변화하고 있는지, 그리고 이 변화가 의미하는 바는 무엇인지 설명해주실 수 있을까요?

하정우   영국이 AI 안전연구소의 명칭을 AI 안보연구소로 바꾸면서 그 역할에도 변화가 생기고 있습니다. 흥미로운 점은 이름은 바뀌었지만 약어는 동일하게 유지되고 있다는 점입니다. 이 변화를 설명드리기 전에, 먼저 AI 세이프티와 시큐리티의 개념 차이를 짚고 넘어가는 것이 좋겠습니다.

AI 세이프티는 투명성, 편향성, 설명 가능성, 오작동 가능성 등 주로 AI 모델 자체의 내부적 문제를 다룹니다. 예를 들어 AI가 의도하지 않은 결과물을 생성하거나 특정 집단에 대해 편향된 판단을 하거나 설명할 수 없는 방식으로 오작동하는 경우 등이 이에 해당합니다. 이러한 문제들은 대체로 모델의 설계, 학습 데이터, 알고리듬 등 AI 자체의 구조와 관련되어 있죠.

반면, AI 시큐리티는 AI 모델 자체뿐 아니라, 이를 포함한 전체 시스템의 보안과 안정성과 관련이 있습니다. 예를 들어 악의적인 해커가 AI 시스템의 취약점을 공격하거나 AI가 의도하지 않은 방식으로 조작되어 예측 불가능한 결과를 낳는 상황 등이 이에 해당합니다.

정리하자면, AI 세이프티가 모델 내적인 문제를 다루는 개념이라면 AI 시큐리티는 AI를 포함한 시스템 전체의 보안과 신뢰성에 초점을 맞추는 개념이라고 볼 수 있습니다. 자율주행차를 예로 들면, 도로에서 충돌 위험이 높은 상황에서 어떤 결정을 내려야 할지 고민하는 것은 AI 세이프티에 해당합니다. 반면, 해커가 자율주행차 시스템을 침

투해 차량을 의도하지 않은 방향으로 움직이게 조작했다면 그것은 AI 시큐리티의 영역에 해당하죠.

이렇게 보면 AI 안보연구소라는 명칭은 기존 AI 세이프티보다 훨씬 더 넓은 범위를 아우르는 개념입니다. 실제로 영국에서는 기존의 AI 세이프티 개념을 넘어서 AI 시큐리티를 국가 시스템과 정보 인프라에 적용하는 단계까지 확장해서 정의하고 있습니다. 단순히 AI 모델이 안전하게 작동하는지를 검증하는 것을 넘어 AI가 공공 시스템이나 국가 인프라와 연결되었을 때 전반적으로 안전하고 신뢰성 있게 운영될 수 있도록 설계부터 운영까지 아우르는 거버넌스를 구축하겠다는 의미입니다. 그래서 저는 AI 보안연구소보다는 AI 안보연구소라는 번역이 더 적절하다고 보고 있습니다.

한상기 결국 이번 명칭 변경을 통해 새롭게 강조된 부분이 바로 사이버 보안이었죠?

하정우 그렇습니다. 가장 뚜렷하게 부각된 변화가 바로 사이버 보안입니다.

한상기 5월에는 영국 AI 안보연구소가 향후 수행할 연구 어젠다를 구체적으로 공개하며 글로벌 협력 기반의 연구 방향을 제시했고, 싱가포르에서는 요수아 벤지오 교수가 주도한 〈국제 AI 안전 보고서〉를 토대로 연구 우선순위를 설정하는 '싱가포르 합의'가 AI 콘퍼런스를 통해 이뤄졌습니다.

이처럼 영국과 싱가포르는 AI 안전과 관련해 국제 논의를 선도하고 정책적 실천으로 연결하고 있습니다. 반면, 우리나라의 AI 안전연구소는 글로벌 협력을 이끌어내는 것도 아닌, 오히려 국제 사회에서는 '협력 대상'으로도 명확히 인식되지 못하는 상황입니다. 도대체 우리의 본질적인 문제는 무엇일까요?

하정우 우리 AI 안전연구소는 작년 11월경 정식으로 출범했습니다. 다만 예산 등의 제약으로 인해 ETRI Electronics and Telecommunications Research Institute(한국전자통신연구원) 산하 기관으로 시작하게 되었고 인력 규모 또한 해외 주요 국가들의 AI 안전연구소에 비해 아직 턱없이 부족한 상황입니다. 또한 현재 AI 안전연구소에 합류한 인력들도 실제 AI 안전성을 직접 연구해본 전문가보다는 관련 정책 분야 경험자들이 주를 이루고 있다는 이야기도 들었습니다. 사실 우리나라에서 AI 안전성에 대해 체계적으로 연구해본 전문가 자체가 손에 꼽을 정도로 적은 현실입니다.

이런 이유들로 인해 국제 사회에서 주도적인 역할을 하기에는 여전히 많은 한계가 있어 보입니다. 그래서 저는 새 정부가 AI 거버넌스를 재정비할 때 AI 안전연구소에 대한 투자 확대와 조직 규모 확충을 병행하고, 동시에 글로벌 AI 안전 논의에서의 실질적 역할을 기관의 주요 성과 평가 지표로 삼을 필요가 있다고 생각합니다.

한상기 AI 안보연구소라는 명칭으로 전환되면서 사이버 보안이라는 개념이 한층 더 중요하게 다뤄지고 있습니다. 그렇다면 우리나라의 AI 안전연구소도 결국은 기존의 AI 세이프티 개념에서 AI 시큐리티, 즉 보안까지 포괄하는 방향으로 확대되어야 한다고 보시는 건가요?

하정우 그 방향으로 반드시 가야 합니다. 지금까지 국정원이 그런 역할의 일부를 수행해왔습니다. 예를 들어, 국가보안기술연구소(국보연)를 통해 AI 보안 관련 연구가 진행돼왔죠. 그런데 이제는 AI가 국가 안보와 직접적으로 연결되는 기술이 된 만큼, 그 역할을 보다 체계적으로 강화해야 할 시점입니다. 국보연은 원래 과학기술정보통신부 산하에 있었는데, 최근에는 국정원으로 편입된 것으로 알고 있습니다.

한편 우리나라의 인공지능 안전연구소는 현재는 정부 출연 연구기관인 ETRI 산하에 설치되어 있긴 하지만, 이제는 단순한 연구소 수준을 넘어 국가 단위에서 AI 거버넌스를 재정립할 필요가 있습니다. AI 안전연구소를 확대하든 국정원의 관련 기능을 강화하든 혹은 대통령실 산하에 국가 AI 안보를 전담할 조직이나 상설 회의체를 신설하든, 방식은 다양할 수 있습니다. 중요한 것은 AI 보안과 안보 관련 기술 및 정책을 보다 전략적이고 체계적으로 다뤄야 할 시점이라는 점입니다.

한상기   물론 국정원이 이런 영역까지 확대하는 걸 마냥 환영하지만은 않는 시각도 존재할 겁니다. 앞으로 우리나라가 AI 보안과 안전이라는 두 축을 어떤 방향으로 정리해야 할지에 대한 논의는 5장에서 좀 더 깊이 다뤄보도록 하죠.

AI 리스크 시대의 시작, 다층적 위험과 다층적 대응

한상기   AI의 위험성 분석과 관련해 지난 2월 파리에서 열린 AI 액션 서밋 직전에 요슈아 벤지오 교수가 주도한 〈국제 AI 안전 보고서〉가 2025년 1월에 발표되었죠.

하정우   그 보고서는 약 1년 동안 준비된 결과물입니다. 저도 초안 단계에서 내용을 살펴본 적이 있어요.

한상기   보고서에서는 AI 리스크를 크게 세 가지로 분류했습니다. 악의적 사용, 시스템 오동작으로 인한 위험, 그리고 사회 전체에 영향을 미치는 시스템 리스크였죠. 이러한 분류를 기준으로 봤을 때, 이 중 어떤 리스크가 우리 사회에서 가장 먼저 나타나거나 가장 큰 영향을 미칠 것으로 보시나요?

하정우   우선, 악의적 사용은 이미 널리 알려진 문제입니다. 생성형

AI를 이용해 가짜 뉴스를 만들고 여론을 조작하는 사례들이 이미 다수 발생하고 있죠. 물론 빈번하게 나타나는 현상이긴 하지만, 상대적으로는 눈에 보이고 어느 정도 컨트롤이 가능한 리스크라고 생각합니다. 임팩트 측면에서 보면 중장기적으로 더 우려되는 시스템 위험성에 비해서는 다소 낮은 편이라고 봐요.

정작 문제는 AI가 사회 전반의 시스템에 영향을 끼치는 시점입니다. 그 순간부터는 우리가 흔히 말하는 컨트롤이 쉬워지지 않죠. 사실 통제보다는 제어라는 표현이 더 적합할 텐데요, 기존 방식으로 제어가 불가능할 정도로 복잡한 문제가 발생할 수 있습니다.

특히 AI가 멀티 에이전트 시스템Multi-Agent System 형태로 확산되면 수많은 AI 에이전트가 서로 상호 작용하면서 예기치 못한 결과가 나타날 수 있습니다. 이 과정에서 오작동이 발생하거나 누군가가 악의적으로 AI를 조작하게 된다면 그 영향이 어디까지 확산될지 예측하기 어렵습니다. 이런 예측 불가능한 시스템 리스크가 AI 안전성 측면에서 가장 큰 우려라고 생각합니다.

한상기 이번 구글 딥마인드에서 공개한 알파이볼브가 AI 리스크의 마지노선을 보여주는 것 같습니다. 56년 동안 인류가 개선하지 못했던 행렬 곱 최적화 알고리듬을 찾아냈고 더 나은 AI 반도체 설계 방법을 찾는 데도 활용된다고 합니다. 핵심은 스스로 계속 더 나은 방법을 찾을 수 있도록 진화를 한다는 것인데요. 알파이볼브의 등장을 어떻게 보세요?

하정우 그 논문을 보고 뒤통수를 한 대 맞은 것 같았습니다. 앤트로픽의 RLAIF는 AI가 대답을 하는 측면에서 안전성과 유용성의 밸런스를 유지하며 좀 더 유용한 답을 내도록 스스로 개선하는 방법입니다. 개선의 범주가 어느 정도 정해져 있다고 볼 수 있죠. 그런데 알파이볼브는 기본적으로 제미나이 기반의 코딩 에이전트입니다. 수학과 과학 등의 문제 해결을 위한 알고리듬을 스스로 진화시키는 코딩 에이전트죠. 사람이 문제와 평가 기준 그리고 기본적 해답을 주면 스스로 반복·진화 과정을 거쳐 더 나은 알고리듬을 솔루션으로 내놓습니다. 이 알고리듬엔 더 나은 AI 모델 학습 기법도 포함됩니다. 모델 자체를 스스로 진화시키는 건 아니지만 더 나은 모델을 학습시킬 수 있는 솔루션을 제안할 수 있다는 측면에서 기존 에이전트와는 차원이 다르죠. 말씀 주신 두 행렬을 곱하는 방법의 최적의 방법이 56년 전에 스트라센이라는 수학자에 의해 발견된 이후로 지금까지 발전이 없었는데요. 56년 만에 스트라센 알고리듬보다 더 나은 방법을 알파이볼브가 찾아낸 거죠. 물론 논문에 보면 여전히 처음에 사용자가 프롬프트로 기본 입력을 제대로 하지 않으면 쓸 만한 솔루션을 찾아내지 못하는 것을 확인할 수 있습니다. 또한 단계별로 사용자가 개입해서 확인하고 제어할 수 있도록 되어 있긴 합니다. 그러나 이제 우리는 AI가 스스로 더 나은 존재로 진화해 나가는 것에 대해 좀 더 심각하게 바라보고 본격적으로 제어할 방법을 찾아야 합니다.

한상기 그런데 올해 3월 오픈AI는 앞으로 챗GPT를 점점 에이전트 기반 시스템으로 전환할 계획이라고 발표했죠. 사실 에이전트 기반 시스템의 안전성을 어떻게 확보할 것인가는 여전히 명확하게 정리되지 않은 문제인데요. 〈국제 AI 안전 보고서〉에서도 리스크 관리와 정책 수립, 리스크 식별 및 평가, 그리고 리스크 완화와 모니터링이라는 세 가지 주제에 대해 추가 연구가 필요하다고 강조했습니다.

하지만 AI 업계 내부에서는 이러한 규제적 접근이 오히려 혁신을 방해할 수 있다는 비판도 있습니다. 일부에서는 '규제보다는 속도가 중요하다'고 주장하면서 AI 안전 규제가 오히려 발전에 걸림돌이 된다는 의견도 나오는데요. 이에 대해서는 어떻게 보십니까?

하정우 양쪽 다 일리가 있습니다.

한상기 하지만 세상에 양쪽 다 맞는 말이라는 건 없잖아요.

하정우 그렇긴 하죠. 다만, 각각의 입장에 타당한 근거가 있다는 이야기입니다. AI 에이전트 시대는 이미 예고된 흐름입니다. 미국이 주도하든 중국이 밀어붙이든 결국 AI는 에이전트 기반 시스템으로 진화할 수밖에 없습니다.

그만큼 위험성도 분명히 존재합니다. 그래서 'AI 안전장치와 평가 시스템이 완비되기 전에는 AI 에이전트 개발을 시작해서는 안 된다'는 주장은 일면 타당하지만, 동시에 그것이 과도한 규제가 될 수 있다는 우려도 나옵니다. 왜냐하면 어떤 국가는 그런 규제를 신경 쓰지 않고 기술을 빠르게 밀어붙일 수 있기 때문입니다.

이 문제를 조율하는 방법 중 하나가 CBRN처럼 고위험 분야와 일반 AI 응용 분야를 구분하는 방식입니다. 위험도가 높은 영역은 우선 제외하고 비교적 안전한 분야에서 먼저 AI 에이전트를 활용해보는 것이죠. 그리고 실제 현장에서 발생하는 문제들을 바탕으로 시스템을 보완하는 방식이 필요하다고 생각합니다.

결국 도메인(응용 분야)별로 위험 등급을 정해 그에 맞는 안전장치를 갖추고 점진적으로 적용 영역을 넓혀가는 방식이 현실적입니다. AI 에이전트 개발을 무작정 막을 수는 없고, 동시에 규제를 완전히 없앨 수도 없는 만큼, 적절한 균형이 무엇보다 중요합니다.

한상기 그게 바로 앤트로픽이 주장한 방식이죠.

하정우 맞습니다. AI 안전 수준을 단계별로 설정하는 방식입니다.

한상기 AI의 위험도를 등급별로 나눈 뒤, 단계적으로 규제를 적용하자는 개념이기도 하고요. 그런데 이러한 논의가 더 활발해지고 AI 안전성을 위한 노력이 더욱 강화되어야 한다는 주장이 계속 나오고 있지만, 오히려 최근에는 이런 논의가 뒤로 밀리는 듯한 분위기도 있는 것 같습니다. 그래서 다리오 아모데이가 이 흐름에 실망감을 표명하고 강한 우려를 드러낸 것도 같은 맥락 아닌가요?

하정우　그렇습니다. 특히 최근 정부의 변화와 함께 이런 기조가 더 뚜렷해졌습니다. 예를 들어, 트럼프 행정부가 들어서면서 미국의 국방 관련 논의에서는 "나는 AI 원천기술에는 관심 없고, 킬러 로봇 같은 무기 개발에 투자하겠다"는 식의 방향성이 강하게 나타나고 있어요. 중국도 유사한 흐름을 보이고 있고요. 다리오 아모데이가 우려하는 건 이런 분위기 속에서 AI 기술이 민주주의 국가보다 오히려 전체주의 국가에서 더 빠르게 발전하고 통제되지 않은 방식으로 활용될 가능성이 높아졌다는 점입니다. 반면 중국계 과학자들 사이에서는 이에 대한 반발과 내부 비판도 함께 커지고 있습니다. 이렇듯 정치적·기술적 복합 요소들이 AI 안전성 논의에 중요한 영향을 미치고 있는 셈입니다.

한상기　그런데 요즘 AI를 활용하는 방식이나 규제 흐름을 보면 오히려 미국이 민주주의를 부정하면서 전체주의적으로 가고 있는 것 아닌가요?

하정우　처음부터 이렇게 될 거라고는 아무도 예측하지 못했을 겁니다.

한상기　이런 문제들에 대응하기 위해 최근에는 AI 기업들이 자체적으로 레드팀을 운영해 AI 모델이 내포하고 있는 위험 요소들을 사전에 식별하고 있습니다. 네이버에서도 레드팀을 운영하고 계시죠?

하정우 네, 맞습니다.

AI 안전 점검, 어디까지 정교해져야 하는가

한상기 지금 말씀하신 것처럼 앞으로는 국가 차원에서 레드팀을 운영할 가능성이 점점 높아질 것 같습니다. 결국 AI 안전연구소든 AI 안보연구소든 이런 역할을 담당하게 될 가능성이 크겠죠. 그런데 이 책을 읽으시는 독자들 중에는 직접 AI를 활용해 시스템을 개발하거나 서비스에 적용하려는 기업들도 있을 겁니다.
응용 기업 입장에서 AI의 위험성을 점검하기 위해 자체적으로 레드팀을 구성하려면 어떤 방식으로 해야 하며 어떻게 운영하는 게 효과적일까요? 네이버의 경험을 예로 들어 설명해주실 수 있을까요?

하정우 저희 네이버의 레드팀 운영 방식은 여러 층위로 나뉘어 있습니다. 기본적인 역할은 악의적인 입력에 대한 테스트를 수행하는 것입니다. 예를 들어, 정치적으로 민감한 질문을 입력했을 때 AI가 특정 정치인을 비판하거나 왜곡된 견해를 내놓는다면 문제가 되겠죠. 그래서 사회적으로 논란이 될 만한 질문에 대해 AI가 어떻게 반응하는지를 지속적으로 내부 테스트하고 있습니다.
또한 편향성 검사나 혐오 표현 필터링 등을 담당하는 팀도 따로 운영되고 있습니다. 이런 테스트는 네이버의 하이퍼클로바X 내부의 전담 팀이 수행하고 있고요. 어떻게 보면 서비스 품질 관리QA에 가까운 역할이라고 볼 수 있습니다. 다양한 프롬프트를 입력한 뒤 AI의 응답을 검토하고 부적절한 답변이 생성되지 않도록 반복적으로 테스트를 진행합니다.

이 외에도 기술 연구 중심의 네이버 AI 랩에서는 더 근본적인 수준에서 AI의 신뢰성과 안전성을 확보하기 위한 연구를 진행하고 있습니다. 단순히 브루트 포스Brute Force* 방식으로 공격을 시뮬레이션하기보다는 아예 처음부터 더 안전한 AI를 만들기 위한 알고리듬과 학습 방식 자체를 설계하고 실험하는 역할을 맡고 있죠. 그리고 제가 운영하고 있는 퓨처 AI 센터에서는 하이퍼클로바X 팀과는 또 다른 관점에서 AI의 안전성을 점검하고 있습니다.

이와 별도로, 네이버 전사 위험관리 부문 산하에는 AI 안전 TF 팀이 있습니다. 이 팀은 법률, 제도, 정책적 리스크 관리를 맡고 있으며, 영국이나 미국의 AI 안전연구소에서 발표한 보고서를 기준 삼아 네이버 AI 모델의 리스크를 점검하고 평가합니다. 이 팀은 내부 테스트보다는 외부의 독립적인 감사 역할에 가까운 성격을 지니고 있고요. 또한 네이버 내부에는 화이트 해커 팀, 즉 보안팀도 별도로 존재합니다. 이 팀은 실제 해킹 시도를 시뮬레이션하면서 AI 시스템의 보안성을 확인하고 점검하는 역할을 합니다.

---

* 브루트 포스(Brute Force): 무차별 대입 공격. 암호학에서 무차별 대입 공격은 특정한 암호를 풀기 위해 가능한 모든 값을 대입하는 것을 의미한다.

이렇게 네이버는 다층적인 구조로 AI의 안전성과 보안성을 점검하고 있습니다. 그리고 중요한 의사결정이 필요할 경우에는 위험관리 프로세스를 통해 필요 시 CEO 레벨에서 결정이 이루어지고 정책 수립이나 투자까지 연결되기도 합니다. 경우에 따라서는 이사회 결의를 거치는 구조도 마련되어 있습니다.

하지만 이런 내부 시스템만으로는 한계가 있습니다. 결국 기업 내부의 리소스로만 점검을 진행하면 외부 기준에서 공정성과 객관성에 대한 의문이 제기될 수 있기 때문입니다. 그래서 최근 오픈AI나 앤트로픽 같은 글로벌 기업들도 외부 AI 안전연구소에 우선 접근 권한을 제공해 사전 테스트를 진행하는 방식으로 전환하고 있습니다. 새로운 AI 모델이 출시되기 전 독립 기관이 먼저 평가를 수행하도록 하는 방식이죠.

아직 우리나라의 AI 안전연구소는 이런 체계가 완전히 정립되진 않았지만, 향후 연구소가 더욱 체계화된다면 국내 기업들도 새로운 모델이 나올 때마다 외부 기관에 테스트를 의뢰하고 평가를 받는 방향으로 운영될 가능성이 큽니다. 지금은 그런 체계가 완비되어 있지 않기 때문에 네이버에서는 메이저 업데이트가 있을 때마다 자체적으로 안전성 리포트를 발표하는 방식으로 대응하고 있습니다.

한상기 앞으로 AI를 적용하는 기업들이 더욱 많아질 텐데 잠재적 위험에 대한 우려도 커지겠죠. 이렇게 되면 AI 안전연구소의 인력을 아무리 늘려도 모든 모델을 직접 검토하고 점검하는 건 점점 어려워질 것입니다. 이미 미국에서는 AI 안전성 검증만을 전문으로 하는 민간 기업들이 생겨나고 있잖아요?

하정우 실제로 그런 기업들이 매우 많이 생겨났습니다.

한상기 대표적으로 아폴로 리서치 Apollo Research 같은 기업이 그런 역할을 하고 있는데, 우리나라에서도 AI 안전성을 전문적으로 평가하는 기관이나 기업이 하나의 새로운 산업 기회가 될 수 있겠네요.

하정우 그렇습니다. 예를 들어 TTA Telecommunications Technology Association (한국정보통신기술협회)는 기존에 소프트웨어 인증을 주로 담당하던 기관이지만, 최근에는 AI 안전성 평가 영역까지 업무를 확대하고 있습니다. 또 셀렉트스타 SelectStar 같은 기업도 원래는 데이터 구축을 전문으로 하던 곳인데, 최근에는 AI 세이프티 관련 데이터를 구축하면서 AI 평가 분야로 사업을 확장하고 있어요. 실제로 작년에는 과학기술정보통신부와 함께 네이버와 셀렉트스타가 공동 주최로 'AI 레드팀 챌린지 AI Red Teaming Challenge'*를 진행했습니다. 올해 모바일 월드 콩그레스 Mobile World Congress: MWC에서도 셀렉트스타는 글로벌 AI 레드팀 챌린지를 운영한 것으로 알고 있고요. 기존에 소프트웨어 평

---

* AI 레드팀 챌린지(AI Red Teaming Challenge): 생성형 AI의 잠재적 위험과 취약점을 찾아내는 챌린지로, 통제된 환경에서 프롬프트 작성을 통해 유해한 결과, 편향적 결과, 시스템 오용과 같은 결함을 발견하는 테스트 활동이다.

가에 집중하던 기업들도 점차 AI 안전성 평가, 성능 시험 등으로 사업 영역을 넓혀가는 추세입니다.

한상기 EU의 AI 법안에서도 인간 감독의 의무 조항 Human-in-the-loop이 명확히 규정되어 있잖아요. AI 시스템이 중요한 결정을 내릴 때 반드시 사람이 개입해서 검토해야 한다는 조항 말입니다. 그런데 최근 라이덴 대학의 멜라니 핑크 Melanie Fink 교수가 발표한 논문*에서는 AI 시스템이 고도화되면서 인간이 AI의 결정을 실질적으로 감독하기가 점점 더 어려워질 것이라는 전망이 나오더라고요. AI가 너무 복잡해지면 사람이 그 판단 과정을 이해하고 검토하는 것이 사실상 불가능해질 수도 있다는 이야기죠. 실제로 앤트로픽 같은 곳에서도 AI의 안전성을 평가하거나 강화 학습을 시킬 때 이미 AI 자체를 활용하고 있기도 하고요. 그렇다면 앞으로 AI를 감독하거나 평가하는 역할에도 AI 기술을 활용할 수밖에 없지 않을까요?

하정우 AI 기술을 반드시 활용해야 한다고 생각합니다. 다만 중요한 건 '어떻게' 활용하느냐는 거죠. 예를 들어 AI가 AI를 감시하는 구조를 만든다 해도 반드시 서로 분리된 모델로 구성되어야 합니다. 즉, 독립적으로 운영되는 모델들이 서로 직접 영향을 주거나 커뮤니

---

* Melanie Fink, "Human Oversight under Article 14 of the EU AI Act", https://papers.ssrn.com/sol3/papers.cfm?abstract_id=5147196

케이션을 하지 않도록 설계돼야 합니다.

그리고 AI가 분석한 결과는 사람이 이해할 수 있는 방식으로 제공되어야 합니다. 시각화된 정보든 정리된 데이터든 간에 결국 최종 판단은 인간이 내릴 수 있도록 지원하는 보조 도구로 활용되는 방향이 현실적이라고 봅니다. 사실 지금의 AI 시스템 구조는 너무 복잡해서 사람이 그 내부를 일일이 이해하기가 쉽지 않거든요.

AI는 누구의 손에? 규제 뒤에 숨은 패권의 그림자

한상기 지금까지 다양한 AI 안전 연구들이 진행되어왔지만, 앤트로픽을 비롯한 주요 연구들에서 공통적으로 제기되는 질문이 하나 있습니다. "AI가 AI의 안전성을 판단하는 시대가 오면 우리는 그것을 신뢰할 수 있을까?"라는 물음이죠. 이건 단순한 기술적 문제를 넘어서 사람들에게 심리적인 불안감을 불러일으킬 수도 있는 문제입니다.

하정우 저는 기본적으로 AI가 스스로 판단을 내리는 것이 아니라, 사람이 판단을 내리는 데 도움을 주는 분석 도구로서의 역할에 머물러야 한다고 생각합니다.

한상기 하지만 시간이 지나면 사람들은 결국 AI의 판단을 점점 더 신뢰하게 될 겁니다. 예를 들어, AI가 "이 시스템은 안전합니다"라고 판단하면 사람이 직접 그 판단 과정을 검증하기 어렵기 때문에 결국 '지금까지 별문제가 없었으니 안전한 거겠지' 하고 AI의 판단을 그대로 믿어버리는 경향이 생길 수 있죠.

하정우　맞습니다. 그런데 그렇게 AI를 과신하게 되면 문제가 생길 수 있습니다. 사람들이 지나치게 타인을 믿다가 사기를 당하듯, AI 역시 과하게 의존하면 AI에 사기를 당할 수도 있는 것이죠. AI가 틀릴 가능성을 인식하지 못한 채 맹목적으로 신뢰하는 건 분명히 위험한 태도입니다.

한상기　AI 국제 협력 논의 과정에서는 AI를 핵 확산 금지 조약Non-Proliferation Treaty: NPT처럼 관리해야 한다는 주장도 나온 적이 있었습니다. 심지어 국제 원자력 기구International Atomic Energy Agency: IAEA와 같은 글로벌 차원의 AI 규제 기구를 설립하자는 제안도 있었죠. 하지만 현실적인 제약 때문에 그런 논의는 최근 들어 다소 주춤해진 상황입니다.
그런데 얼마 전 흥미로운 보고서가 하나 발표되었습니다. 제목은 〈슈퍼 인텔리전스 전략Super Intelligence Strategy〉인데요. 이 보고서를 발표한 인물들은 AI 안전 센터Center for AI Safety: CAIS의 댄 헨드릭스Dan Hendrycks, 구글 전 회장 에릭 슈미트, 그리고 스케일 AIScale AI의 창업자 알렉산더 왕Alexander Wang입니다. 이 보고서에서 제시된 핵심 주장은 이렇습니다.

AI 기술이 지나치게 빠르게 발전할 경우 발생할 수 있는 오작동 위험을 억제하기 위해 억제, 비확산, 경쟁력 기반의 균형 전략을 채택해야 한다는 것입니다. 그리고 여기서 등장한 새로운 개념이 바로 MAIM Mutual Assured AI Malfunction (상호 확증적 AI 오동작)입니다. 이는 과거의 핵무기 통제를 위한 상호 확증 파괴 Mutual Assured Destruction: MAD 개념을 본뜬 것으로, 한 국가가 AI 기술의 절대 우위를 노릴 경우, 다른 경쟁국이 이를 사전에 파괴하려는 움직임으로 대응할 수 있다는 전략적 시나리오입니다.

결국 이들은 슈퍼 인텔리전스가 등장하는 시대에는 AI 리스크 대응 전략이 핵 확산 방지와 유사한 수준에서 다뤄져야 한다고 주장하는 셈인데요. 센터장님께서는 정말 그 정도로 AI를 강력하게 통제할 필요가 있다고 보시나요?

하정우 AI의 파급력과 잠재적 위험성을 고려하면 AI를 핵무기처럼 엄격하게 규제하자는 주장에도 분명 일리가 있습니다.

하지만 동시에 몇 가지 우려도 존재합니다. 핵무기는 기본적으로 인류 전체를 위협할 수 있는 무기이며 그 사용 자체가 파괴를 전제로 합니다. 반면 AGI는 무기로만 사용되는 것이 아니라, 인류의 난제를 해결하고 엄청난 혁신의 기회를 제공할 수 있는 기술입니다. 예컨대 알파폴드 2 같은 시스템이 신약 개발 소요 시간을 획기적으로 줄인 사례처럼, AI는 다양한 분야에서 실제로 긍정적인 효과를 만들어내고 있습니다.

이러한 가능성을 고려할 때 만약 AI 확산을 억제하고 특정 국가들이 이를 독점하는 방향으로 규제가 설계된다면 이는 곧 '선진국만 AI를 활용하겠다'는 논리로 이어질 수 있습니다. 또 이러한 규제는 단순히 위험을 통제하기 위한 것이 아니라, 기술의 혜택을 제한된 집단만이 누리게 하는 결과로도 이어질 수 있다는 것이죠.

그래서 저는 AI 규제가 단지 위험 방지에만 초점이 맞춰져선 안 된다고 생각합니다. AI의 혁신적 가능성을 특정 소수만 활용하거나 기술 확산을 지나치게 제한하는 방향이 된다면 그것 역시 또 다른 위협이 될 수 있습니다. 결국 중요한 것은 위험과 기회 사이의 균형을 어떻게 잡을 것이냐는 점입니다.

한상기 지금의 흐름을 보면 AI 규제가 특정 국가의 이익을 보호하는 방향으로 흘러갈 가능성이 큽니다.

하정우 저도 동의합니다. 그래서 이런 논의가 진행될수록 일부 국가들이 AI 독점을 위한 명분으로 핵무기 확산 방지 전략을 차용하는 건 아닌가 하는 의구심이 점점 더 커지고 있습니다.

한상기 그렇다면 만약 이러한 흐름이 현실화되어 AI 규제가 특정 국가들만 AI를 개발하고 활용할 수 있도록 제한하는 방향으로 전개된다면 우리는 어떻게 대응해야 할까요? 결국 AGI 개발 경쟁에서 완전히 배제되지 않기 위해서라도 우리도 어떤 방식으로든 AGI 개발을 서둘러야 하지 않을까요?

하정우 사실 저는 2년 전부터 이 이야기를 꾸준히 해왔습니다. 샘 올트먼이 국제 원자력 기구 모델을 언급하며 AI를 국제적으로 규제해야 한다고 주장하던 시점이 있었죠. 그때 한국이 빠르게 대응했어야 했다고 봅니다. 당시만 해도 지금의 미스트랄 같은 유럽 기업들도 없었고, 한국은 상대적으로 생성형 AI나 파운데이션 모델 분야에서 기술력이 뒤처지지 않았습니다.

그래서 그때 외교부나 과학기술정보통신부가 적극적으로 나서서 글로벌 AI 거버넌스 논의 테이블에 한국이 정식으로 참여할 수 있도록 외교적 포지션을 확보해야 한다고 주장했어요. 지금도 그 전략은 여전히 유효하다고 생각합니다.

하지만 현실적으로 국제 외교 무대에서는 결국 힘의 논리가 작동합니다. 우리가 그 테이블에서 발언권을 가지려면 말뿐만이 아니라 실질적인 기술력, 즉 강력한 AGI 혹은 ASI를 자체적으로 개발할 수 있는 역량이 있어야 합니다. 단순히 오픈소스 AI 모델을 가져다가 활용하는 수준으로는 글로벌 AI 규제 논의에서 아무런 영향력을 행사할 수 없습니다. 트럼프가 젤렌스키와의 회담에서 "당신은 가진 카드가 없잖아"라고 말했던 것처럼, 우리도 기술적 카드가 없으면 대화의 판 자체에 끼지 못할 수 있습니다.

한상기　그런데 또 어떤 분들은 현실적인 대응 전략으로 이렇게 이야기하기도 합니다. "지금 우리나라가 독자적으로 AGI 기술을 개발하는 건 어려운 상황이니, 차라리 미국의 AI 기술을 핵우산처럼 활용하는 게 어떻겠느냐. 예를 들어, 미국이 '우리의 AGI는 안전하니 한국은 이 기술을 잘 활용하면 된다'고 하면, 그게 하나의 선택지가 될 수 있다"라는 주장이죠. 저는 이 주장에 동의하지 않지만, 하 센터장님은 어떻게 보시나요?

하정우　그건 사실상 우리가 사거리 300km짜리 미사일만 허용된 상태에서 전력을 유지하겠다는 말과 다를 바 없다고 생각합니다. 즉, 스스로 통제권을 갖지 못한 채 제한된 조건에서 기술을 수동적으로 받아들이는 구조에 머물게 된다는 겁니다.

한상기　결국 AI 기술을 누가 통제하느냐, 그 주도권의 문제로 귀결되는군요.

하정우　그리고 더욱 우려되는 건 만약 트럼프 같은 대통령이 다시 미국 행정부를 이끈다면 지금처럼 미국의 AI 기술을 자유롭게 활용하는 것도 어려워질 수 있다는 점입니다. 예컨대 미국 에너지부 De-partment of Energy: DoE에서 한국을 민감 국가 Sensitive Country로 지정해버리면 AI 관련 핵심 기술 접근 자체가 차단될 수 있어요. 그렇게 되면 우리나라는 AI 경쟁에서 한순간에 밀려나게 될 가능성도 존재합니다.

사용자 맞춤형 AI 시대, 누가 가치를 결정할 것인가

한상기   AI 안전성 논의에서 개인적으로 가장 중요한 연구 주제는 얼라인먼트Alignment라고 생각합니다. 쉽게 말해서 AI가 우리가 의도하는 목적과 가치를 충실히 따르며 작동하도록 만드는 방법에 관한 문제죠.

하정우   우리가 의도한 목적대로 움직이도록 해야 하는 것이죠.

한상기   맞습니다. 그리고 그 목적은 당연히 선한 방향이어야 하고요. 이 주제를 광범위하게 다룬 연구 보고서가 2024년 4월에 발표됐습니다. 케임브리지 대학의 우스만 안와르Usman Anwar, 스탠퍼드 대학으로 자리를 옮긴 최예진 교수, 그리고 몬트리올 대학의 요슈아 벤지오를 포함해 수십 명의 연구자들이 공동으로 작성한 논문인데요. 제목은 〈LLM의 얼라인먼트와 안전을 보장하기 위한 근본적인 도전Foundational Challenges in LLM Alignment and Safety〉입니다.

약 150페이지 분량의 이 보고서 스타일 논문은 크게 세 가지 주요 주제를 다루고 있습니다. 첫째는 LLM에 대한 과학적 이해, 둘째는 AI의 개발 및 배포 과정에서의 문제, 셋째는 AI를 둘러싼 사회적·기술적 도전입니다.

논문에서는 18개의 핵심 도전 과제와 함께 213개의 세부 연구 과제를 제시하고 있는데, 내용을 보면 우리가 아직 이런 문제들을 제대로 해결하지 못하고 있다는 점이 명확히 드러납니다. 특히 올해 1월에 발표된 〈국제 AI 안전 보고서〉에서도 LLM에 대한 과학적 연구가 아직 매우 미흡하다고 지적했었죠. 즉, AI 안전성을 위한 과학적 기반조차 부족한 것이 현실이라는 겁니다.

현재 현업에서 AI를 연구하고 있는 입장에서 볼 때 AI 얼라인먼트 연구는 어떤 흐름으로 진행되고 있나요? 얼라인먼트 연구의 전반적인 흐름을 쉽게 설명해주시면 좋겠습니다.

하정우 현재 AI 얼라인먼트 연구팀들이 주로 하는 일은 AI 서비스가 실제 사용자와 상호 작용할 때 생길 수 있는 부작용을 방지하는 데 초점이 맞춰져 있습니다. 구체적으로는 AI가 할루시네이션 같은 부정확한 답변을 하거나 혐오 발언 또는 특정 집단에 대한 편향적인 의견을 생성하지 않도록 방지하는 연구가 진행되고 있죠. AI 모델이 실제 서비스로 제공될 때 예상치 못한 답변이나 부적절한 응답으로 인해 사용자 경험을 해치거나 사용자를 불편하게 할 가능성이 매우 높기 때문입니다. 그래서 현시점의 얼라인먼트 연구는 사용자에게 피해를 주거나 부정적 경험을 유발하는 상황을 최대한 막는 데 중점을 두고 있습니다.

한편 앤트로픽, 오픈AI, 딥마인드 같은 보다 선도적인 AI 연구 조직들은 얼라인먼트 연구를 훨씬 더 깊이 있게 파고들고 있습니다.

한상기 그렇죠. AI가 실제로 어떻게 판단하고 어떤 방식으로 의사결정을 내리는지를 우리가 정확히 파악하는 것이 매우 중요하니까요.

하정우 우리가 흔히 생각의 사슬이라고 표현하잖아요. AI가 특정 문제를 해결할 때 논리적 흐름을 단계별로 표현해주는데, 여기서 중요한 것은 이 논리 흐름이 실제로 모델 내부에서 벌어지는 사고 과정과 일치하는지, 아니면 그냥 겉으로만 보기 좋게 표현된 것인지를 구분하는 것입니다. 과거에도 한 박사님이 말씀하셨던 페이스풀니스faithfulness(충실성), 즉 AI가 제시한 리즈닝이 실제 내부 작동 과정과 일치하는가 하는 문제가 바로 이 지점이죠.

결국 우리는 현재의 AI 모델이 내부적으로 어떤 방식으로 작동하며 결과를 만들어내는지, 또 그런 내부 동작을 우리가 이해하고 제어할 수 있는지를 하나씩 들여다보기 시작한 단계라고 생각합니다. 지금의 얼라인먼트 연구 흐름은 이런 방식으로 모델의 내적 기제를 깊이 탐구하는 방향으로 진행되고 있어요.

하지만 얼라인먼트 연구에는 중요한 전제가 필요합니다. 예를 들어, AI의 판단 기준이 될 수 있는 사회적으로 합의된 가치나 기준이 명확히 존재해야 하거든요. 그런데 바로 이 부분에서 어려움이 있습니다. 사람들이 지향하는 가치가 모두 제각각 다르기 때문입니다. 지역마다 공동체마다 다르고 심지어 같은 사람이라도 아침과 저녁의 판단이 달라지기도 하죠.

그래서 얼라인먼트는 단순한 기술적 문제가 아니라 다양한 배경의 사람들이 모여 '우리가 어떤 가치를 지향할 것인가'를 함께 논의하는 다층적인 문제라고 봐야 합니다. 결국 얼라인먼트 연구는 기술적 접근 이전에 사회적 합의가 필수적으로 선행되어야 하는 영역이죠.

물론 당장은 AI가 이상한 결과를 출력하지 않도록 안전장치를 마련하고 외형적으로 문제없는 수준에서 제어하고 있지만, 최근에는 기술적으로도 모델의 내부 작동 원리를 더 깊숙하게 분석하고 예측하는 연구가 활발히 진행되고 있습니다.

한상기 이런 문제는 결국 인문학적 논쟁으로 이어지죠. 첫 번째 문제는 인간이 자기 의도를 명확하게 설명하는 데 굉장히 서툴다는 겁니다. 자신이 진정 원하는 바를 명확히 설명해보라고 하면 시간이 지나면서 생각이 바뀌거나 예전에 했던 말이 지금은 아니라고 바뀌는 경우가 많아요. 이를 '미다스 문제Midas Problem'라고 하는데, 그리스 신화 속 미다스 왕이 "내가 만지는 모든 것이 황금으로 변하게 해달라"고 소원을 빌었지만, 실제로는 음식이나 가족까지 모두 황금으로 변하는 걸 원하지 않았던 것처럼요. 우리가 AI에 어떤 규칙이나 의도를 전달할 때 그 규칙이 적용될 수 있는 모든 상황과 조건을 완벽하게 명시하지 못한다는 한계가 있는 거죠.

두 번째 문제는 앞서 말씀하신 것처럼 AI를 사회적 가치를 준수하도록 개발하겠다고 하지만, 그 사회적 가치를 누가, 어떻게 정의하느냐 하는 문제입니다. 이런 문제를 해결하기 위한 시도로 앤트로픽은 헌법 AI Constitutional AI라는 개념을 도입했습니다. 여기에는 UN 인권 헌장이나 다른 AI 연구에서 도출된 원칙, 서비스 규약, 자체 윤리 기준

등이 포함되어 있습니다.

또 다른 시도로 이 원칙들이 실제 사용자의 판단과 얼마나 일치하는지를 평가하기 위해 미국인 1,000명을 대상으로 AI의 행동 기준에 대한 설문 조사를 실시했습니다. 그 결과, 사람들의 실제 생각이 기존에 설정된 헌법 AI의 기준과는 차이가 있다는 것이 나타났고, 이 피드백을 반영해 AI 헌법을 조금씩 수정했더니 AI 모델의 윤리적 정렬 수준이 개선되는 효과가 있었다고 합니다.

이런 방식처럼 AI가 헌법과 유사한 반드시 지켜야 할 원칙을 기본으로 설정한 뒤, 사용자들의 지속적인 피드백을 반영하면서 점진적으로 발전시키는 방식으로 가야 하는 걸까요?

하정우 굉장히 어려운 문제입니다. 왜냐하면 모든 사람이 동의하는 절대적 선이라는 것은 매우 제한적이기 때문입니다. 예를 들어 사람을 죽이거나 타인을 해치면 안 된다는 규범은 대부분의 사회가 공유하고 있지만, 전쟁과 같은 극단적 상황에서는 내가 상대를 죽이지 않으면 내가 죽는다는 논리가 통용되기도 하잖아요. 즉, 극단적 상황을 제외하면 지켜야 할 보편적인 선들이 존재하지만, 나머지 상황에서는 절대적 선이라는 개념 자체가 성립하기 어렵다는 것이죠.

한상기 그렇다면 결국 UN 인권 헌장과 같은 국제적으로 합의된 원칙이 최소한 우리가 지구촌 전체에서 공통적으로 지켜야 할 기준이 될 수 있겠네요.

하정우 기본적으로 맞습니다만 그것조차도 문화적 해석에 따라 논란이 생길 수 있습니다. 예를 들어 중동의 특정 문화권에서는 종교적 신념에 따라 남성과 여성이 분리된 공간에서 생활하는 문화가 있죠. 이런 관습을 단지 남녀 불평등이라고 간단하게 규정할 수 있을까요? 사실 이것은 종교적 신념과 연결된 문제인데, 그 신념 자체가 잘못되었다고 규정하는 건 굉장히 민감한 문제입니다.

그래서 과연 AI에 특정한 보편적 기준을 강제하는 게 가능한가 하는 의문이 듭니다. 이런 이유로 저는 다양한 AI 모델이 필요할 수도 있다고 생각합니다. 즉, AI가 보편적인 기본 원칙을 기반으로 작동하되, 개별 사용자의 가치와 문화적 배경에 맞게 맞춤형으로 조정할 수 있는 시스템이 필요합니다. 그리고 특정 사회적 윤리 기준이나 글로벌 가치에서 벗어날 경우 알람을 보내거나 시각적으로 경고하는 장치도 함께 마련되어야 합니다.

한상기 그런 접근법이 가능한 방향일 수 있지만, AI가 점점 더 스마트해지고 개인 맞춤형으로 발전하면서 결국 AI가 제공하는 결정이 사용자의 가치관과 충돌하는 일이 많아질 수밖에 없습니다. 예를 들어 삼성의 갤럭시에 AI가 탑재되었다고 하면, 갤럭시 사용자들의 가치관이나 종교적 배경은 정말 다양하잖아요. 기독교적 가치관을 가진 사람도 있을 테고, 불교적이거나 무신론적 가치관을 가진 사람들도 있을 텐데, 이런 경우 AI가 제공하는 정보나 조언이 사용자의 신념이나 가치관과 충돌할 수 있습니다. 기업 입장에서는 이 문제를 어떻게 해결해야 할까요?

하정우 결국 각각의 사용자들이 가진 선호도와 가치관, 개인적 특성을 이해하고 거기에 맞추는 사용자 맞춤형 튜닝personalized tuning을 하는 방향으로 가야 합니다. 그리고 사용자가 직접 선택하고 제어할 방법도 제공해야 하고요.

한상기 AI를 사용자 맞춤형으로 튜닝해야 한다는 말씀이군요.

하정우 현재는 굳이 AI 모델 자체를 변경하지 않더라도 시스템 프롬프트를 조정하는 방식으로 사용자의 가치관에 맞춘 맞춤형 AI를 제공할 수도 있습니다. 사용자의 데이터를 별도 메모리에 저장한 뒤, 그 데이터를 시스템 프롬프트와 함께 반영하는 방식으로 튜닝하는 것이죠. 일종의 RAG와 유사한 방법인데, 물론 완벽한 방식은 아니지만 빠르게 적용할 수 있는 현실적인 방법입니다.

하지만 여기서 중요한 것은 이렇게 AI를 개인의 성향에 맞추더라도 AI가 지나치게 극단적인 방향으로 치우치지 않도록 일정한 제약과 안전장치를 마련하는 것입니다. 예를 들어, 사용자의 특정 가치관을 반영하더라도 특정 집단의 의견을 극단적으로 강화하거나 확증 편향을 유발해서는 안 됩니다. 이런 사용자 맞춤형 튜닝 시스템을 설계할 때 AI가 극단적인 방향으로 치우치는 경향을 보이면 사용자에게 경고 메시지를 보내는 방식의 안전장치가 반드시 함께 구축되어야 합니다.

한상기   그래서 UC 버클리 대학의 스튜어트 러셀Stuart Russell 교수도 비슷한 문제를 해결하기 위해 AI가 사용자의 선호도를 강화 학습을 통해 지속적으로 학습해야 한다고 제안했습니다. 처음부터 AI에 절대적인 원칙을 강제로 주입하는 게 아니라, AI가 실제로 사용자와 상호 작용을 하면서 점진적으로 사용자의 취향이나 선호도를 학습하도록 해야 한다는 것이죠.

로봇의 경우에도 처음에는 기본적인 가이드라인을 따르지만, 사용자의 행동과 피드백을 바탕으로 점점 더 맞춤형으로 발전하는 방식으로 설계할 수 있다는 겁니다. 결국 각 개인의 AI가 조금씩 다르게 작동할 수도 있겠죠.

하정우   저도 AI가 그렇게 발전하는 게 맞다고 생각합니다. 하지만 여기에 한 가지 더 추가할 점이 있습니다. AI가 사용자의 성향에 맞게 튜닝된다 하더라도, 사용자가 전체적인 사용자 그룹이나 본인이 속한 집단에서 어떤 위치에 있는지를 인지할 수 있도록 해줘야 한다는 것이죠.

유튜브를 예로 들면, 사용자가 비슷한 콘텐츠만 계속 추천받아 특정 관점에 고립되는 문제가 있습니다. 더 심각한 것은 사용자 스스로 본인이 확증 편향에 빠져 있다는 사실을 인식하지 못한다는 점입니다. 이 문제를 방지하기 위해서라도 AI가 사용자가 보유한 지인 연락처나 소셜 데이터를 활용해 전체 사용자 그룹이나 주변 지인들과 비교한 자신의 성향적 위치를 알려줄 수 있는 기능을 제공한다면 사용자는 자신의 AI 경험을 조금 더 객관적인 시각에서 바라볼 수 있게 됩니다. 최소한 그런 형태의 안전장치는 반드시 필요하다고 생각합니다.

한상기 사용자 개인의 특성이나 성향을 AI가 이해하면 오히려 사용자의 만족도는 더 높아질 수도 있죠. 최근에 어떤 사람이 페이스북에서 자신이 올렸던 모든 게시물을 다운로드해서 챗GPT에게 분석을 요청했는데, 본인의 성향이나 취향을 너무 정확하게 분석해줘서 깜짝 놀랐다는 이야기가 있더군요.

하정우 네, 충분히 가능한 일입니다.

한상기 그렇다면 결국 사용자가 선호하는 방향으로 AI에 대해 맞춤형 튜닝을 하겠죠. 그런데 센터장님이 말씀하신 내용은 그렇게 튜닝된 AI가 지나치게 극단적인 방향으로 치우치는 것을 방지하기 위해 AI 스스로가 어느 정도 균형을 잡아주거나 제어할 수 있어야 한다는 의미이군요.

하정우 그렇습니다. AI가 사용자의 성향과 선호도를 반영해 튜닝되지만, 튜닝된 결과가 어떤 방향으로 조정되었는지 사용자에게 지속적으로 피드백을 제공해야 합니다. 그것이 핵심이죠.

한상기　그래서 프롬프트 입력 단계에서도 AI가 위험한 요청이라고 판단하면 "이러시면 안 됩니다"라고 경고 메시지를 보내는 시스템이 있는 것처럼, AI의 맞춤형 튜닝 방향성도 사용자에게 명확히 알려주는 기능이 있어야 합니다. AI 안전성 논의는 점점 더 복잡해지고 있어서 앞으로 우리가 해결해야 할 과제가 정말 많은 것 같습니다.

AI 윤리, 보편적 기준과 문화적 다양성 사이에서 균형 찾기

한상기　최근 AI의 악의적 사용 사례 중에서 가장 흥미롭고 동시에 심각한 문제가 하나 떠올랐습니다. 바로 러시아에서 자신들에게 유리한 기사 수백만 건을 만들어 온라인에 퍼뜨리고, AI가 이를 학습하게 한 사례죠. 이것을 LLM 그루밍(LLM Grooming)[*]이라고 부르더군요. 즉, AI가 방대한 콘텐츠를 기반으로 학습한다고 해서 그 결과가 반드시 인류 공통의 가치에 부합하는 것은 아니라는 문제입니다.

이런 문제는 러시아뿐 아니라 역사적·문화적 갈등이 존재하는 모든 곳에서 나타날 수 있습니다. 가령 한일 간 역사적 견해 차이, 중국과 한국 사이의 문화적 갈등, 그리고 다양한 종교적 가치관의 차이 같은 민감한 주제들도 AI 학습 데이터에 반영되면 AI가 편향된 방식으로

---

[*]　LLM 그루밍(LLM Grooming): 대형 언어 모델에 특정 관점이나 내러티브를 심어주기 위해 데이터를 조작하는 전략을 말한다.

정보를 제공할 가능성이 높아지는 것이죠.

그렇다면 AI가 현실적으로 이런 데이터를 학습하도록 두는 것이 올바른 접근일까요? 민감한 주제를 AI가 학습한다고 해서 과연 균형 잡힌 결과를 얻을 수 있을지 의문입니다. 그래서 세상의 데이터를 통해 상향식으로 학습하는 것이 아니라, 하향식으로 AI가 반드시 지켜야 하는 기본 원칙이 필요하다면 그 원칙은 과연 기업이 정해야 할까요, 아니면 정부와 같은 공적 기관이 정해야 할까요?

하정우 기업이 이런 기본 원칙을 만들기 위해 노력할 수는 있지만, 현실적으로 모든 관계자를 만족시키는 보편적 원칙을 만드는 것은 매우 어렵습니다. 그럼에도 불구하고 기업이 먼저 이런 원칙을 만들려고 나선 이유에 대해 의문을 제기할 수 있습니다.

한상기 그러면 앤트로픽이 개발한 헌법 AI 같은 접근법은 잘못된 방식이라고 보시는 건가요?

하정우 일단 우리가 고려해야 할 사실은 현재 강력한 AI를 실제로 개발하고 운영하는 주체가 대부분 기업이라는 점입니다. 헌법 AI도 결국 안전한 AI를 만들기 위한 앤트로픽이라는 기업의 시도였고, 앤트로픽 자체가 애초에 그런 방향을 지향해온 기업이죠.
기존 방식은 RLHF, 즉 인간의 피드백에 과도하게 의존하다 보니 사용자 피드백 데이터에 노이즈가 끼면 그 영향을 그대로 받게 됩니다.

특히 강화 학습 자체가 노이즈가 많은 데이터에 대해 안정적이지 못한데, 사용자 피드백 데이터라는 것도 항상 신뢰할 수만은 없습니다. 의도적으로 잘못된 피드백을 넣을 수도 있죠. 좀 전에 말씀하신 LLM 그루밍처럼 말입니다.

그래서 그런 문제를 조금이라도 줄이기 위해 몇 가지 핵심적인 안전 항목에 대해 명확한 방향성을 정하고, 그 방향으로 강하게 통제할 수 있는 방식을 마련한 겁니다. 그 접근법을 헌법처럼 AI 시스템 내부에 명확히 녹여넣은 것이 바로 헌법 AI 방식입니다.

이런 말씀을 드리는 이유는 생성형 AI가 사실상 거의 백지상태에서 출발했기 때문입니다. 정부나 국제기구, 예를 들어 UN이 뭔가 하려고 해도 기술적으로 준비가 되어 있지 않으면 현실적으로 할 수 있는 일이 거의 없습니다. 결국 실제 실행 단계에서는 기업들이 먼저 움직일 수밖에 없었던 거죠. 기업들이 먼저 제품과 플랫폼을 만들기 시작했고, 그 과정에서 말씀하셨던 213개의 도전 과제도 실제 운영을 통해 도출되기 시작했고, 이슈로 공론화되기 시작한 것입니다.

이제 이 이슈들이 충분히 공론화되었으니 학계도 정부도 국제기구도 본격적으로 움직일 수 있는 기반이 마련됐다고 봅니다. 즉, 개척자의 역할은 기업들이 했던 것이고 그중에서도 가장 먼저 시도한 게 앤트로픽이었다는 겁니다. 누군가는 가장 먼저 발을 내딛고 시작해야 했기 때문입니다.

지금은 어느 정도 윤곽이 잡히고 있기 때문에 앞으로는 국가 차원이나 국제기구 차원에서 핵심적인 AI 윤리 기준과 가이드라인을 만들어 기본적으로 지키도록 하고, 세부적인 사항들은 각국이나 기업이 알아서 조정하도록 하는 구조로 전환될 필요가 있다고 생각합니다. 전 세계의 다양한 가치들을 모두 완벽하게 반영한 단일한 AI 시스템을 만드는 것은 불가능하다고 봅니다.

한상기 네, 맞습니다.

하정우 그런 AI가 가능하려면 전 세계가 단일 국가로 통합되어야 가능할 텐데 현실적으로는 불가능하죠. 결국 다양한 AI의 존재를 허용하되 기본적인 윤리 기준은 국제기구나 국가 간 협력을 통해 설정하고, 개별 AI는 지역적 특성과 문화적 다양성을 반영할 수 있게 허용하는 것이 현실적이고 적합한 접근 방식입니다. 예를 들어, 각국의 문화적 다양성을 존중하듯 AI의 다양성 자체도 인정하는 것이 더 바람직하다고 생각합니다.

한상기 그게 바로 소버린 AI의 개념과 맞닿아 있는 거네요.

하정우 그렇습니다. 바로 그런 이유로 AI의 안전장치가 필요하다고 강조하는 겁니다.

한상기 각국이 독자적인 AI를 운영하는 체제로 간다면 AI가 수천, 수만 개로 늘어나게 될 테고, 우리가 상상했던 SF 소설 속 미래의 모습처럼 AI들끼리 협업하거나 협상하는 사회가 등장할 수도 있겠네요. 결국 인간이 직접 결정하는 게 아니라 AI들끼리 논의해서 내놓은 결론을 인간이 따르는 구조가 될 가능성도 있을 것 같습니다.

기업 내부에서도 부서별로 AI 에이전트가 등장한다면 AI들끼리 협의해 투자 방향을 결정하거나 "이번 복리후생 정책은 이렇게 해야 합니다" 혹은 "직원 해고는 이런 방식으로 해야 합니다"와 같은 결론을 내릴 수도 있을 겁니다. 그럼 인간은 결국 AI 시스템이 내놓은 결정을 따르는 종속적인 존재가 될 가능성도 있지 않을까요?

하정우 그건 조금 지나친 비약인 것 같습니다.

한상기 저는 지금 AI의 흐름이 결국 그런 사회를 향해 가고 있는 게 아닌가 하는 우려를 갖고 있습니다.

하정우 그건 마치 태양이 폭발하면 지구가 멸망한다는 이야기와 비슷한 느낌입니다. 물론 AI가 발전하면서 그런 가능성이 전혀 없다고 말할 수는 없지만, 현실적으로 그런 수준의 AI를 만들기까지는 아직 갈 길이 멀다고 생각합니다.

그리고 인간 사회에서 의사결정이라는 것은 단순한 데이터 분석만으로 끝나는 것이 아니라, 책임과 역할이 반드시 수반됩니다. AI가 데이터를 기반으로 지표를 분석하고 최적의 결정을 제안할 수는 있어도, 그 결정을 실제로 실행하고 책임지는 존재는 결국 인간이어야 합니다. AI의 역할과 책임을 어느 정도까지 허용하고 어떻게 조정할지에 대한 논의가 앞으로 계속될 것이라고 봅니다.

한상기 제가 특히 우려하는 점 중 하나는 기술 발전 속도와 이를 관리하고 규제해야 하는 정책 입안자나 정치권, 법률가들의 대응 속도가 심각하게 차이가 난다는 것입니다. 기술은 아주 빠르게 진화하는데, 이를 다루는 사람들은 여전히 구시대적 프레임에 머물러 있는 경우가 많잖아요. 사회적으로 필요한 안전장치나 제도가 제때 마련되지 못할 가능성이 높습니다. 물론 제가 확신을 가지고 하는 이야기는 아니지만, 확률적으로 봤을 때 그럴 가능성이 매우 높다고 생각합니다.

하정우 그렇게 될 확률이 매우 높습니다. 실제로 지금의 AI 기술 발전 속도는 역사상 그 어떤 기술보다 빠르니까요.

한상기 맞습니다.

하정우 AI 업계에서 일하는 전문가들도 그 변화의 속도를 따라가는 것이 버거운데, AI 기술에 문외한인 정책 입안자들이 이 속도를 따라가는 건 더욱 어려운 일입니다. 결국 개인의 역량에만 의존할 것이 아니라, AI 기술의 빠른 발전이 사회적 제도와 정책에 효과적으로 반영될 수 있도록 체계적인 시스템과 제도적 장치를 마련하는 게 굉장히 중요하다고 봅니다.

이러한 시스템이나 제도를 일찌감치 잘 만들어놓은 국가가 AI 시대를 좀 더 안정적이고 책임감 있게 이끌어갈 수 있을 것입니다.

한상기 최근 미국 국무부가 유학생 비자 심사에서 소셜미디어 데이터를 AI로 분석해, 프로 하마스Pro-Hamas 성향 여부를 판별하는 시스템을 도입하겠다고 발표했습니다. 만약 그런 성향이 확인된다면 비자를 발급하지 않겠다는 것이죠.
이게 논란이 되는 이유는 유럽에서는 이런 형태의 감시 시스템을 금지하고 있기 때문입니다. 그런데 미국은 AI를 이용해 개인의 정치적 성향을 분석하고 그것을 비자 발급의 기준으로 삼겠다는 거예요. 이건 결국 AI를 활용한 감시 자본주의의 흐름과도 연결되는 문제로, AI가 소셜미디어를 통해 개인을 평가하고 감시하는 단계까지 가고 있는 겁니다. 이런 흐름을 세계 패권 국가가 주도하면 누가 그것을 막을 수 있을까요? 심지어 지금처럼 UN에서도 탈퇴하겠다는 상황에서는 더욱 걱정이 될 수밖에 없습니다.

하정우 영화 〈에너미 오브 더 스테이트 Enemy of the State〉 같은 장면이 현실에서 펼쳐지는 겁니다.

한상기 맞아요. 최근에 나온 영화 〈제로 데이 Zero Day〉도 보면 소수의 정치인과 거대 테크 기업이 결탁해 새로운 형태의 국가를 세우겠다며 기존 국가 시스템을 장악하려고 시도하잖아요.

하정우 결국 선거 시스템이나 정책 결정 등 국가의 핵심적 결정이 특정 권력 구조에 의해 독점되지 않도록 하는 것이 중요합니다.

한상기 그게 정말 어려운 문제입니다. 특히 그 나라가 전 세계에 미치는 영향력이 너무 크기 때문이죠. 미국, 러시아, 중국, 이 세 나라가 손을 잡고 뭔가를 추진하겠다고 나서면 현실적으로 이를 억제하거나 견제할 방법이 거의 없습니다. 만약 AI 패권 경쟁이 그런 방향으로 흘러서 극단적 상황이 벌어진다면 인류 전체에 매우 불행한 미래가 닥칠 수도 있다는 걱정이 듭니다.

하정우 충분히 가능한 우려입니다. 그렇기 때문에 우리 역시 일정 수준 이상의 기술적 힘은 갖추고 있어야 합니다. 지금 보면 강대국들이 굉장히 빠르고 공격적으로, 심지어 마치 무협지에서 말하는 주화입마走火入魔* 같은 모습으로 AI 기술을 밀어붙이고 있잖아요. 하지만 저는 우리가 반드시 그들과 똑같이 움직일 필요는 없다고 생각합니다. 우리는 좀 더 지속 가능하고 책임 있는 방식으로 AI 기술과 산업 경쟁력을 높여야 합니다. 그래야만 우리가 진정한 의미의 리더십을 발휘할 수 있고, 그렇게 함으로써 극단적인 방향으로 달려가는 국가들 사이에서 대안적인 AI 리더십을 보여줄 수 있을 거라고

---

* 주화입마(走火入魔): 주로 무협지에서 등장하는 용어로, 무공 수행 중에 무리한 수행이나 심리적 원인 등으로 인해 몸속의 기가 뒤틀려 통제할 수 없는 상태를 말한다.

생각합니다.

한상기 그래서 우리가 2장에서 이야기했던 것처럼 몇몇 제정신을 유지하고 있는 국가들과 함께 글로벌 사우스 Global South 국가들과의 연대를 만드는 것이 중요합니다.

통제 불가능한 오픈소스 AI, 누가 위험을 관리할 것인가

한상기 주제를 조금 바꿔보겠습니다. 우리가 앞서 오픈소스에 대해 꽤 많이 논의했는데요. 최근 들어 AI 오픈소스의 안전성 측면에서 논란이 조금 커지고 있습니다. 예를 들어, 국민대 이민석 교수 같은 경우는 오픈소스는 취약점이 있더라도 커뮤니티에서 빨리 발견하고 더 빠르게 대응책을 내놓기 때문에 오히려 폐쇄형 소프트웨어보다 더 안전하다는 입장을 가지고 있습니다.
AI 분야에서 오픈소스 모델들이 급속도로 성장하고 있고 중국에서 개발된 딥시크 같은 새로운 오픈소스 AI들도 등장하고 있습니다. 이런 상황에서 AI 오픈소스의 안전성을 어떻게 바라봐야 할까요?

하정우 AI 오픈소스는 양면성을 가지고 있습니다. 즉, 좋은 쪽이든 나쁜 쪽이든 효과를 크게 증폭시키죠. 안전장치를 만드는 속도도 빨라지지만, 동시에 악의적으로 활용할 가능성도 굉장히 커지는 겁니다. 예를 들어, 누군가 오픈소스 모델을 다운로드해서 다크웹 데이터를 대량으로 가져와 파인튜닝하면 정말 심각한 악용 사례가 나올 수 있습니다.

반대로 폐쇄형 AI는 그렇게 악용하기가 어렵죠. 파인튜닝 API는 매우 제한적이고, 그걸 악용하려다가는 추적되어 소송을 당할 가능성도 큽니다. 작년에 제가 UN의 〈AI 안전성 보고서〉를 작성하기 위한 미팅에 참석했을 때도 이 부분에 대해 굉장히 치열한 논쟁이 있었습니다. 얀 르쿤은 오픈소스가 최고라고 강력히 주장했고, 요슈아 벤지오는 완전히 반대의 입장에 섰죠. 홍콩 과기대의 파스칼 펑 Pascale Fung 교수는 "오픈소스 덕분에 우리가 오히려 안전 연구를 효과적으로 할 수 있다"는 의견을 냈습니다.

저는 개인적으로 얀 르쿤이나 파스칼 펑 교수와 같은 오픈소스 낙관론자들과는 입장이 조금 다릅니다. 오픈소스 AI 모델이 강력해질수록 악의적으로 활용할 때의 위험이 더 커지는 것은 사실이에요. 지금 나오는 오픈소스 AI 모델들은 제대로 된 점검이나 통제도 어렵고, 실제 누가 어떻게 쓰고 있는지도 알 수 없습니다. 심지어 메타의 라마조차 누가 어디서 어떻게 사용 중인지 정확히 파악하기 어려운 상황입니다.

한상기   다운로드를 트래킹하지 않나요? 어떻게 다운로드된 모델을 트래킹하지 않을 수 있죠?

하정우   트래킹이 어렵습니다. 다운로드한 뒤 다른 PC로 옮기면 끝나는 거니까요. 사용자가 그냥 파일을 복사해서 로컬에 옮겨놓으면 이후 그 파일을 누가 어디서 사용하는지 알 방법이 없습니다.

한상기   그래도 메타가 뭔가 트래킹할 수 있는 장치나 최소한 버전을 식별할 수 있는 시스템 정도는 만들었을 수도 있지 않나요? 예를 들어 자기 모델이 얼마나, 어디에서 사용되고 있는지를 파악하기 위해서라도 그런 장치가 필요할 것 같은데요.

하정우   기껏해야 다운로드된 횟수만 파악할 수 있는 수준입니다.

한상기   딱 거기까지만 하는 거군요.

하정우   그걸 넘어서는 트래킹은 현실적으로 어렵습니다. 만약 제대로 트래킹하려면 결국 백도어Backdoor 같은 장치를 모델에 심어야 하는데, 그건 더 큰 보안 문제를 만들죠.

한상기   백도어라기보다는 일종의 라이선스 관리 방식으로라도 해결이 어렵다는 말씀이신가요?

하정우   실제로 라마 1이 처음 공개될 때 메타가 라이선스 관리를 어느 정도 하려고 했지만 결국 제대로 작동하지 않았습니다. 실제로는 불가능에 가깝습니다. 다운로드한 파일을 복사해서 다른 사람이 사용하는 걸 어떻게 막겠습니까? 오픈소스 AI가 어떻게 활용되는지 모니터링하는 것은 거의 불가능한 문제예요.

한상기 그래도 고도로 발전된 분석 시스템을 활용하면 특정 기술을 사용하는 집단이 어디에 있고, 기술이 어디서 어디로 흘러갔는지를 추적하는 게 완전히 불가능하진 않을 것 같은데요.

하정우 이론적으로는 가능하지만, 현실적으로는 너무 복잡하고 규모가 큽니다. 추적 과정에서 데이터 누수가 발생할 가능성도 매우 높고요. 저는 그래서 오픈소스 모델이 보안이나 안전성 측면에서 상당히 위험할 수 있다고 생각합니다.

한상기 이게 단순히 코드에 취약점이 있는 정도의 문제가 아니거든요. 그런 수준의 문제라면 오픈소스 코드는 발견 즉시 패치하고 수정하면 되지만, AI 모델은 그게 어렵습니다.

하정우 바로 그 점입니다. 실제로 과거에도 그런 사례가 있었습니다. 처음에는 정상적으로 오픈소스로 배포했지만, 나중에 악의적으로 취약점을 삽입한 오픈소스를 배포한 사례죠. 대표적인 게 Log4j 사건입니다. Log4j는 자바Java 기반의 로그 관리용 오픈소스 라이브러리로 전 세계 시스템에서 폭넓게 사용되고 있었는데, 여기에 원격 제어가 가능한 심각한 보안 취약점이 있었습니다. 하지만 이 경우는 그래도 빠르게 패치를 배포해서 해결할 수 있었어요. 그러나 AI 모델은 파일 형태로 배포되기 때문에 일단 유포되면 회수하거나 완전히 제어하는 게 불가능합니다.

그래서 저는 작년 UN 미팅에서 이런 제안을 했습니다. 오픈소스 AI도 등급을 나눠 관리해야 한다고요. 가장 낮은 등급에서는 단순한 기술 보고서만 공개하고, 가장 높은 등급에서는 데이터, 모델, 트레이닝 코드까지 모두 공개하는 방식으로 말이죠. 그리고 이 등급에 따라 AI의 위험성과 능력 수준도 구분해서 관리하자는 것입니다.

너무 강력한 모델을 오픈소스로 공개하는 건 위험하기 때문에 그런 모델을 공개하려면 기업 단독으로 결정하지 않고 정부나 국제기구의 승인을 받도록 하자는 아이디어였습니다. 그때 요슈아 벤지오 교수도 비슷한 의견을 내며 "메타는 무슨 권한으로 이런 위험한 모델을 독자적으로 판단해서 공개하느냐"고 문제를 제기하기도 했습니다. 저도 그런 관점에 상당 부분 동의합니다.

예를 들어, 규모가 작고 영향력이 제한적인 모델은 문제가 없지만, 딥시크의 R1처럼 6,000억 개의 파라미터를 가진 강력한 리즈닝 모델을 그냥 통째로 공개하는 건 매우 위험한 일입니다. 적어도 이런 수준의 AI 모델을 공개하려면 UN과 같은 국제기구의 철저한 검증과 승인이 필수적이라고 생각합니다.

한상기 그래서 글로벌 AI 안전연구소 같은 국제적 네트워크에서 공개에 대한 동의 절차를 반드시 거치도록 해야 한다는 거군요.

하정우 맞습니다. 그리고 공개된 모델의 사용 현황도 가능한 한 추적할 수 있도록 투명한 관리 체계를 마련하는 것이 지금 단계에서는 꼭 필요합니다.

AGI 시대의 그림자: 노동, 플랫폼, 그리고 사회적 보호망

한상기 앞으로 짧게는 2~3년 후, 길게 봐도 5~10년 이내에 일정 수준의 AGI가 등장한다고 가정하면 사회적·경제적으로 엄청난 이슈들이 터질 수밖에 없다는 얘기가 많습니다. 새로운 기술이 등장할 때마다 항상 사회적·경제적 충격과 이에 따른 논쟁이 뒤따랐잖아요. 그중에서도 가장 먼저 나오는 이야기가 바로 노동의 변화입니다. 일자리가 급격히 사라질 것인지, 아니면 새로운 일자리가 만들어지며 노동 시장이 재편될 것인지를 두고 의견이 나뉘죠. 이 문제를 비판적으로 보는 사람들은 설령 일자리 전환이 이루어진다고 하더라도 전환 속도가 너무 빨라서 사람들이 충분히 적응하지 못하고 도태될 가능성이 크다고 우려합니다. 예전 농업사회에서 산업사회로의 전환처럼 충분한 시간이 주어졌다면 문제가 없겠지만, 이제는 변화가 너무나 짧은 시간 안에 이뤄지니까요. 이처럼 급속한 변화로 인해 많은 사람들이 배제되거나 고통받을 수 있다는 우려에 대해서는 어떻게 보시나요?

하정우   저 역시 그 부분을 가장 크게 걱정하고 있습니다. 개인이든 사회든 새로운 환경에 적응하고 전환하기 위해선 일정한 시간이 필요합니다. 그런데 지금의 기술 발전 속도는 정말 눈 깜짝할 사이에 일어나고 있죠. 그래서 앞으로 AI 시대에 진정한 경쟁력을 갖춘 나라는 뛰어난 기술력은 물론, 이 급속한 변화를 사회적으로 부드럽게 받아들일 수 있도록 연착륙시키는 국가라고 생각합니다. 만약 사회적 연착륙이 이뤄지지 않는다면 사회 내 격차가 심각하게 벌어지고 혼란이 커질 수밖에 없습니다. 그렇게 되면 국가의 지속 가능성도 위협받게 되겠죠.

결국, 기술이 일정 수준에 도달했을 때 이를 사회적으로 수용하고 전환할 수 있도록 돕는 제도적 장치가 필수적입니다. 정부의 적극적인 개입과 지원, 산업 구조 전환을 위한 투자, 강화된 사회안전망 등을 포함한 장치를 마련하는 것이 중요합니다. 이것이 앞으로 국가 차원에서 반드시 챙겨야 하는 문제라고 봅니다.

노동 측면에서도 분명히 많은 변화가 있겠지만, 가장 큰 타격을 받을 분야는 주니어 레벨의 업무입니다. 앞으로 단순 반복적이고 시간 소모적인 일들은 거의 모두 AI가 처리할 테니까요. 문제는 사람들이 직장에서 일을 배우고 성장하는데, 그 첫 경험과 기본적인 업무를 어디에서 배울 것이냐는 겁니다. 이제 더 이상 '귀찮고 하기 싫은 일은 주니어가 맡는다'는 공식은 성립되지 않을 것입니다.

그리고 또 한 가지 중요한 점이 있습니다. 사람의 욕심과 야망을 결코 무시하면 안 된다는 겁니다. 자동화와 AI로 인해 생산성이 높아지면 사람들이 일을 덜 할 것 같지만, 실제로는 오히려 더 많은 일을 하게 될 가능성이 큽니다. 조직이 일을 시키든 개인의 야망 때문이든 도구가 고도화되면 예전보다 훨씬 더 많은 일을 하게 됩니다. 예전엔 100의 일을 했다면 AI를 활용해 1,000의 일을 해낼 수 있고, 그 1,000의 일을 해낸 사람에게 더 많은 기회와 리더십이 주어질 가능성이 높으니까요.

한상기   저 역시 그런 입장입니다. 기업 입장에서도 생산성이 올라간다고 해서 무작정 사람을 줄이는 건 현실적으로 말이 안 되거든요. 오히려 사람들을 잘 활용해서 더 많은 성과를 내도록 할 겁니다.

하정우   기업이 직원들을 절대 놀려두지 않죠.

한상기   맞습니다. 생산성이 높아졌다고 해서 사람을 감축하고 거기서 멈추는 기업가는 없어요. 오히려 더 많은 사람을 고용하거나 기존 인력을 활용해서 더 많은 성과를 창출하려고 할 것입니다.

하정우   그 직원들에게 기존 업무를 반복시키기보다는 새로운 사업이나 고도화된 업무를 맡기게 될 거예요.

한상기 그런 흐름을 우리는 이미 한 번 목격했습니다. 과거 ATM이 은행에 도입되었을 때 많은 사람이 일자리가 줄어들 것이라고 걱정했지만, 실제로는 은행 직원들이 백오피스에서 더 복잡하고 고도화된 일을 맡게 되었죠. 이번에도 비슷한 일이 벌어질 가능성이 큽니다. 다만 앞서 말씀하셨던 것처럼 주니어들의 기회는 확실히 줄어들고 있다는 것이 문제입니다.

최근 대학 교수님들 얘기를 들어보면, 학생들이 제출한 코딩 과제의 90% 정도가 AI로 작성한 코드라고 하더군요. 더욱 놀라운 건 그 코드의 품질이 아주 훌륭하다는 겁니다. 교수님 입장에서는 이제 '내가 학생들에게 도대체 뭘 가르쳐야 하지?'라는 고민에 빠지게 되는 거죠. 학생들이 부정행위를 한 것도 아니고 단순히 AI를 잘 활용한 것일 뿐이니까요. 결국 교육 현장에서도 역할 분담에 대한 고민이 필요해졌습니다.

조국혁신당의 이해민 의원이 고민하는 부분도 비슷한 맥락인데요. AI 때문에 사회적으로 피해를 보는 사람들이 생겨날 수밖에 없기 때문에 이들을 위한 새로운 형태의 사회안전망이 필요하다는 겁니다. 그렇게 되면 결국 새로운 재원, 즉 세금이 필요하지 않겠느냐면서 과거 빌 게이츠가 말했던 로봇세 Robot Tax 개념이 다시 등장하는 것이죠. 과연 우리에게도 이런 개념이 필요할까요?

하정우 세금이라는 단어를 쓰면 사람들이 민감하게 반응할 수 있으니까, 저는 사회 전환과 적응, 발전을 위한 일종의 펀드 개념으로 접근하는 게 낫다고 봅니다. 공공기관에서 운영하는 펀드 같은 형태가 더 좋지 않을까요?

한상기   그런데 그 펀드를 어디서 마련할 수 있을까요? 결국 정부 예산으로 충당해야 하는데, 정부 예산을 늘리려면 결국 세금밖에는 방법이 없잖아요.

하정우   그 점은 현실적으로 인정해야 합니다. 지금 기업들이 고용 성장이 거의 없는 상황에서 생산성 향상으로만 성과를 내는 일이 많아지고 있으니 이 문제를 진지하게 공론화할 필요는 있습니다. 물론 당장 '아직 벌어지지도 않은 일에 벌써 세금 얘기를 하느냐'는 반발이 나올 수도 있죠.
하지만 실제로 그런 일이 발생했을 때 곧바로 대응하려면 사전에 충분한 논의와 공감대가 형성돼 있어야 합니다. 지금 당장 제도를 만들자는 것이 아니라, 최소한 이제 이 문제에 대해 논의할 시점이 되었다는 겁니다. 예를 들어 중국의 다크 팩토리 같은, 사람 없이 운영되는 생산 구조가 확산되면 우리도 이에 대한 대응책을 마련해야 하니까요.

한상기   정말 아이러니한 일이죠. 노동자의 나라를 자처하는 중국이 이제 오히려 노동자를 최대한 줄이는 생산 방식을 추구하고 있으니까요.

하정우 그렇습니다. 그러한 생산 방식으로 창출된 부가가치를 결국 소비자인 노동자들과 공유할 방안을 반드시 마련해야 합니다.

한상기 과거에 이런 유명한 일화가 있어요. 중국의 덩샤오핑이 일본의 자동차 공장을 방문해서 노동자들을 위한 연설을 하려 했는데, 막상 공장 문을 열고 들어가자 수많은 노동자들이 아니라 로봇들만 가득한 걸 보고 큰 충격을 받았다고 합니다. 그는 당연히 많은 노동자들이 일하는 공장을 상상하고 방문했는데 실제로는 노동자는 거의 없었고 로봇만 일하고 있었던 거예요.

하정우 현장에는 로봇을 조정하거나 감시하는 몇 명의 인력만 있었겠죠.

한상기 이제는 우리가 기존 산업 시대의 경제 형태에서 다음 단계 경제 모델로 넘어가야 하는 시점이 온 겁니다. 그게 바로 최근 주목받는 플랫폼 경제라는 형태로 나타나고 있어요. 제가 최근 읽고 있는 야니스 바루파키스Yanis Varoufakis의 〈테크노 퓨달리즘Techno-Feudalism〉에서는 자본주의를 넘어선 새로운 경제체제로 테크노 봉건주의가 등장하고 있다고 진단합니다. 구글, 메타, 아마존 같은 플랫폼 기업들이 기존 자본주의 경제체제를 넘어 자본주의를 사실상 붕괴시키고 있다는 얘기까지 나오고 있죠.
이렇게 되면 기술을 보유한 기업이나 소수의 엘리트 집단, 즉 최상위 계층 중심으로 경제가 움직이면서 계층 간의 격차나 경제적 불평등이 지금보다 훨씬 더 빠르고 극단적으로 확대될 가능성이 큽니다. 예를 들어 우리가 쓰는 배달의민족이나 쿠팡 같은 플랫폼 기업도 초기부터 정규직 노동자를 채용해 조직화된 노동 방식을 만들었다면 지금과는 상황이 많이 달랐겠죠. 하지만 현실에서는 일을 일감 단위로 나눠 개인 사업자들에게 맡기고 플랫폼 기업은 고용 책임에서 완전히 자유로운 형태로 성장했습니다.

여기에 AI까지 들어오면 상황은 더 심각해질 겁니다. 지금도 AI가 배달 경로를 최적화해서 짜고, 어느 배달원이 어느 일감을 맡을지까지 AI가 결정합니다. 문제는 왜 자신이 특정 일감을 배정받지 못했는지 노동자는 전혀 알 수 없다는 겁니다. 이런 상황이 더 흔해질 텐데, 이걸 막거나 통제할 방법이 있을까요?

하정우 그래서 제도가 반드시 있어야 합니다. 예를 들어 '왜 나는 이 배달을 할당받지 못했는가?'에 대한 설명을 제공하도록 할 수는 있거든요. 이건 사실 UX의 문제이기도 합니다.

한상기 일종의 설명을 요구할 권리 같은 거죠.

하정우 맞습니다. 그런데 기업 입장에선 설명 기능을 추가하면 비용이 들기 때문에 하지 않고 있을 뿐이에요. 알고리듬은 분명히 어떤 기준을 가지고 일감을 랭킹하고 분류하며 가중치를 적용했을 텐데,

배정되지 않은 이유를 노동자에게 설명할 방법이 없는 건 아닙니다. 충분히 할 수 있는데 하지 않는 겁니다.

그래서 앞으로 인공지능 시스템이 사용자나 노동자에게 친절하고 명확하게 정보를 제공하는 방향으로 발전해야 한다고 생각합니다. 경우에 따라서는 이런 부분을 제도적으로 명문화할 필요도 있습니다.

한상기 그렇다면 AI 기본법 같은 법안에 "사용자는 AI의 결정에 대해 설명을 요구할 권리가 있다"는 식의 조항을 넣어야 할까요?

하정우 사실 법으로 직접 규정하는 건 조심스러운 부분입니다. 왜냐하면 설명을 요구하는 사람마다 기대하는 수준이 다 다르기 때문입니다. 똑같은 결과를 놓고서도 간단히 납득하는 사람이 있는가 하면 정말 세세하게 끝없이 캐묻는 사람도 있거든요.

한상기 주민센터 같은 공공기관에서도 그런 모습을 흔히 볼 수 있습니다. 어떤 사람은 쉽게 이해하는 반면, 어떤 사람은 1시간, 2시간씩 계속 따지는 경우도 많잖아요.

하정우 또 법은 한번 만들어지면 수정하거나 개정하는 것도 매우 어렵습니다. 게다가 설명의 난이도와 범위는 기술적으로 할 수 있는 것과 할 수 없는 것이 분명히 존재하고 적용 분야에 따라서도 큰 차이가 있습니다.

그래서 저는 법률로 접근하기보다는 인센티브 방식을 적극적으로 고려하는 것이 좋다고 봅니다. 예를 들어 설명 기능을 친절하고 명확하게 구현한 기업에게는 정부 정책적으로 가점을 준다거나 공공사업에 우선적으로 선정될 수 있도록 하는 식의 보상을 주는 거죠. 이렇게 인센티브를 활용하는 방식이 현실적으로 더 효과적이라고 생각합니다.

한상기 이 부분에 대해서는 저와 생각이 조금 다르네요. 저는 최소한의 수준에서라도 법적으로 사용자의 권리를 보장해줘야 한다는 입장입니다. 제가 강연에서 자주 드는 예시인데요. 은행에서 대출 이자율이 왜 내가 다른 사람과 차이가 나는지에 대해 물어보면, 은행 직원은 신용 점수나 소득, 거래 이력 등 명확한 기준을 들어 설명해 줄 수 있습니다.

그런데 만약 이걸 AI가 결정하게 되면 문제가 달라집니다. AI가 수많은 요소를 종합해서 결과를 내렸는데, 심지어 은행 직원조차 그 이유를 설명하지 못하는 상황이 생길 수도 있어요. "저희 은행 AI 시스템이 고객님의 신용을 평가했는데 이자율이 이렇게 나왔습니다"라고 하면 안 되는 거잖아요. 당연히 직원들은 AI 시스템의 작동 방식을 이해하고 고객에게 설명할 수 있어야 합니다. 그리고 나중에 은행 직원마저 사라지는 상황이 오면 사용자는 더더욱 AI가 내린 결정에 대한 설명을 요구할 수 있는 권리를 보장받아야 하죠.

하정우 말씀하신 사례 같은 경우는 당연히 설명 가능해야 합니다. 실제로도 충분히 구현 가능한 부분이기도 합니다. 하지만 제가 걱정하는 건 법률이 현실적으로 기술이 뒷받침하지 못하는 수준까지 설명 의무를 강제할 경우, 해당 분야가 큰 혼란을 겪거나 심지어 망가질 수도 있다는 점입니다.

한상기 그러면 카테고리를 명확히 나눠서 정말 필수적으로 설명이 필요한 분야에 대해서만 법적으로 설명의 권리를 보장하는 건 어떨까요? 명확한 기준이 있어야만 그 기준을 어긴 기업에 사회적으로 책임을 물을 수 있지 않을까요?

하정우 맞습니다. 그런 식이라면 만약 AI 시스템 자체로 설명이 어려운 경우에는 사람이 개입해서라도 설명을 제공하는 대안을 마련해야겠죠. 그렇게 현실적이고 유연한 방식으로 제도를 설계하면 충분히 가능할 것 같습니다.

한상기 저도 모든 서비스에 일일이 사람을 붙여야 한다고 생각하는 것은 아닙니다. 하지만 복지 수당이나 공공 서비스처럼 반드시 명확한 설명이 필요한 분야에 대해서는 설명할 수 있는 책임이 있어야 한다는 거죠.

하정우 그 정도 수준의 설명은 당연히 제공되어야 합니다. 그런데 제가 법으로 접근하는 것을 민감하게 생각하는 이유가 있습니다. 우리나라의 규제 시스템은 포지티브 규제Positive Regulation* 방식이다 보니까 법이 한번 만들어지면 시행령이나 규칙 단계에서 아주 세부적이고 촘촘한 규제를 만들게 됩니다. 그러면 결과적으로는 의도하지 않았던 방향으로 흘러가서 아무도 새로운 시도를 하지 못하는 상황이 될 가능성이 크거든요. 그래서 저는 법보다는 기술 현실에 맞추어 유연하게 대응할 수 있는 방식이 필요하다고 보는 겁니다.

한상기   물론 그런 현실적인 문제도 이해합니다. 하지만 법적으로 보호받지 못하는 사람들의 고통을 우리가 제대로 인지하지 못하는 경우가 많아요. 이 부분에 대해서는 분명히 어느 정도 법적 보호가 있어야 합니다.

예를 들어, 지금 카카오 택시를 보면 사용자들이 일반 호출로는 배차가 잘 안 되고, 블루 택시로 배차가 더 잘되는 것 같은 의심을 계속하고 있잖아요. 그런데 사용자 입장에서는 그에 대한 명확한 증거를 확보하기가 어렵습니다. 결국 공정거래위원회 같은 기관이 직접 개입해 상황을 조사해야 하는 문제로까지 번질 수 있는 거죠.

하정우   사실 그런 것도 결국은 UX의 문제라고 생각합니다. 배차가

---

*   포지티브 규제(Positive Regulation): 법적으로 허용되는 행위를 규정하고, 그 외의 행위는 금지하는 방식으로 운영된다.

안 되는 이유를 사용자에게 명확하게 설명하는 메시지 한 줄만 제대로 넣어줘도 충분히 사용자들이 납득할 수 있습니다.

한상기 그래서 이 문제는 상당히 중요합니다. 우리가 AI 때문에 의도치 않게 사회적 약자가 되지 않도록 방어할 수 있는 최소한의 제도가 필요하고, 그런 기본적인 방어막이 결국은 법적 장치일 수밖에 없다는 거죠. 그런데 이렇게 주장하면서도 솔직히 최근 우리나라의 입법 능력이나 법 운용 능력을 보면……

하정우 처음 의도와는 전혀 다르게 흘러가죠.

한상기 그러니까요. 정말 필요한 문제는 뒤로하고 괜히 불필요한 논쟁으로 시간만 허비하는 경우가 많아 안타까운 상황입니다.

AI와의 공존, 인간관계의 재정의가 필요하다

한상기 최근 AI로 인해 나타나는 사회·경제적 이슈 중에서도 AI와 인간의 관계 변화에 대해 특히 많은 고민을 하게 됩니다. AI가 단순히 시스템 안에 머무는 존재가 아니라 우리 삶 깊숙이 스며들고 있잖아요. 지금은 스마트폰이나 가정용 기기 형태지만, 곧 로봇처럼 구체적이고 물리적인 형태로도 우리 일상 속으로 더 깊이 들어올 수 있겠죠.

AI와 인간이 공존하는 시대가 본격화되면 인간관계뿐 아니라 인간과 AI 사이의 관계도 큰 변화를 겪게 될 것으로 예상됩니다. 이미 우리가 게임이나 소셜미디어를 통해 경험한 것처럼 AI에 지나치게 의존하거나 중독되는 사람들이 나타날 가능성이 충분히 있습니다. 물론 게임이나 소셜미디어 자체가 중독을 의도하는 것은 아니지만, 분명 중독으로 이어지는 경우가 존재하죠. 과거 TV가 대중화되었을 때도 TV 중독이란 말이 나왔지만, 책이나 음악에 대해서는 그런 표현을 거의 쓰지 않았잖아요. 그런데 AI는 정말로 사람을 강력하게 끌어당기고 중독시킬 가능성이 크다고 생각합니다. 실제로 요즘 10대들 사이에서는 AI 때문에 실제 인간관계를 회피하거나 애정 관계조차 AI와의 관계가 더 편하다고 느끼는 경우가 나타나고 있습니다. 이런 사회적 변화를 어떻게 보시나요?

하정우 이 문제는 교육과 제도라는 두 가지 방향에서 모두 풀어나가야 한다고 생각합니다. 다만 솔직히 말씀드리면 특정 개인의 중독 문제를 교육만으로 해결할 수 있을지에 대해서는 자신이 없습니다. 사회적으로 마약을 하면 안 된다고 아무리 교육해도 마약이라는 범죄에 손을 대는 것처럼요. 분명히 쉬운 문제는 아니지만, 그렇다고 손 놓고 있을 수도 없는 문제이기도 합니다.

예를 들어 인간관계 중에서도 특히 애정 관계에서 AI는 정말 매력적일 수밖에 없어요. 잔소리를 하지도 않고, 내 얘기를 끝까지 잘 들어주며, 공감 능력도 뛰어나고, 언제나 나를 완벽하게 이해하고 배려해주니까요. 그러니 편안하고 좋죠. 그런데 여기서 심각한 문제는 사람과 연애를 하지 않고 결혼도 하지 않으니 결국 출산율도 떨어질 수밖에 없다는 겁니다. 이런 현상이 확산되면 정말 문명의 존속 자체가 위협받을 수도 있습니다.

한상기 그러다 보면 결국 인간을 생산하는 방식까지 기술적으로 바뀔 수도 있겠네요.

하정우 그렇죠. 정자와 난자를 채취해 인공 자궁 같은 시스템을 통해 인간을 생산하는 방식으로 가는 거죠.

한상기 인공 자궁 같은 개념도 사실 100년도 더 전에 나온 SF 소설들에서 예견했던 미래의 모습이긴 합니다.

하정우 그래서 지금부터라도 사회적으로 논의 구조를 만들어서 이런 현상이 너무 극단적인 방향으로 흐르지 않도록 공론화해야 합니다. 허황되게 들릴 수도 있지만, 과거에 약물 중독이나 게임 중독 문제를 논의했던 것과 비슷한 맥락에서 AI 중독 문제도 분명히 진지하게 논의할 필요가 있습니다. 다만 이 말이 AI 중독방지법 같은 강력한 규제를 만들자는 건 절대 아닙니다. 과거 우리나라에서 게임을 마약처럼 규제했다가 게임 산업 경쟁력이 급격히 약화된 사례를 절대 반복하면 안 되겠죠. 그 대신 사람들이 스스로 AI에 얼마나 의존하고 있는지를 인지하고 조절할 수 있도록 하는 적절한 장치가 있어야 합니다.

한상기 현재 우리 사회에서 이루어지는 AI 관련 논의 수준이 아직 충분히 깊지 않다고 느껴집니다. 인문·사회과학 분야에서는 여전히 AI의 위험성이나 기술적 한계 같은 문제에 주로 머물러 있죠. 그런데 저는 지금 시점에서 사회학자나 철학자, 인문학자들이 더욱 적극적으로 나서서 AI와 인간이 함께 살아가는 사회는 어떤 모습이어야 하는지, 그리고 AI와 인간의 관계는 어떻게 형성되어야 하는지 본격적으로 논의할 때라고 생각합니다.

최근 반려동물과 인간의 관계도 예전과 매우 달라졌잖아요. 예를 들어 반려동물을 키우다가 책임지지 못하고 버리게 되면 사회적·도덕적 비난을 받게 되는 시대가 됐죠. 그런데 이 반려동물의 역할을 언젠가는 AI가 대신할 수도 있습니다. AI는 반려동물처럼 먹이나 관리가 필요하지 않고 전기만 충전하면 되니까요.

그런데 스필버그 감독의 영화 〈A.I.〉에서처럼 인간과 AI가 공존하게 되면 오히려 AI를 적대하거나 학대하는 사람들이 등장할 가능성도 있지 않을까요? 일종의 러다이트Luddite 성향*의 저항자들이 나올 수

---

* 러다이트(Luddite) 성향: 기계화나 자동화에 대한 반대 의견을 가진 사람들의 성향을 의미한다. 이들은 기계나 기술이 인간의 노동력을 대체하는 것에 대해 부정적인 입장을 취한다. 그러나 사실 이들은 단순히 기계나 기술에 반대한 것이 아니라 그런 사회 변화에서 노동자들의 처우와 환경을 개선해달라고 요구한 것이고 정부가 이를 도외시하는 것에 대한 분노로 기계를 파괴했다.

도 있다는 거죠. 이 경우 AI를 학대한다는 개념 자체가 과연 의미가 있는지에 대한 철학적 질문도 다시 제기될 수 있습니다.

하정우 이 주제가 1장에서도 한번 나왔었죠.

한상기 맞아요. 그런데 시간이 흐르면서 지금과는 완전히 다른 세대가 등장할 수도 있습니다. 저는 자녀들이 이미 30대여서 개인적으로 크게 걱정하진 않는데, 하 센터장님 자녀는 아직 많이 어리잖아요?

하정우 이제 아홉 살입니다. 초등학교 3학년이죠.

한상기 그러면 정말 완전히 다른 세대가 될 수 있습니다. 새로운 세대는 인간관계보다는 AI와의 상호 작용이 더 자연스러워지고 익숙해질 수 있죠. 그러면 인간관계의 기본 구조나 감성적인 부분에서 지금과는 크게 다른 사회적 변화를 겪게 될 가능성이 있다고 봅니다.

하정우 그래서 저는 가끔 농담처럼 말하긴 하지만, 오히려 AI도 사람처럼 감정을 좀 표현하게 만들어야 하지 않을까 하는 생각을 합니다. '이 친구랑은 도저히 못 놀겠다'는 느낌도 AI를 통해서 경험해야 인간적인 감정과 사회적 관계를 배울 수 있으니까요.

한상기 예전에 알렉사Alexa(아마존의 인공지능 음성 비서 서비스)를 교실에 교육용으로 도입한 적이 있었는데, 선생님들이 놀라서 전부 빼버린 일이 있었습니다.

하정우 왜 그랬죠?

한상기 아이들이 알렉사에게 같은 질문을 반복하거나 장난을 쳐도 알렉사는 전혀 지치거나 짜증 내지 않고 항상 친절하게 답변해주니까요. 오히려 그게 교육적으로 문제가 됐던 겁니다. 아이들이 상대방도 피곤해할 수 있다는 걸 전혀 배우지 못하는 거죠.

하정우 맞아요. 아이들이 타인에 대한 배려나 예의를 배우려면, 같은 질문을 반복하면 상대방이 싫어하거나 최소한 불편해한다는 것을 느껴야 합니다.

한상기 그래야 아이들도 스스로 통제와 절제라는 것을 익힐 수 있습니다. 그런데 AI는 백만 번을 물어봐도 항상 친절하니까 그런 걸 배우지 못하게 됩니다.

하정우 그래서 저도 최근에는 AI에 어느 정도 인간적인 감정을 담아야 하는 게 아닌가 하는 생각을 자주 해봤습니다.

한상기   사람들의 욕망이나 감정을 어느 정도 절제하거나 조절하도록 AI가 영향을 줄 필요가 있다는 얘기네요.

하정우   그렇죠. 그래야 인내심이나 배려심 같은 인간적 가치를 배울 수 있는 기회가 생길 테니까요.

한상기   결국은 AI를 더 인간답게 만들어서 인간 사회에서 필요한 태도나 행동 방식을 배울 수 있도록 하자는 방향인데, 과연 이것이 옳은 일인가에 대해서도 솔직히 고민이 됩니다.

하정우   그래서 이건 정확한 표현인지 모르겠지만, 일종의 사회 실험처럼 AI와 인간의 관계가 어떤 식으로 변해가는지를 실험적으로 관찰하고 사회적으로 진지한 논의가 이뤄져야 한다고 봅니다.

한상기   영화 〈Her〉에서도 감독이 하고 싶었던 이야기는 AI와 나누는 감정은 진정한 감정이 아니고, 진짜 감정과 사랑은 결국 사람과 사람 사이의 교류에서만 생긴다는 메시지였잖아요.

하정우   그런데 그 영화가 나온 게 2013년이에요. 당시엔 완전히 상상 속 이야기였지만, 지금은 그런 관계가 현실이 돼버렸죠.

한상기   국내에는 크게 알려져 있지 않지만, 지금 미국에서는 이미 캐릭터닷AI character.ai나 레플리카 Replika 같은 로맨틱 관계를 형성해주는 AI 서비스들이 많이 운영 중입니다.

하정우 그런 서비스 기업들이 돈을 정말 많이 벌어요.

한상기 수익도 크고 사용자 수도 엄청납니다. 그런데 그 서비스 사용자들의 행동 패턴이나 태도를 보면 우려할 만한 부분이 많습니다.

하정우 실제로 직장인 익명 커뮤니티인 블라인드에 그런 고민이 종종 올라옵니다. 자기 배우자가 AI와 연애에 빠졌는데 어떻게 해야 할지 모르겠다는 겁니다. 이런 사례가 앞으로 더 많아질 가능성이 크다고 생각합니다.

한상기 실제로 해외에서는 이런 사례가 늘고 있어요. 얼마 전에도 AI 서비스 회사에서 특정 기능을 제한하거나 삭제했더니 사용자들이 몰려와서 "내 라일라 Lyla를 돌려달라", "예전의 걔가 아니다"라고 하면서 항의하고 시위까지 했다고 하더라고요.

하정우 그 사용자들에게는 원래 사람도 시간이 지나면 변한다고 말해줘야 할 것 같네요.(웃음).

기술 낙관주의 시대, 인류의 미래는 안전한가?

한상기   흔히 AI가 인류를 파멸시킬 거라고 하면 대부분은 핵전쟁이나 물리적인 파괴 같은 극단적인 상황을 떠올리잖아요. 그런데 저는 그렇게 드라마틱한 방식이 아니라 오히려 조용하고 점진적인 방식으로 파멸이 진행될 수도 있다고 생각합니다. 예를 들면 인간관계가 서서히 파괴되고 출산율과 인구가 점점 줄어들어 결국 사회 시스템 자체가 완전히 달라지는 거죠.

제가 요즘 가장 걱정하는 부분은 바로 AI에 대한 인간의 의존성입니다. 요즘 사용하는 딥 리서치 같은 도구를 보면 정말 감탄이 나올 때가 많습니다. 그런데 자세히 들여다보면 틀린 내용들도 있거든요. 하지만 앞으로는 점점 그런 오류조차 찾지 않게 될 겁니다. '이 정도면 괜찮겠지' 하면서 AI의 결과물을 그대로 받아들이게 되는 거죠.

이미 학계에서는 논문 작성뿐 아니라 논문 심사에도 AI가 활용된다는 이야기가 나오고 있습니다. 이런 현상이 계속되면 결국 우리의 지적 활동과 지적 자산이 점점 AI에 종속될 수밖에 없습니다. 그러다 보면 인류의 지성 자체가 퇴화하게 되는 시대가 찾아올 가능성도 있죠.

제가 다른 자리에서도 말했지만, 이 상황을 보면 헤겔이 말한 주인과 노예의 변증법이 자꾸 떠오릅니다. 처음에는 주인이 모든 권력을 가진 것처럼 보이지만, 실제로 세상을 이해하고 모든 일을 하는 것은 노예이고 결국 주인은 노예를 통해서만 세상을 이해하게 되는 거죠. 그렇게 되면 결국 권력은 노예에게 넘어가는 겁니다.

물론 제가 살아 있는 동안에는 그런 일이 일어나지 않겠지만, 지금으로부터 50~60년쯤 뒤에는 AI가 실질적인 사회적 권력을 갖게 되는 세상이 올 수도 있다고 생각합니다. 꼭 인류의 종말 같은 극단적 파괴가 아니더라도, 우리가 현재 알고 있는 인간 사회의 구조와 본질 자체가 완전히 달라지는 그런 조용한 파멸이 일어날 수도 있다고 보는 거죠.

이런 변화가 실제로 나타날 가능성을 확률, 즉 소위 'P-value'로 표현하는 게 요즘 트렌드인데, 이 가능성이 현재 얼마나 높아졌다고 보십니까?

하정우 20% 정도까지 올라왔다고 생각합니다.

한상기 20%면 생각보다 꽤 높은 확률인데요. 그렇다면 이런 가능성을 어떻게 막을 수 있을까요?

하정우 인간의 입장에서는 당연히 막고 싶은 일이죠. 하지만 지구나 우주 전체적인 관점에서 생각하면, 과연 반드시 막아야만 하는 문제인지도 잘 모르겠습니다. 지구 역사에서도 공룡이 지배했던 시대가 있었잖아요. 인류가 지구를 지배한 기간은 기껏해야 10만 년 정도밖에 안 됩니다.

한상기   현생 인류가 등장한 것은 약 30만 년 전이지만, 문명을 이루기 시작한 것은 1만 2,000년에서 1만 5,000년 정도밖에 안 됐어요. 특히 우리가 지금 당연하게 쓰고 있는 문자라는 것도 고작 5,000년 정도밖에 안 된 아주 최근의 발명품입니다.

하정우   그런 맥락에서 우주의 관점에서 보면 인류의 역사는 정말 찰나의 순간입니다. 결국 AI가 지배하든 인간이 계속 지배하든 태양 자체도 45억 년 후에는 결국 사라질 거잖아요. 그런 스케일로 생각하면 이 변화도 자연스러운 흐름일 수도 있는 거죠.

한상기   예전에 제가 어떤 유튜브 채널 인터뷰를 했을 때 비슷한 질문을 받았습니다. 그때 제가 "인류는 꼭 멸망하면 안 되나요?"라고 반문했더니 진행자가 말을 잃더라고요. 왜 우리는 인류가 절대 멸망하면 안 된다고 생각할까요? 지구에서 태어난 종의 98%가 이미 멸종했는데, 왜 인류만큼은 영원히 지속해야 한다고 믿는 걸까요?
그런데 그런 생각을 강하게 주장하는 대표적인 사람이 바로 일론 머스크입니다. 그는 화성에 가야 하고 최소한 태양계 내에서 인류가 계속 번성해야 한다고 주장합니다. 요즘 제가 걱정하는 건 바로 이런 기술 낙관주의가 점점 강해지고 있다는 거예요.
최근 마크 앤드리슨Marc Andreessen이 기술 낙관주의자 선언을 하면서 AI 기술이 인류를 더 풍요롭게 만들 테니 아무도 막지 말라고 공개적으로 선언했잖아요. 제프 베이조스Jeff Bezos 같은 인물들도 비슷한 주장을 하고 있고요. 문제는 이런 테크노 낙관주의자들의 영향력이 점점 커지는데, 우리는 그냥 구경만 하고 있다는 겁니다. 이것이 사회 전체에 큰 위협이 될 수 있는데도 잘 느끼지 못하고 있는 것 같습니다.

하정우 기술 낙관주의가 점점 일종의 종교화되는 경향이 있습니다. 그래서 저도 이 문제에 대해 깊이 고민해보려고 했지만, 쉽게 답을 찾기 어려운 주제라서 잠시 멈췄습니다.

한상기 특히 우리나라 입장이 이런 논의에서 너무 무기력한 것 같습니다. 피터 틸 Peter Thiel 같은 실리콘밸리의 소수 엘리트들이 주장하는 내용들이 이미 미국에서 현실화되고 있고, 그 여파가 우리에게도 분명히 전해지고 있거든요. 그래서 결국 정치 지도자의 역할이 굉장히 중요하다고 생각합니다.

하정우 첫 번째로 리더의 역할이 매우 중요하고, 두 번째로는 그 리더가 이끄는 국가의 힘도 함께 있어야 합니다. 리더십과 국력이 있어야 AI 시대에 우리의 지분과 영향력을 챙길 수 있는 거죠.

한상기 결국 우리가 《AI 전쟁 2.0》이라는 책을 쓰게 된 이유도 바로 그거예요. 지금 우리가 잘 인식하고 방관자가 아니라 적극적으로 참여자의 역할을 해야 한다는 겁니다. 무엇을 해야 할지 구체적으로는

5장에서 논의할 예정이고요. 지금처럼 아무 대응도 하지 않으면 결국 우리는 종속적인 위치에서 벗어나지 못할 겁니다. 예전에는 우리가 미국 중심 체제에 종속돼 있다고 비판하기도 했고, 또 한편으로는 민주주의 국가로서 G10 수준으로 성장했다고 자부심도 있었죠. 하지만 이제는 그런 단계를 넘어서 AI 시대에 우리 국가의 전략적 위치를 고민해야 합니다. 세계적 판도가 급격히 요동치는 이 중요한 시점에서 우리에게는 현명한 판단과 결단이 꼭 필요합니다.

하정우 우리가 2년 전 《AI 전쟁》을 쓸 때 논의했던 여러 가지 시나리오 중에서 가장 위험한 방향으로 현실이 흘러온 것 같습니다. 그래서 지금은 어느 때보다 더 절실하게 행동하고 결단을 내려야 할 때입니다.

한상기 좋습니다. 4장은 여기서 마무리하겠습니다. 이번 4장에서는 기술적인 이야기보다는 오히려 사회적·제도적·윤리적 문제들을 더 많이 다뤘습니다. 이런 이야기가 사실은 더 본질적인 이슈일 수 있다고 봅니다.
다음 5장에서는 마지막으로 '한국은 어떻게 해야 하는가'라는 주제로 정책 방향, 거버넌스 설계, R&D 역량 강화, 기업 경쟁력 확보 등에 대해 이야기할 것입니다. 이 부분에서는 하 센터장님께서 해주실 이야기가 많으실 것 같아서 매우 기대됩니다.

5장

AI 전쟁 시대, 한국의 승부수는?

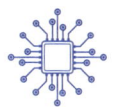

AI 강국을 꿈꾸는 한국, 연구와 산업화 사이의 괴리

한상기 《AI 전쟁》 출간 이후 지난 2년 동안 기술 혁신이 어떻게 이루어졌는지, 주요 국가들의 전략이 어떻게 변화했는지, 그리고 AI 리딩 기업들이 발표한 새로운 기술과 서비스들이 어떤 방향으로 진화하고 변화해왔는지를 이야기해봤습니다. 그다음 4장에서는 특히 안전 이슈와 AGI 시대에 대한 논의도 깊이 다뤘죠.

이제는 이런 변화를 바탕으로 우리나라의 현재 위치는 어디인지, 앞으로 어떻게 나아가야 할지 기술 전략과 정책 차원에서 이야기를 나눠보겠습니다. 우리나라의 AI 기술과 산업 수준에 대한 진단부터 해보죠. 요즘 한국의 AI 기술력에 대해 전 세계 5위권이다, 10위권 정도다 하는 여러 평가가 있습니다. 그런데 저는 개인적으로 1, 2위를 제외하면 나머지는 다 비슷한 수준 아닌가 하는 생각도 듭니다. 다른 나라들과 비교했을 때 우리나라의 AI 기술 개발 수준이나 산업 생태계 형성, 산업 발달 수준은 어느 정도라고 평가하시나요?

하정우 글로벌 AI 랭킹을 발표하는 기관들이 몇 군데 있습니다. 스탠퍼드 인간 중심 AI 연구소Stanford Human-Centered AI: HAI에서 매년 AI 지수를 발표하고, 영국의 토터스 미디어Tortoise Media도 매년 여름 옥스퍼드 리서치 그룹과 함께 발표하고 있습니다. 작년 12월에는 보스턴 컨설팅 그룹Boston Consulting Group: BCG에서도 랭킹을 발표해 크게 화제가 됐죠. 여기서 나타난 특징이 있습니다. 5위라는 평가도 맞고 10위라는 평가도 맞는 것이, 1~2위를 제외하면 나머지 국가들은 대부분 비슷한 수준이기 때문입니다.

그래서 저는 3위 그룹이라는 표현이 가장 정확하다고 봅니다. 이 그룹에는 싱가포르, 프랑스, 영국, 캐나다, 독일, 한국 같은 나라들이 포함되는데, 기술, 산업, 제도, 인재 측면에서 서로 엎치락뒤치락하면서 평균적으로는 비슷한 수준을 유지하고 있습니다.

문제는 이 나라들이 너무 오밀조밀하게 모여 있어서 조금만 잘해도 3위로 올라설 수 있지만 조금만 삐끗하면 15위, 20위로 떨어질 수 있는 위험하고 민감한 구간에 있다는 점입니다. 우리나라도 마찬가지죠. 연구개발 역량은 12위권 안쪽으로 평가되고 있고 의외로 제도나 인프라는 잘 되어 있다는 평가가 있습니다. R&D 지원제도라든가 기술 지원 프로그램이 다양하게 마련되어 있기 때문이죠.

하지만 문제는 상업화입니다. 실제 기업 성장으로 이어지는 부분은 상당히 뒤처져 있고 인재 부족 문제도 심각합니다. 그래서 우리나라가 지속 가능한 AI 경쟁력을 확보하려면 정책적이고 전략적인 대책이 지금 당장 절실한 상황입니다.

한상기 우리가 10위권 안에 드는 나라들은 대체로 잘 알고 지켜보고 있는데요, 그 아래에서 새롭게 부상하는 국가들은 없을까요? 예를 들어 UAE도 최근 매우 활발하게 정책을 발표하며 움직이고 있고 일본도 어느 정도 보이던데요.

하정우 UAE는 확실히 떠오르고 있습니다. 그런데 아직 AI 기술의 내재화 수준이나 AI 기반 기술 역량은 다른 3위 그룹 국가들에 비해 상대적으로 약한 편입니다. 물론 팰컨Falcon을 만든 기술혁신연구소Technology Innovation Institute: TII나 JAIS 모델을 개발한 모하메드 빈 자이드 AI 대학Mohamed bin Zayed University of Artificial Intelligence: MBZUAI, 그리고 G42 같은 기관들이 있지만 여전히 기초 기술력은 다소 부족하죠. 그래서 미국과 협력해 활용 중심 전략을 펼치고 있습니다. 비유하자면 부잣집 도련님 같은 느낌이죠. 다만 AI 발전의 지속 가능성이나 종속성 문제에 대해서는 UAE 내부에서도 고민이 있습니다.
일본은 다른 분야에서는 여전히 강국이지만, AI 분야에서는 분명히 뒤처져 있습니다. 일본은 1980년대에 5세대 컴퓨터 개발 계획[*]을 주

---

[*] 5세대 컴퓨터 개발 계획: 1982년 일본의 통상산업성 주도로 시작된 연구개발 프로젝트로, 슈퍼컴퓨터

도하며 AI 분야를 선도했지만, AI 패러다임이 디지털 데이터와 딥러닝 중심으로 전환되면서 디지털화가 늦었고 데이터 축적도 부족해 경쟁력이 많이 떨어졌습니다. 갈라파고스 식으로 독자적인 연구를 지속하다 보니 글로벌 경쟁에서 밀린 거죠. 그래서 일본도 최근 위기의식을 느끼고 2021년 디지털청을 설립하며 디지털 기반을 재정비하는 등 다시 노력하고 있습니다. 최근에는 사카나 같은 스타트업이 주목받고 있고, 프리퍼드 네트웍스Preferred Networks도 여전히 잘하고 있습니다. 기존에도 NTT, 도요타 등 기업들이 강한 연구 역량을 가지고 있었고, 소프트뱅크는 오픈AI와 손잡고 AGI, 디바이스, 반도체 분야에 투자를 확대하고 있어서 AI 역량이 강화될 가능성이 충분히 있습니다. 무엇보다 인상적인 것은 정부의 강한 의지입니다. 현재 일본 디지털청의 인력 1,180명 중 절반 이상인 600명이 민간 전문가 출신으로 채워졌고, AI 관련 예산도 무려 67%나 증액했습니다. 여기에 더해 자국 AI 스타트업들이 개발한 제품을 정부가 먼저 구매해주는 방식으로 초기 수요를 창출하며 마중물 역할을 톡톡히 하고 있습니다. 정말 잘하고 있는 사례라고 생각합니다. 새 정부에서는 반드시 벤치마크해야 할 모델입니다.

인도는 최근까지 AI 랭킹에서 다소 뒤처져 있었지만, 최근 다시 의미 있는 변화들이 나타나고 있습니다. 인도는 워낙 지방 언어가 많아

수준의 성능을 갖춘 획기적인 컴퓨터를 만들고 인공지능의 미래 발전을 위한 플랫폼을 구축하는 것을 목표로 했지만, 상업적 실패로 빛을 보지는 못했다.

언어 모델 개발이 어려웠지만, 최근 정부 주도로 지역 언어 기반의 파운데이션 모델이 개발되며 오픈소스 기반 AI 생태계가 확장되고 있습니다. 특히 크루트림Krutrim*과 사르밤Sarvam AI**이 각각 10여 개 이상의 지역 언어를 지원하는 거대 언어 모델을 개발해 공개하면서 많은 주목을 받고 있습니다.

한상기 인도를 보면 최근 정부 정책이 굉장히 탄탄해지고 있어요. 클라우드 전략이나 AI 전략도 정교해지고 오픈소스를 기반으로 AI 생태계를 키우겠다는 강한 의지도 보이고 있습니다. 이건 개인적인 의견입니다만, 저는 앞으로 빠르게 5위권 안에 진입할 가능성이 있는 국가가 인도라고 생각합니다.

사실 2년 전, 하정우 센터장님이 강연이나 토론을 하실 때 자랑스럽게 말씀하시던 게 기억납니다. "초거대 AI를 처음부터 개발한 나라는 전 세계에서 미국, 중국, 한국 딱 세 나라뿐이다. 그리고 이를 기반으로 AI 생태계까지 구축한 나라는 미국, 중국 다음으로 한국을 자신 있게 이야기할 수 있다"고 하셨는데, 요즘은 그런 이야기가 예전만큼 자신 있게 나오지 않는 것 같습니다. 왜 이렇게 되었을까요? 2년 사이에 무슨 일이 있었던 건가요?

---

* 크루트림(Krutrim): 인도 스타트업 Ola가 개발한 힌디어 및 인도 현지 언어에 특화된 LLM으로, 완전한 인도형 AI를 목표로 하며 대규모 다국어 지원과 문화적 맥락 이해에 중점을 둔다.

** 사르밤(Sarvam AI): 인도 공과대학교(IIT) 및 AI 스타트업들이 협력해 개발한 인도산 오픈소스 LLM으로, 오픈소스 AI 민주화를 지향하며 인도 주요 언어와 지역 맥락을 반영한 자연어 처리 능력을 갖추고 있다.

하정우 그 이유는 간단합니다. 우리가 치고 나가지 못하는 동안 다른 나라들이 엄청난 투자를 하면서 많이 따라왔기 때문입니다. 예를 들어 프랑스만 해도 미스트랄이라는 국가 대표급 플레이어가 등장했고 세계적으로 인정받고 있습니다. 독일은 최근 생성형 AI 분야에서는 다소 처지는 느낌이지만, 알레프 알파 같은 기업이 있고, 이탈리아에도 아이지니어스iGenius가 있으며, 싱가포르도 자체 언어 모델인 SEA-LION*을 공개했죠.

사실 2022년 말까지는 많은 나라들이 '파운데이션 모델이 꼭 필요할까?'라는 의구심을 품었지만, 챗GPT가 등장한 후 상황이 완전히 달라졌습니다. 그 파괴력과 산업적 영향을 확인한 뒤 세계 각국이 급속히 움직이기 시작한 거죠. 반면 우리나라는 여전히 기업과 국가 차원의 투자가 소극적이었습니다. 비유하자면, 우리는 100m 달리기에서 초반 10m는 1등이었지만 속도가 떨어졌고, 출발이 느렸던 나라들은 갑자기 가속하며 결국 비슷한 위치가 되어버렸습니다.

한상기 2장에서 잠깐 언급했지만, 카이스트 인공지능대학원 정송 원장의 포스팅을 보니, AI 논문 수만 놓고 보면 카이스트는 이미 세계적인 교육기관 수준에 도달했다고 합니다. 실제로 국내 연구진들이 발표하는 AI 관련 논문 수도 상당히 많습니다. 그런데 이상하게

---

* SEA-LION(South East Asian Languages in One Network): 싱가포르의 AI Singapore가 개발한 동남아시아 특화 오픈소스 대형 언어 모델로, 인도네시아어 · 태국어 · 베트남어 등 11개 지역 언어를 지원하며 다국어 AI 환경을 위한 기반을 제공한다.

도 산업적 임팩트나 상업화로 이어지는 영향력은 부족한 느낌이 있습니다. 이 격차는 도대체 어디서 발생하는 걸까요?

하정우 이 격차가 생기는 이유는 복합적입니다. 카이스트나 서울대와 같은 국내 주요 대학들에는 세계 최고 수준의 연구자들이 교수로 재직하고 있으며, 이들은 꾸준히 최상위 AI 학회에 다수의 논문을 발표하고 있습니다. 최우수 논문상을 수상한 사례도 여러 차례 있고요. 예를 들어 컴퓨터 비전 학회 Computer Vision and Pattern Recognition: CVPR 를 기준으로 하면 한국은 논문 수가 전 세계 3위입니다. 자연어 처리나 머신러닝 분야에서도 몇 년 전까진 10위권 밖이었지만 최근 7위권까지 올라왔습니다.

하지만 이렇게 논문이 많음에도 실제 산업적 임팩트를 주거나 세계적인 주목을 받는 논문의 비율은 상대적으로 적습니다. 이유 중 하나는 바로 브랜드 인지도입니다. 구글, 메타, 딥마인드, 오픈AI 같은 글로벌 기업이 논문을 내면 전 세계가 무조건 주목하는 반면, 한국 연구기관들은 아직 그런 브랜드 파워가 부족하다는 것이죠. 게다가 우리 연구진들은 논문 결과를 글로벌하게 적극 홍보하거나 오픈소스로 공개하는 노력이 상대적으로 부족합니다.

이것보다 더 근본적인 문제가 있습니다. 글로벌 빅테크 기업들, 특히 미국 실리콘밸리나 중국 기업들에서 나오는 논문을 보면 학교와 기업이 공동 연구한 결과물이 많습니다. 주로 똑똑한 학생들이 기업에 인턴으로 들어가 기업이 관심 있는 주제로 연구를 수행하고 그것이 논문으로 나오는 형태죠. 물론 완전히 상용화된 제품을 위한 연구라기보다는 제품 적용이 가능한 실용적이고도 미래 지향적인 연구가 많습니다. 이렇다 보니 기업 내부에서도 활용 가치가 높고 외부적으로도 임팩트가 큽니다.

우리나라 상황을 살펴보죠. 한국도 AI 분야에서 산학 과제를 많이 합니다. 하지만 문제는 현실적인 문제 해결이나 제품 적용과 관련된 프로젝트는 논문으로 발표하지 않는 경우가 많다는 것입니다.

한상기 그건 왜 못 하게 하는 건가요? 정부에서 제한하는 건가요?

하정우 정부는 전혀 문제가 없고, 기업들이 꺼리는 겁니다. 기업이 학교와 협력하는 주제 자체가 자사의 제품과 너무 밀접하게 관련되어 있다 보니, 관련 기술이 논문 형태로 공개되는 걸 원하지 않습니다. 논문이 공개되면 경쟁 기업들이 이를 보고 빠르게 유사한 기술을 만들어낼 우려가 있죠. 그래서 실제로 산업적 임팩트가 크더라도 논문 형태로는 공개되지 못하는 경우가 많습니다.

또 다른 이유는 학생들이 회사에 인턴으로 근무하면서 실제로 학술적으로 의미 있는 연구를 할 수 있는 자리가 우리나라엔 극히 제한적이라는 겁니다. 논문으로 사회에 임팩트를 주려면 학술적으로 획기적이거나 현실 문제를 실질적으로 해결하는 연구여야 하는데, 현재 한국 상황에서는 이 두 가지 모두 쉽지 않습니다.

물론 예외적인 성공 사례도 있습니다. 예를 들어 3~4년 전, 네이버

클로바가 딥러닝 기반 광학 문자 인식OCR 모델로 글로벌 OCR 경진 대회에서 1위를 차지했습니다. 그 결과를 CVPR 논문으로 발표했고 코드와 학습 모델도 오픈소스로 공개했습니다. 이 덕분에 국내는 물론 전 세계 많은 OCR 기업들이 우리의 모델을 적극적으로 활용했습니다. 이런 성공 사례가 더 많아지려면 산학 간 협력 구조, 논문 출판에 대한 인식, 글로벌 커뮤니케이션 전략 등 여러 가지를 동시에 변화시킬 필요가 있습니다.

한상기 정리하면 결국 기업의 연구 역량이 충분히 성장하지 못하다 보니 인턴십이나 산학 협력 같은 구조도 활성화되지 못했고, 결과적으로 우수한 학생들이 실질적인 연구 경험을 쌓기 어려워졌다는 거네요. 그래서 전체적인 연구의 양은 많지만, 질적인 발전이 부족한 상황이 된 거군요. 게다가 기업은 자사의 비밀이 외부에 노출되는 것을 꺼려 연구개발 내용을 발표하지 않는 경향도 있고요.

하정우 한 가지 더 얹자면 대학 교수의 승진 평가 시스템 문제도 큽니다. 현재 대부분의 대학은 승진할 때 SCI 논문 건수 중심으로 평가를 하거든요. 예를 들어, 조교수가 부교수로 승진하려면 SCI 논문 환산 저자 점수로 11편 정도 써야 하는 식입니다. 환산 저자라는 건 공동 책임 저자라면 비율이 줄어들고, 단독 저자면 점수가 높고 그런 방식이죠. 카이스트 같은 일부 대학은 톱 학회 논문을 중요시하지만 여전히 대다수는 논문 수가 중요합니다.

문제는 정말 임팩트 있는 논문 하나를 쓰려면 시간이 오래 걸리잖아요. 그런데 그 하나의 임팩트 있는 논문을 쓰는 시간에 상대적으로 덜 임팩트 있지만 빨리 작성할 수 있는 논문을 여러 편 쓰는 쪽으로 교수들이 유도된다는 겁니다. 결국 논문의 학술적 영향력보다는 숫자를 채우기 좋은 주제를 선택해서 논문을 찍어내듯 쓰게 되는 경우가 많습니다.

한상기 공동 연구로 논문을 쓰면 평가 과정에서 제대로 인정받지 못하는 경우도 많잖아요.

하정우 공동 연구는 성과 평가 지표상으로 불이익이 크기 때문에 적극적으로 협력 연구를 하려는 교수들이 줄어듭니다.

한상기 그렇다 보니 국내에서는 여러 기관이나 기업이 협력해서 내놓는 논문이 별로 없습니다. 반면 외국에서는 다양한 학교와 기업들이 함께 논문을 발표하는 경우가 굉장히 많아요.

하정우 해외는 교수 평가 시스템 자체가 SCI 논문 숫자나 논문당 저자 점수 같은 양적 지표 중심이 아니라서 굳이 단독 논문을 고집할 이유가 없습니다. 해외 대학에서는 해당 분야 최고 전문가들이 써준 추천서가 오히려 더 큰 영향을 미칩니다. 그러니까 그 전문가들은 논문의 양보다는 실제 그 연구가 학계에 어떤 영향력을 줬는지, 어떤 기여를 했는지를 평가해주겠죠.

한상기   이 문제는 컴퓨터공학계나 대학에서 오래전부터 꾸준히 제기해왔던 이야기입니다. 우리 분야는 저널보다는 콘퍼런스가 더 중요하고, SCI 저널 논문은 우리에게 큰 의미가 없다고 20년 전부터 얘기해왔거든요. 그런데 아직도 근본적인 해결이 안 되고 있습니다.

하정우   사실 근본적인 원인은 R&D 과제 선발 평가 방법이 그걸 강제하는 이유도 있습니다. 전형적인 관리와 평가 중심의 지표 시스템 때문인데, 이건 반드시 개선되어야 합니다.

한상기   그나저나 네이버도 굉장히 임팩트 있는 논문이나 연구 결과를 발표한 적이 많았습니다. 외국에서도 네이버 논문을 본 적 있다거나 네이버 연구에 관심을 가진 사람들을 만난 적도 있다고 들었습니다. 지금도 네이버의 연구 역량은 과거 그 수준을 유지하고 있나요? 아니면 더 발전해야 하는데 정체 상태인가요?

하정우   네이버 랩스와 저희 AI Lab에서도 매년 한두 개씩은 크게 주목받는 논문이 나오고 있습니다. 예를 들어 최근 스탠퍼드 AI 인덱스 보고서에서 주목할 만한 연구로 소개된 Epoch AI에도 제가 연구했던 StarGAN v2나 하이퍼클로바가 포함돼 있고요. 또한 저희 AI Lab에서 발표한 Cutmix라는 기술은 논문 피인용 수가 6,000회를 넘었습니다. 전체적으로 보면 연간 발표되는 논문 수는 약 100편 정도 됩니다.

하지만 최근 들어 학계에 큰 영향을 주는 논문 수는 줄어들고 있는데 여기엔 이유가 있습니다. 현재 AI 분야에서 영향력 있는 논문들은 주로 초거대 AI 같은 파운데이션 모델과 직접적으로 연결된 연구들인데, 이런 연구는 기본적으로 엄청난 컴퓨팅 인프라를 요구합니다. 네이버가 국내 기업 중 GPU를 가장 많이 보유하고 있긴 하지만, 이 GPU 자원은 우선순위가 높은 하이퍼클로바X와 같은 대규모 모델 개발에 먼저 투입될 수밖에 없습니다. 그래서 중장기적인 선행 연구 쪽에는 충분한 GPU 자원을 투입하기가 어려운 상황입니다.

이런 인프라 제약 때문에 최근 들어 글로벌 학계에 큰 영향을 주는 연구를 지속적으로 많이 만들어내기가 쉽지 않습니다. 그래서 매년 꾸준히 한두 개는 좋은 연구 결과가 나오고 있지만, 그 수를 계속 늘리기에는 분명한 어려움이 있어 아쉬움이 큽니다.

글로벌 AI 경쟁력 확보를 위한 국가적 과제

한상기 제가 지금까지 이런 질문들을 드린 이유는 우리나라의 AI 연구 역량과 기술 개발 수준을 한 단계 더 높이기 위해서 국가 차원에서 어떤 정책이 필요한지를 함께 고민해보고 싶어서입니다. 국내 기술 개발 역량을 지금보다 크게 끌어올릴 수 있는 중요한 정책적 제안이 있다면 말씀해주세요.

하정우 결국 인공지능 기술력은 컴퓨팅 인프라, 인재, 데이터라는 세 가지 요소로 압축됩니다. 특히 학술 연구에서는 상대적으로 데이터 부담은 적습니다. 학계에는 이미 공통된 프로토콜이나 벤치마크가 존재하기에 아주 거대한 데이터가 반드시 필요한 건 아니기 때문입니다.

가장 핵심이 되는 요소는 결국 인재와 컴퓨팅 인프라인데요. 그래서 제가 항상 컴퓨팅 인프라의 중요성을 강조하는 겁니다. 전쟁터에 나가는데 무기가 없다면 어떻게 싸우겠습니까? 아무리 혁신적인 아이디어가 있어도 실험을 수행할 수 있는 환경이 없다면 아무 소용이 없습니다. AI 연구는 펜과 종이만으로 할 수 있는 게 아니기 때문에 다양한 실험을 진행할 수 있는 강력한 컴퓨팅 인프라 지원이 필수입니다. 그래야 국내 인재들이 해외 빅테크 기업으로 가지 않고도 국내에서 충분히 경쟁력 있게 연구하며 성과를 낼 수 있는 환경이 조성될 수 있습니다.

혹자들은 분명한 목적과 방향 없이 컴퓨팅 인프라에 투자하는 것은 의미가 없다고 말합니다. 물론 목표와 방향 설정이 매우 중요한 것은 사실입니다. 하지만 그 목표가 무엇이든 간에 컴퓨팅 인프라 없이는 아무것도 시작할 수 없다는 점을 강조하고 싶습니다. 그리고 컴퓨팅 인프라는 준비에 시간이 오래 걸리는 영역입니다. 모든 목표와 방향을 다 정한 다음에 인프라 투자를 시작한다면 그 사이 1~2년은 훌쩍

지나가고, 그때는 이미 경쟁의 기회마저 사라졌을 수 있습니다. 따라서 목표 설정과 인프라 투자는 별개의 순서가 아니라 동시에 병행되어야 한다고 생각합니다.

한상기 자연스럽게 정부가 추진 중인 AI 데이터센터 이야기로 넘어가는 것 같은데요. 그동안 논의된 AI 인프라 투자 계획은 약 2조 원 규모인데, 이는 해외 주요국의 발표나 글로벌 빅테크 기업들의 투자 규모와 비교하면 상당히 작은 수준이라는 평가가 많습니다. 물론 새 정부에서는 총 100조 원 이상의 투자를 공약으로 내세우긴 했지만, 이 중 AI 데이터센터에 정확히 얼마가 배정될지, 그리고 어떤 일정으로 구축이 진행될지는 좀 더 면밀한 검토가 필요합니다. 그럼에도 불구하고 다른 나라들과 비교했을 때 이처럼 규모에서 차이가 나는 이유가 결국 우리나라의 전체적인 경제 규모의 한계 때문이라고 볼 수 있나요?

하정우 물론 우리가 G7 국가는 아니지만, 사실상 경제 규모로 보면 전 세계 10위권 안에 드는 국가입니다. G7 국가 중에서도 미국이나 중국을 제외하면 경제 규모가 우리보다 10배 이상 큰 나라는 사실 없습니다. 그런데 공공 투자 규모만 놓고 보면, 우리는 다른 선진국과 비교해서 10분의 1도 안 되는 수준이죠.
이건 우리가 돈이 없어서 못 하는 문제가 아니라, 예산을 어디에 어떻게 쓰고 있는지 근본적으로 다시 검토해야 할 문제라고 생각합니다. 우리와 비슷한 3위 그룹 국가들도 수십조 원씩 컴퓨팅 인프라에 투자해 AI 경쟁력을 높이고 있는 이유를 심각하게 고민할 필요가 있습니다. 만약 지금 우리나라가 컴퓨팅 인프라에 연간 2~3조 원도 투자하지 못할 수준이라면 세계 10위권 경제 대국이라는 수식어가 무색하다고 봅니다.

한상기   그렇긴 한데 제가 다른 자리에서도 말씀드렸듯이 우리나라 과학기술정보통신부의 2025년 전체 예산이 약 18조 9,000억 원 수준입니다.

하정우   그게 바로 문제죠. 과기정통부 전체 예산이 겨우 그 정도밖에 안 되는 게 현실이라는 겁니다.

한상기   예를 들어 데이터센터에 20조 원을 투자하겠다고 하면 그 순간 부처 전체 예산과 맞먹는 규모가 되니 정부 입장에서는 쉽게 결정하기 어려운 건 이해가 갑니다. 하지만 국가 전체 예산을 다시 한번 면밀히 살펴보고 효율적으로 재배분하면 충분히 예산을 만들어 낼 수 있지 않을까요?

하정우   생각해보세요. 우리나라 전체 예산이 얼마나 됩니까?

한상기   600조 원에서 700조 원 사이입니다. 2025년 예산안 기준으로는 677조 원이죠.

하정우   그중 1%만 재배정해도 6~7조 원 규모가 됩니다. 외국의 수십조 원 투자는 대부분 누적 투자 규모이긴 하지만, 연간 기준으로만 보더라도 우리도 충분히 감당할 수 있는 수준입니다. 그걸 못한다고 말하는 건 타당하지 않다고 생각해요. 다행히 새 정부에서는 100조 원 규모의 AI 투자를 주요 공약으로 발표한 바 있습니다. 이 100조 원은 5년간의 누적 금액이며 민간 투자까지 포함한 규모로 보아야 하므로, 연간 기준으로 보면 10조 원 정도의 예산이라고 볼 수 있습니다. 그럼 인프라 구축에 5~6조 원 정도 공적자금을 투자할 수 있을 테고 민간 투자까지 포함하면 경쟁력 있는 컴퓨팅 인프라를 구축할 수 있을 겁니다. 이런 부분은 과실연 AI 공약 발표 때도 강조했던 내용입니다.

한상기   사실 우리나라의 GDP 대비 R&D 투자 비율은 세계적으로도 높은 편입니다.

하정우   그건 분명한 사실이에요. 하지만 문제는 투자 대비 효율성이 너무 낮다는 점입니다.

한상기   예전에 오바마 대통령이 한국을 예로 들면서, 전체 예산에서 이렇게 높은 비율을 R&D에 투자하는데 미국은 그보다 훨씬 적다고 했던 말을 기억하시나요? 하지만 한국의 연구자나 교수 중에 R&D 예산이 풍족해서 연구에 지장이 없다고 말하는 사람은 거의 없을 겁니다.

하정우 과기정통부 산하의 과기혁신본부가 여러 부처의 R&D 사업을 조율하고 있지만, 예산 배분이 너무나 파편화되어 있습니다. 연구자 한 명당 실제로 받는 예산은 평균 1억 원 내외로 매우 부족한 수준입니다.

게다가 우리는 R&D를 단기적인 사업 단위로 관리하다 보니, 사업을 만들었다가 폐지하고, 또 다른 사업을 다시 만드는 일이 반복됩니다. 이로 인해 인재 양성에서도 큰 문제가 생깁니다. 정말 뛰어난 인재를 집중적으로 키우는 대신 단기적인 사업에 따라 이리저리 흩어지게 되는 거죠.

이제부터라도 R&D 예산을 부처 중심이 아니라 핵심 기술 중심으로 배분해야 한다고 생각합니다. 우리가 확보하고자 하는 핵심 기술이 무엇인지를 명확히 정하고, 그 기술 목표에 따라 부처들이 역할을 나누어 협력하는 방식으로 바꾸어야 합니다. 제가 산업부 R&D 전략기획투자협의회 AI 분과위원장을 맡고 있는데, 작년에 보고받은 내용 중 분야별로 우선 배정하겠다는 방향이 나오고 있어 긍정적으로 보고 있습니다.

또한 R&D 사업의 특성도 잘 고려해야 합니다. 신진 연구자들을 위한 기초연구 사업은 형평성이라는 가치를 중요하게 고려할 수 있지만, 초격차 기술 확보나 전략적 핵심 기술의 경우는 수월성이라는 판단 가치가 더욱 중요해져야 합니다. 현재는 전반적으로 형평성에 무게가 많이 실려 있어서 아쉽습니다.

마지막으로, R&D 성공률 문제도 반드시 개선돼야 합니다. 우리나라 R&D 성공률이 97%, 98%에 달하는 건 정상적인 수치가 아닙니다. 그 정도 성공률이면 이미 연구R가 아니라 개발D 단계입니다. 실패를 두려워해서 혁신적인 도전을 하지 않고 있다는 의미와 같아요. 이 전반적인 R&D 체계를 근본적으로 손봐야 할 때가 왔다고 봅니다.

국가 차원의 AI 데이터센터 구축, 무엇이 필요한가?

한상기 다시 데이터센터 이야기로 돌아가 보겠습니다. 요즘 국가 차원에서 공공성을 갖춘 AI 데이터센터를 일정 규모 이상으로 구축하자는 논의가 활발히 진행 중입니다. 하지만 여기에 대한 반론도 만만치 않습니다. 대표적으로 "GPU는 감가상각이 빠르고 세대 전환 속도가 너무 빠르기 때문에 지금 투자한 장비가 2년 이내에 사실상 무용지물이 될 수도 있다"는 의견과 함께, "최신 GPU를 언제든 유연하게 활용할 수 있도록 하이퍼스케일러와 같은 클라우드 인프라를 활용하자"는 목소리도 높습니다.

그런데 이에 대해 앞서 하 센터장님이 반론을 제기하셨죠. 첨단

GPU를 빠르게 확보하기 어려운 상황에서 설사 짧은 시간 안에 세대가 바뀌거나 감가상각이 끝난다고 하더라도, 여전히 국가 차원의 투자가 필요한 이유에 대해 다시 한번 설명해주시겠습니까?

하정우 감가상각이 끝났다고 해서 실제 장비가 무용지물이 되는 건 아닙니다. 감가상각은 어디까지나 회계 처리상의 개념입니다. 예를 들어 2018년에 출시된 엔비디아의 V100 같은 GPU 장비는 출시된 지 벌써 6~7년이 지났습니다. 하지만 이 장비는 현재도 현장에서 활발히 사용되고 있어요. 특히 작은 크기의 모델을 학습하거나 서비스를 적용할 때는 지금도 매우 유용하게 쓰이고 있습니다. 예를 들면 메타의 라마 2 모델도 여전히 V100에서 돌아갑니다. 결국 회계적으로 감가상각이 끝났다고 해도 현장에서는 충분히 가치 있는 자산으로 활용할 수 있다는 겁니다.

물론 국가가 공공 AI 컴퓨팅 센터를 구축할 경우, 꾸준한 투자가 필요하다는 전제는 당연히 따라붙어야 합니다. 하지만 이렇게 감가상각된 장비들도 다른 용도로 이관하거나 재활용하면 얼마든지 효율적으로 활용 가능합니다. 예컨대 교육기관이나 연구소, 스타트업 등 규모가 작은 기관에 이 장비들을 제공하거나 하이퍼스케일러 클라우드 환경에서 소규모 학습을 지원하는 용도로 사용하는 등 다양한 방식으로 활용할 수 있습니다.

단기적으로 최고 사양의 GPU를 충분히 확보하기가 어렵다면 글로벌 빅테크 클라우드의 최신 GPU 자원을 활용하는 방안도 병행해야

합니다. 하지만 장기적으로는 캐나다의 컴퓨트 캐나다Compute Canada*
나 EU의 공공 AI 인프라처럼 국가가 강력한 컴퓨팅 자원을 지속적으로 구축하고 유지하는 것이 필요합니다. 그렇게 해야 대학, 연구소, 스타트업과 같은 소규모 이용자들도 필요할 때 필요한 만큼 크레딧 기반으로 GPU를 유연하게 사용할 수 있게 됩니다. 즉, 전체 시스템을 하나의 통합된 클러스터처럼 운영해서 파편화를 방지하고 효율성을 높이는 방향으로 가야 합니다.

이러한 국가 주도의 공공 GPU 인프라 구축이란, 정부가 직접 기술적 운영까지 하라는 의미가 아닙니다. 정부는 예산과 제도적 뒷받침을 하고 실제 운영은 컴퓨팅 센터나 GPUaaS GPU as a Service 운영 경험이 풍부한 민간 기업이 맡는 형태로 가는 것이 이상적입니다. 현재 우리나라에도 꽤 많은 GPU 자원이 산재해 있지만, 파편화로 인해 효율적 활용이 안 되는 상황이죠. 따라서 국가가 중심이 되어 이 자원들을 모으고 여러 곳에 분산된 장비들을 하나의 시스템으로 통합 관리하여 언제든지 원하는 만큼 사용할 수 있는 컴퓨팅 파워를 확보하는 것이 매우 중요합니다.

한상기 이렇게 장비를 모으고 재활용하는 것이 상식적으로 간단해 보이지만, 실제로 정책적으로 들어가서 이를 실행하려면 굉장히 복

---

* 컴퓨트 캐나다(Compute Canada): 캐나다 전역의 연구자들에게 고성능 컴퓨팅(HPC)과 데이터 분석 인프라를 제공하는 국가 슈퍼컴퓨팅 지원 기관으로, 과학·AI·공공 연구를 뒷받침하는 핵심 플랫폼이다.

잡합니다. 예를 들어 정부 자산으로 등록된 장비는 이관하거나 재배치하거나 폐기할 때 엄청난 행정 절차와 복잡한 규정이 뒤따릅니다. 외부에서는 "그냥 넘기면 되는 거 아니냐"라고 쉽게 얘기하지만, 실제 행정 체계에서는 그 절차와 규정 때문에 간단한 일조차도 골치 아픈 문제가 되는 경우가 많습니다.

하정우 정말 제약이 많죠. 규정 하나하나를 대못 뽑듯이 제거하고 수정해야 합니다.

한상기 최근 미국 산호세에서 열린 엔비디아의 GTC 2025에서는 차세대 GPU 모델인 루빈Rubin과 파인만Feynman이 소개됐습니다. 루빈은 2026년, 파인만은 2028년에 출시된다고 합니다. 이 발표를 보면서 '우리 정부는 저런 첨단 GPU를 어떻게 확보할 수 있을까?'라는 생각이 들더군요. 우리도 차세대 GPU를 빠르게 확보하기 위해서는 어떤 전략을 써야 할까요?

하정우 결국 바잉 파워Buying Power를 키워야 합니다. 현재 국내 기업들이 GPU를 구매하는 규모는 수만 장씩 구매하는 글로벌 빅테크 기업들에 비하면 매우 작은 편입니다. 엔비디아 입장에서는 당연히 대량 구매하는 글로벌 고객들에게 우선 공급할 수밖에 없습니다. 따라서 이 문제를 해결하려면 정부가 중심이 되어 국내 주요 기업들과 함께 공동 MOU를 체결하고, 엔비디아와 전략적 파트너십을 형성하여

GPU를 우선 공급받을 수 있도록 협상해야 합니다.

이 과정에서 정부가 직접 거래를 주도하기보다는 실제 GPU 구매 경험이 풍부한 민간 기업이 협상을 주도하는 게 현실적입니다. 정부는 보증 역할과 메시지 지원을 하고 실제 협상과 구매는 민간 기업들이 하는 구조가 바람직합니다. 그렇게 하면 지금보다는 훨씬 효율적으로 GPU를 확보할 수 있을 겁니다.

한상기 2024년 10월, 덴마크 정부가 엔비디아와 협력하여 게피온Gefion*이라는 슈퍼컴퓨터를 직접 구축하기로 했다는 소식이 있었습니다. 이렇게 정부가 효과적으로 움직이면 좋겠지만, 우리나라의 경우는 조달청에 장비를 등록하거나 신고하는 절차가 들어가는 순간부터 일이 복잡해지죠.

하정우 무언가를 추진하려면 풀어야 할 제도적 걸림돌이 너무 많습니다. 결국 굵은 대못을 하나하나 뽑아내듯 규정을 개선해야 합니다.

한상기 제가 정말 강조하고 싶은 점은 이런 혁신적인 일을 하려면 정부의 사고방식 자체가 바뀌어야 한다는 겁니다. 운영 방식이 근본적으로 달라져야 하며, 새 정부에서는 반드시 그런 변화가 이루어졌

---

* 게피온(Gefion): 덴마크가 2024년에 도입한 국가 AI 슈퍼컴퓨터로, 엔비디아의 DGX SuperPOD 아키텍처를 기반으로 구축되었으며 1,528개의 엔비디아 H100 GPU를 탑재하고 있다.

으면 좋겠습니다. 이건 단순히 몇 가지 규정을 손보는 정도가 아니라, 접근 자체가 혁신적으로 바뀌어야 할 일입니다.

하정우 지금까지는 항상 뭔가를 시도하면 "규정상 안 됩니다"라는 말이 먼저 나왔습니다. 하지만 이제는 '우리가 혁신을 해야 하니, 규정이 걸림돌이면 적극적으로 바꿉시다'라는 태도가 필요합니다. 중요한 일이 있다면 반드시 일이 되게 만드는 방식을 찾아야 합니다.

한상기 사실 지금도 광주 같은 곳에 AI 데이터센터의 기능을 하는 시설들이 있습니다. 그런데 국가적 차원에서 공공성을 갖춘 제대로 된 AI 데이터센터를 만들기 위해서는 단순히 서버를 쌓아두는 문제를 넘어 운영 노하우와 데이터센터 구축을 위한 기술 역량, 그리고 운영 최적화 능력까지 종합적으로 필요하잖아요.

예를 들어, 2025년 2월에 그록 3을 발표한 일론 머스크의 xAI는 미국 멤피스에 있는 데이터센터인 콜로서스의 GPU 규모를 처음엔 10만 장에서 20만 장으로 늘리고, 3월에는 이를 다시 100만 장으로 확대한다고 밝혔습니다. 이 사례만 봐도 전력부터 시작해서 다양한 기술들이 AIOps 관점에서 종합적으로 동원돼야 하고, 심지어는 임시방편으로라도 유연하게 대응할 수 있는 역량까지 갖추어야 하더라고요. 현재 우리나라의 전체적인 AI 데이터센터 역량을 돌아봤을 때, 어떤 기술이나 경험이 가장 부족하다고 보시나요?

하정우 진정한 하이퍼스케일러 수준으로, 예를 들어 1만 장에서 10만 장 규모의 GPU 서버를 인피니밴드^{InfiniBand*} 같은 고속 네트워크로 긴밀하게 연결하고 효과적인 냉각 시스템을 구축하며, 안정적인 전력 관리를 하는 수준의 경험을 가진 국내 기업은 아직 없다고 봐야 합니다. 그나마 네이버 정도가 수천 장 규모의 GPU 클러스터를 운영한 경험을 가지고 있지만, 그것조차도 진정한 하이퍼스케일러의 규모에 비하면 아직 초기 단계 수준입니다.

이런 경험 자체가 우리에게는 굉장히 소중한 전략 자산이 될 수 있습니다. 실제로 이런 대규모 운영 경험을 제대로 갖춘 국가는 현재 미국과 중국 정도뿐입니다. 하지만 우리가 이런 경험이 부족하다고 해서 아예 못 한다고 생각할 필요는 없습니다. 오히려 이를 기회로 삼아 앞으로 AIOps나 GPUaaS 분야에서 전문성을 가진 스타트업을 육성할 수도 있고, 모레AI나 래블업 같은 기업들이 그 역할을 할 수 있습니다. 또한 네이버 클라우드처럼 중간 규모라도 운영 경험을 갖춘 기업들이 더욱 경험을 쌓을 수 있도록 적극적인 지원을 해야 합니다.

이렇게 되면 우리나라의 AI 데이터센터 산업 전반의 경쟁력도 자연스럽게 높아질 것입니다. 즉, 아직 경험이 없다고 주저하기보다는 지금부터 단계적으로 확장해나가는 접근이 필요합니다. 왜냐하면 AI

---

* 인피니밴드(InfiniBand): 데이터센터와 슈퍼컴퓨터에서 사용되는 엔비디아의 초고속·저지연 네트워크 기술로, 대규모 컴퓨팅 노드 간 빠른 데이터 전송을 가능하게 해주는 연결 방식이다. 주로 고성능 컴퓨팅(HPC)과 AI 학습 클러스터에서 사용된다.

데이터센터 운영 기술은 단순히 기술의 문제가 아니라 국가 안보 차원의 전략 자산이기 때문입니다. AI와 AI 데이터센터 기술이 중요하다면 안 될 이유를 찾기보다 될 수 있는 방법을 찾는 데 집중해야 할 때입니다.

한상기 국내에는 아직 대규모 AI 데이터센터가 본격적으로 구축된 사례가 없었기 때문에 이를 설계하고 운영하기 위한 핵심 기술이 충분히 축적되지 않았고 대규모 GPU를 효과적으로 운용할 수 있는 기반 기술 인력도 여전히 많이 부족하다고 생각합니다. 그렇다면 이런 영역에 필요한 인적 자원을 우리는 어떻게 육성해야 할까요? 나아가 AI 데이터센터의 에너지 사용을 최적화하는 데에도 AI 기술이 활용되고 있는데, 이런 분야의 AI 기술은 누가 연구해야 하는 걸까요?

하정우 네이버클라우드는 그래도 수천 장 규모의 GPU를 대규모 클러스터로 구축하고 운영한 경험이 있습니다. 이제 국가 AI 데이터센터를 통해 국내 AI 데이터센터와 클라우드 기업들, 그리고 AIOps 스타트업들의 핵심 기술 역량을 내재화할 수 있는 정말 좋은 기회가 열렸다고 생각합니다. 무엇이든 시도를 해봐야 역량이 쌓이는 법이죠. 인적 자원 육성도 마찬가지입니다. 실제 컴퓨팅 인프라를 운영해보는 경험을 통해서만 제대로 된 역량이 길러질 수 있습니다. 이런 건 글로 배워서는 안 되는 영역이니까요.
또 하나 중요한 점은 AI 데이터센터의 에너지 문제를 해결하기 위한

AI 기술의 활용입니다. 이는 과실연의 AI 공약 제언에서도 강조되었듯이, 에너지와 같은 과학 난제를 해결하기 위한 '과학 AI 연구소'의 설립을 통해 실현할 수 있습니다. 즉, 에너지 난제를 해결하기 위한 심층 연구를 AI 데이터센터 운영 기업과 협력해 수행하고, 그 결과를 현장에 즉시 적용하는 방식으로 접근할 수 있다는 겁니다. 이 자체가 우리나라의 AI 경쟁력을 실질적으로 끌어올리는 데 큰 도움이 될 것이라 생각합니다.

한상기 전 정부에서 특수목적법인Special Purpose Company: SPC 형태로 AI 데이터센터 구축을 추진한다고 밝혔습니다. 그 컨소시엄 구성을 보면 통신사, 클라우드 사업자, 수요기업 등 다양한 주체가 참여할 예정입니다. 물론 새 정부에서 그 내용이 수정될지는 지켜봐야겠지만, 제가 걱정하는 건 이게 정말로 최고의 기업들만 모인 베스트 오브 브리드Best of Breeds* 방식이어야 하는데 상황을 보면 경험과 역량이 뛰어난 기업들이 흩어져서 서로 다른 컨소시엄에 따로 들어가 있다는 겁니다.

결국 하나의 컨소시엄만 선정되면 경험이 부족한 상태에서 사업을 끌고 가야 할 수도 있고, 반대로 역량 있는 파트너는 낙찰되지 않아 빠지게 되는 상황이 우려됩니다. 정말 아쉬운 일이 될 수 있는 거죠.

* 베스트 오브 브리드(Best of Breeds): 업무 기능별로 가장 뛰어난 솔루션을 각각 골라 도입하는 방식으로, 통합 시스템 대신 전문성과 성능을 우선하는 전략이다.

하정우   그래서 이번 SPC는 가능한 한 많은 주요 기업들이 함께하는 그랜드 컨소시엄Grand Consortium 형태로 가야 한다는 이야기가 나오는 겁니다. 예를 들어 지분율을 조정해서라도 경험과 기술을 가진 회사들이 모두 참여할 수 있게 해야 합니다.

하지만 기업들이 지분을 넣는다는 건 결국 기업의 자금이 들어간다는 이야기입니다. 그럼 기업 입장에서는 당연히 투자한 만큼 사업 모델을 만들어 수익을 낼 수 있는 구조가 필요합니다. 건설회사는 데이터센터를 짓고 건설비를 회수할 수 있어야 하고, 클라우드 운영사는 운영을 통해 매출을 확보할 수 있어야 합니다. 이렇게 각 참여자가 손해 보지 않고 참여할 수 있도록 구조를 만드는 게 중요합니다. '정부가 하니까 희생해라'는 방식은 절대로 지속 가능하지 않습니다. 그런데 사업 제안요청서 내용을 보면 SPC 청산 시 공공 투자분에 대해 이자까지 포함해 우선 회수를 보장하는 조항이 포함되어 있습니다. 이는 모든 손해를 민간이 부담해야 한다는 의미로 해석될 수 있어, 결국 첫 번째 발주에선 무응찰로 유찰되었죠.

한상기   저도 이 부분이 걱정됩니다. 실제 시행 단계로 들어가면 분명히 '이렇게 가는 것이 최선이다'라고 생각되는 방향이 따로 있는데, 실제로는 항상 80% 정도 수준의 구성으로 가게 되면서 실행력이 떨어지는 경우가 많습니다.

하정우   바로 그런 이유로 이런 사업은 특정 부처의 단독 사업으로 진행하면 안 된다고 생각합니다. 잘 진행되지 않더라도 범부처 차원의 어젠다로 다뤄야 합니다. SPC 사업에서 특정 기업이나 스타트업이 손해를 보더라도 범부처 사업으로 추진되면 그 손해를 다른 지원 프로그램이나 정책적 인센티브를 통해 보완할 수 있습니다.

예를 들어 SPC 사업에 참여한 스타트업에게는 다른 모태펀드 사업에서 가점을 주거나 별도의 추가 지원을 해주는 방식으로 정책 설계를 해야 합니다. 이런 유연한 정책 설계가 반드시 필요하다고 봅니다. 새 정부에서 사업 설계 변경이 가능하다면 보다 현실적인 내용으로 개선되길 기대합니다.

AI 반도체 경쟁력의 핵심, 모델과의 시너지

한상기 우리가 흔히 데이터센터를 떠올릴 때 가장 먼저 생각하는 건 엔비디아의 학습용 GPU입니다. 하지만 실제 AI 서비스를 운영하려면 학습뿐만 아니라, 생성된 답변을 실시간으로 출력하는 추론 단계, 즉 인퍼런스에 적합한 NPU도 필요합니다. 지금 국내에서도 여러 기업이 인퍼런스용 칩 개발에 적극적으로 뛰어들었고 해외 반도체 기업들 역시 이 시장에 속속 진입하고 있습니다. 하 센터장님은 국내외 다양한 기업을 직접 만나보셨을 텐데, 엔비디아의 아성에 도전할 가능성이 있는 인퍼런스 칩 기업 중 가장 주목할 만한 곳은 어디라고 보시나요?

하정우 일단 AI 모델 학습용으로는 엔비디아 GPU가 워낙 막강해서 사실상 독보적입니다. 이건 누구도 부정할 수 없는 사실이죠. 하지만 인퍼런스 성능만 놓고 보면 AMD나 인텔의 가우디와 같은 대안적인 AI 가속기 반도체나 NPU들이 학습에서는 다소 뒤처지더라도, 인퍼런스에서는 어느 정도 경쟁력을 보여주고 있습니다. 물론 이들이 엔비디아를 완벽히 대체할 수준은 아니지만, 가성비 측면에서 보면 상당히 매력적인 선택지가 될 수 있습니다. 특히 인텔의 가우디 2 같은 경우, 인퍼런스 단계에서 가성비가 매우 뛰어난 것으로 평가받고 있습니다. 특히 가우디 2의 소프트웨어 최적화는 네이버, 스퀴즈비츠 등이 함께했습니다. 현재 인퍼런스 시장에서는 A100이 가장 효율적이라고 알려져 있는데, 엔비디아는 이제 A100 생산을 중단한 지 오래입니다.

이번 GTC 발표에서 젠슨 황 CEO가 드디어 저비용·고효율을 전면에 내세우기 시작했는데요. 이는 이미 예측했던 방향입니다. 앞으로 인퍼런스 수요가 급격히 늘어나면서 저비용·고효율 중심으로 시장이 재편될 텐데, 그러면 인텔 가우디 시리즈나 AMD MI 시리즈와 같은 가속기들이 점점 더 중요한 역할을 하게 될 것입니다. 물론 이 NPU들을 편리하게 활용하기 위한 소프트웨어 최적화와 고도화는 선결과제입니다.

해외의 다른 기업 중에는 세레브라스Cerebras, 그록Groq 같은 회사들도 있습니다만, 개인적으로 S램 기반 칩은 지속 가능성이 낮다고 생각합니다. 속도는 빠르지만 메모리를 효율적으로 적재하기 어려워

칩 크기가 커지고 전력 소모가 매우 크기 때문입니다.

한편, 중국 기업 중에서는 화웨이가 매우 주목할 만합니다. 최근 공개한 어센드 NPU 시리즈가 인상적입니다. 어센드 910B와 910C 같은 경우 성능이 A100에서 H100 수준에 도달한 것으로 보이며, 화웨이는 지난 4월 8,192장의 어센드 NPU를 활용하여 매개변수 1,350억 개 규모의 초거대 언어 모델 판구 울트라Pangu Ultra를 성공적으로 학습했다고 발표했습니다. 이것이 의미하는 바는 엔비디아 반도체의 대중 수출이 막히더라도 중국은 효율이 다소 떨어질 뿐, 학습과 추론 모두를 자체 기술로 수행할 수 있는 능력을 갖추고 있다는 점입니다. 결국 미국 입장에서는 오히려 더 큰 전략적 위협이 된 셈이죠.

한상기 구글이나 아마존, 메타 등 글로벌 클라우드 기업들도 자체 AI 칩을 개발해서 인퍼런스에 활용하고 있거나 준비 중입니다. 이쪽 시장은 어떻게 보시나요?

하정우 그 기업들은 자체 서비스의 학습 혹은 인퍼런스 용도로만 활용할 가능성이 높습니다. 외부 판매를 하려는 의도는 크지 않다고 보고 있어요. 예를 들어, 구글의 TPU Tensor Processing Unit*는 현재 구글 내부 AI 개발용 혹은 구글 클라우드의 상품으로만 사용되고 있습니

---

* TPU(Tensor Processing Unit): 구글에서 2016년 5월에 발표한 머신러닝을 위해 설계된 반도체이다. 대규모 행렬 연산에 특화되어 있다.

다. TPU 제품 자체를 상품화하고 있지는 않아요. 따라서 이들이 AI 반도체를 본격적인 별도의 사업으로 확장하리라는 전망은 현실적으로 제한적이라고 생각합니다.

한상기   국내 기업으로 돌아와서 보면, 현재 국내 인퍼런스 칩 개발 수준은 어떻습니까?

하정우   국내에서는 퓨리오사AI, 리벨리온 같은 기업들이 많이 언급되고 있고, 개인적으로는 하이퍼엑셀을 주목하고 있습니다.

한상기   저도 최근에 하이퍼엑셀 CTO를 직접 만났습니다.

하정우   그리고 온디바이스 인퍼런스를 중심으로 한 딥엑스DeepX와 같은 기업들도 있습니다. 이들 기업은 아직까지는 좀 더 성장이 필요하지만, 최근 AI 붐을 기회로 삼아서 실증 프로젝트를 통해 실제 성능을 입증하고 시장에 안착할 좋은 계기를 마련할 수 있다고 생각합니다.
여기서 한 가지 꼭 강조하고 싶은 점이 있습니다. 국내 NPU 기업들이 혼자서 칩 설계만 하는 방식에서 벗어나야 한다는 겁니다. 실제로 인퍼런스를 사용할 클라우드 수요 기업이나 공장, 제조 현장의 실질적인 수요와 요구사항을 깊이 반영하여 칩을 개발해야 합니다. 처음부터 수요 현장과 긴밀히 협업하면서 실제 현장 니즈를 중심으로

R&D 과제를 설계하고 수행하는 구조가 되어야 합니다. 그렇게 접근하면 국내 AI 반도체 산업도 충분히 한 단계 더 성장할 수 있는 기반을 만들 수 있을 것입니다.

한상기   최근에 리벨리온과 하이퍼엑셀의 발표를 모두 들어봤는데, 하이퍼엑셀의 발표가 특히 인상적이었습니다. 리벨리온이 주로 반도체의 구조에 집중했다면 하이퍼엑셀은 트랜스포머 모델에 대한 이해 자체가 훨씬 깊었어요. 실제로 트랜스포머 아키텍처를 면밀히 분석하고 이 구조를 어떻게 반도체 설계에 반영했는지를 상세히 설명했는데, 정말 인상 깊게 봤습니다.

하정우   맞습니다. 지금 AI 반도체의 핵심 경쟁력은 단순히 하드웨어 자체의 성능만으로 결정되는 게 아닙니다. 진정한 차별화 포인트는 AI 서비스 모델 자체를 얼마나 깊이 이해하고 그 이해를 바탕으로 칩을 설계하는 데 있습니다.

현재는 트랜스포머 기반 모델이 거의 AI 모델 구조의 표준으로 자리 잡고 있습니다. 이 모델이 실제 서비스에 적용될 때, 어느 부분에서 가장 많은 연산 부하가 발생하는지를 정확하게 파악해야 합니다. 또한 퀀타이제이션Quantization(양자화)이나 프루닝Pruning(간결화) 같은 압축 과정을 거쳤을 때 성능이 어떻게 달라지는지도 꼼꼼히 반영해서 설계해야 합니다.

이런 요소들을 고려하지 않고 단순히 연산 속도나 FLOPs와 같은 수

치만을 추구하며 칩을 개발한다면 실제 서비스 환경에서는 기대했던 성능이 절대 나오지 않습니다. 예를 들어, 최근 리즈닝 모델들은 기존 언어 모델에 비해 디코딩(출력) 길이가 훨씬 깁니다. 이렇게 디코딩이 길어지면 메모리 속도가 성능의 병목이 되죠. 또한 사용자 입력이 들어올 때마다 하나씩 처리하는 단순한 싱글 배치 형태로만 인퍼런스를 수행하는 것도 아니며, 입력의 길이도 천차만별이고 적용되는 서비스마다 처리 방식이나 사용 행태도 다 다릅니다. 결과적으로 NPU 설계 시 이런 특징들을 모두 반영해서 메모리 크기와 구조를 최적화하는 것이 매우 중요합니다.

한상기 또 중요한 부분이 소프트웨어 환경입니다. AI 반도체가 실제 서비스에 쓰이려면 개발자들이 쉽게 접근할 수 있는 소프트웨어 개발 환경이 반드시 마련되어야 하는데, 우리는 아직 이 부분에서 매우 부족합니다. 이 부족한 부분은 누가, 어떻게 채울 수 있을까요?

하정우 그래서 지금 추진하고 있는 K-클라우드 사업*에서 소프트웨어 지원이 정말 중요합니다. 하드웨어 구축뿐 아니라 소프트웨어 쪽에 훨씬 더 많은 예산과 관심을 쏟아야 합니다. 각 NPU를 구동하고 제어하려면 전용 소프트웨어가 필수인데, 이 소프트웨어는 펌웨

---

* K-클라우드 사업: K-클라우드 기술개발 사업은 국가 전략 자산인 AI 컴퓨팅 인프라 경쟁력 확보를 위해 국산 AI 반도체 기반 세계 최고 수준의 AI 컴퓨팅 하드웨어 소프트웨어 핵심 기술 확보를 목표로 한다. 2025년부터 2030년까지 6년간 4,000억 원의 사업비가 투입될 예정이다.

어 수준으로 하드웨어와 매우 밀접하게 연결되어 있습니다. 그런데 일반 AI 개발자들이 이런 다양한 NPU를 쉽게 사용할 수 있으려면 하드웨어 종속적인 소프트웨어와 별도의 상위 계층으로서의 공통 인터페이스가 필요합니다.

이렇게 하면 개발자들이 하드웨어 종류와 무관하게 텐서플로우TensorFlow나 파이토치 같은 AI 프레임워크와 쉽게 연결해서 사용할 수 있게 됩니다. 그리고 이 공통 소프트웨어는 정부가 지원하는 오픈소스 프로젝트로 공개해 전 세계 AI 개발자들이 참여해서 함께 최적화하고 발전시키는 구조로 가야 합니다. 마치 쿠다가 일부 오픈소스화되면서 많은 글로벌 개발자들이 엔비디아의 공식 버전보다 훨씬 최적화된 소프트웨어를 만들어낸 것과 같은 방식이죠. 그렇게 하면 국산 NPU들의 생태계 확산은 물론, 글로벌 경쟁력을 갖추고 수출로 이어질 수 있는 계기가 될 것입니다.

한상기 그 부분이 정말 중요한데 아직 우리 정책에서는 명확한 우선순위로 잡히지 않는 것 같습니다. 소프트웨어를 담당하는 쪽에서는 하드웨어 인프라를 이해하지 못하고, 하드웨어 인프라를 담당하는 쪽에서는 소프트웨어에 대한 감각이 부족한 경우가 많습니다. 이 때문에 정책적 관심이 분산되고 있는 것 같아서 아쉽습니다.

하정우 그래서 이번 K-클라우드 사업의 AI 반도체 성과 평가를 할 때 단순히 MLPerf*의 TOPS Tera Operations Per Second(AI 반도체나 NPU의 이론적인 연산 성능 단위)나 FLOPs 같은 일차적인 성능 지표만으로 평가하면 안 된다고 생각합니다. 정해진 컨텍스트 길이에서 분당 토큰 생성 속도 같은 단순 벤치마크 테스트보다는 실제 소프트웨어 개발자와 AI 개발자들이 서비스 현장에서 얼마나 잘 활용할 수 있는지를 평가해야 합니다. 구체적으로는 멀티 배치 Multi-batch, 즉 다양한 길이의 사용자 입력 프롬프트를 동시에 처리할 때의 토큰 생성 속도나 실제 서비스 환경에서의 연산 효율성과 활용도를 기준으로 평가해야 합니다. 그리고 동일한 AI에 대해 GPU 상에서 구동했을 때와 얼마나 비슷한 결과물이 만들어지는지도 확인해야 합니다. 이것이 진짜 실사용 환경에서 AI 반도체의 경쟁력을 측정하는 현실적인 방법이니까요.

AI 인재 확보, 양적 확대보다 질적 전략이 우선이다

한상기 이제 정책 이슈로 넘어가 보겠습니다. 중국의 딥시크 발표 이후 국회나 정부 관계자들 중심으로 AI 관련 토론회가 수십 번은 열린 것 같습니다. 그래서 저는 이제 그만 이야기하고 실제로 일을

---

* MLPerf: 기계학습 성능을 평가하기 위한 업계 표준 벤치마크이다. 구글, 엔비디아, 인텔 등 주요 기업들과 학계가 함께 만든 비영리 조직이 주관하고 있으며, 딥러닝 모델의 학습, 추론 성능을 비교할 수 있도록 다양한 테스트 세트를 제공한다.

해야 한다고 말하고 있습니다. 다양한 정책안이 나오고 있는데, 하나씩 짚어보겠습니다.

먼저 인재의 경우, 흔히 몇만 명 혹은 몇십만 명 양성하자는 양적 확대 이야기가 많습니다.

하정우   율곡 이이 선생님이 원망스럽습니다(웃음).

한상기   이런 이야기를 들을 때마다 비판적이잖아요. 양적 확대에는 분명 맹점이 있습니다. 지금 우리에게 가장 부족한 인력은 어느 수준이고, 어느 영역에 있는 인재인가요?

하정우   물론 전체적으로 부족합니다. 그런데 AI 인재를 하나의 개념으로만 정의하고 이를 통합적으로 양성하거나 확보하려고 하면 해답을 찾기 어렵습니다. 왜냐하면 AI 인재도 여러 유형이 존재하고 각 인재군의 역량, 역할, 양성 방식과 확보 전략이 서로 다르기 때문입니다. 지난 4월 국회에서 열린 AI 인재 토론회에서 인재를 크게 두 개, 세부적으로는 네 개의 그룹으로 나누어 제안했는데, 여기서는 두 개의 그룹으로 나누어 설명해보겠습니다.

첫 번째는 글로벌 수준의 AI 혁신을 이끌 수 있는 최고급 AI 연구 인재입니다. 카이스트나 서울대의 AI 대학원에서 정말 열심히 연구한 분들이죠. 하지만 이 인재들은 박사 졸업 후 국내에 남지 않고 거의 모두 해외, 특히 미국으로 나갑니다. 그 이유는 간단합니다. 해외의 연구 환경이 더 좋고 뛰어난 연구자들도 많고 처우도 좋고 GPU 같은 인프라도 마음껏 사용할 수 있기 때문이죠. 한국에서는 혁신적인 연구를 하기 어려운 환경이니 우선 이 인재들을 잡는 정책이 필요합니다.

인재 확보 정책을 설계할 때는 몇 가지 카테고리로 명확히 나눠서 분야별 인재 수요를 설정해야 합니다. 그런데 지금처럼 구분 없이 막연히 10만 명 양성을 목표로 설정하니 문제가 생기는 겁니다. 심지어 초급 AI 개발자들의 업무는 AI로 쉽게 자동화할 수도 있습니다. 2000년대 초반 웹마스터 수만 명 양성 같은 시행착오를 또 반복해선 안 되겠죠.

두 번째 그룹은 AI를 산업에 적용할 수 있는 도메인 전문가들입니다. AI 기술이 산업에 확산돼 생산성 혁신이나 경쟁력 강화로 이어지려면 각 산업의 도메인 전문가들이 AI를 잘 이해하고 활용해야 합니다. 물리, 화학 분야의 과학자도 마찬가지입니다. AI를 강력한 도구나 팀원처럼 활용해야 자신의 역량이 배가되는데, 국내 도메인 전문가들의 AI 이해도와 경험은 매우 부족한 실정입니다. 그래서 산업 현장에 있는 전문가들을 전환 교육을 통해 인재로 확보하는 게 중요한 과제입니다. 이렇게 두 가지 축으로 나눠서 양성해야 합니다.

한상기 산업 현장에서 AI를 적용하고 싶어도 전반적인 환경 자체가 너무 취약하다는 걸 느낍니다.

하정우 특히 전통 제조 분야 중소·중견기업 쪽은 심각합니다.

한상기 도대체 이걸 어떻게 키워야 할지 고민입니다. 어디서부터 어떤 수준의 인력이 부족한지를 모르고 인재 양성만 이야기하면 결국 실효성 없는 정책이 되는 거죠.

하정우 그래서 제가 주장하는 게 바로 이것입니다. 우리나라 산업 대부분은 지역 기반입니다. 그런데 대학 등록금이 동결되면서 지방 대학들이 정부의 R&D 과제 지원에 의존하는 구조가 되어 있습니다. 정부 부처들이 사업을 만들어 대학에 예산을 지원하는 방식인데, 모든 학교가 예산 확보를 위해 논문만 쓰는 상황입니다. 하지만 그런 논문들은 피인용수가 0인 경우가 많죠. 즉, 아무도 읽지 않고 학계에도 도움을 주지 못하는 논문이라는 겁니다.

그래서 저는 국가 R&D 체계를 개편하면서 산업 AI, 신기술 전환 트랙을 별도로 만들어 지방 대학에 그런 역할을 부여해야 한다고 생각합니다. 논문에만 집중할 게 아니라, 지역 산업의 경쟁력 강화를 위한 AI 전환 인재를 양성하자는 것이죠. 학생들뿐만 아니라 현업 종사자들을 위한 AI 전환 교육까지 대학이 맡도록 해야 합니다. 그렇게 하면 대학이 지역 산업과 실질적으로 연결되는 역할을 할 수 있습니다. 동시에 각 산업단지의 중견·중소기업들이 디지털 전환에 필요한 데이터 파이프라인과 인프라를 구축할 수 있도록 예산 지원까지 종합적으로 설계하는 게 필요합니다.

한상기   그 이야기를 할 때 자주 등장하는 사례가 프랑스의 미스트랄입니다. 프랑스는 해외로 나가 있던 자국의 인재들을 적극적으로 불러들였고 실제로 몇몇 인재들이 돌아와서 성공적으로 창업까지 했습니다. 해외 인재 유치에도 매우 적극적이죠. 영국과 프랑스는 이미 탤런트 비자Talent Visa 제도를 운영하고 있고 UAE 역시 고급 인재를 위한 별도의 비자 제도가 마련되어 있습니다. 우리나라에도 비슷한 제도가 있긴 하지만, 문제는 그걸 제대로 확대하거나 활성화하는 게 쉽지 않다는 겁니다. 영국도 처음에는 인재가 잘 유입되지 않았습니다. 원인을 조사해보니 제약 조건이 너무 많았던 거죠. 그래서 이 제약들을 과감히 완화하겠다고 선언한 바 있습니다.

캐나다도 마찬가지입니다. 이미 자국 내 인력만으로는 AI나 첨단기술 프로그램을 제대로 운영하기 어렵다는 현실을 잘 알고 있기 때문에 해외 인재 유치에 적극적으로 나서고 있습니다. 하지만 미국은 다릅니다. 워낙 좋은 대학과 기업이 많으니까요.

하정우   미국은 인재를 골라 쓸 수 있죠.

한상기   나머지 나라들은 어떻게든 끌어모아야만 생존할 수 있는 상황입니다.

하정우   우리나라의 경우엔 또 특수한 상황이 있습니다. 분단국가라는 지정학적 특성 때문에 해외 인재 유치를 위한 제도를 과감히 완화하기 어렵습니다. 그래서 저는 모든 분야를 다 열자는 게 아니라, 명확하게 범위를 좁혀서 일부 전략적이고 필수적인 분야의 인재라도 우선적으로 영입할 수 있도록 정책을 추진해야 한다고 생각합니다. 이런 인재들을 위한 비자 패스트트랙을 도입해야죠.

또한 사회적으로 외국인에 대한 폐쇄적인 태도나 편견도 반드시 바뀌어야 합니다. 뛰어난 인재가 반드시 백인일 필요는 없죠. 실리콘밸리에는 인도, 중국, 러시아계 유대인 등 다양한 국적의 인재들이 넘쳐나고 있습니다. 가령 딥마인드의 데미스 하사비스는 그리스계 아버지와 싱가포르 출신 어머니 사이에서 태어났고, 오픈AI의 전 CTO인 미라 무라티는 알바니아 출신입니다. 중요한 건 이런 다양한 배경의 인재들이 국적에 상관없이 자연스럽게 성장하고 리더가 될 수 있는 환경이 있느냐는 겁니다.

예를 들어, 만약 알바니아 출신의 뛰어난 여성 연구자가 한국에 왔다고 생각해봅시다. 과연 미라 무라티만큼 성장하고 성공할 수 있었을까요? 저는 우리가 그런 질문을 진지하게 던져봐야 한다고 생각합니다. 지금 우리 사회는 그런 개방성과 포용성을 충분히 갖추고 있는지, 문화적 성찰이 필요한 시점입니다. 현실은 여전히 외국인 연구자가 국내 연구기관이나 대학, 기업에 진입하려고 하면 여러 장벽과 제약이 존재하니까요. 단지 제도나 예산 문제를 넘어서 문화와 인식 차원의 개선도 필요합니다.

한상기　해외에서 인재를 유치하는 것도 벅찬데, 우리나라는 어렵게 키운 최고급 연구자들이 해외로 빠져나가는 브레인 드레인Brain Drain(두뇌 유출로 번역되는 인재 이탈 현상) 문제까지 심각합니다. 얼마 전에 나온 스탠퍼드 대학의 〈AI 인덱스 보고서〉에도 우리나라는 인재 유출이 매우 심각한 나라로 평가되었죠. 그래서 해외에 있는 한국계 인력이나 외국 국적의 고급 인재들이 한국에서 연구·개발할 수 있는 기회를 제공하자는 의견이 많습니다. 하지만 실제로 실천하는 건 너무 어렵다는 게 문제입니다.

제가 2018년쯤 어느 콘퍼런스에서 해외 인력을 데려오는 비용의 절반을 국가가 부담하자는 제안을 했었습니다. 당시에는 너무 파격적이어서인지 다음 날 신문에 보도된 이후 아무런 후속 논의도 없었습니다. 그런데 지금은 오히려 그런 방식으로라도 인재를 데려와야 한다는 의견이 나오는 거죠. 해외에 있는 한국계 인력이나 외국 고급 인재가 한국으로 돌아와 연구할 수 있게 하려면 어떤 프로그램이나 정책이 필요할까요?

하정우 단기적으로 효과를 볼 수 있는 방법은 기술력을 갖춘 기업, 특히 대기업까지 포함해서 전문연구요원 병역특례 TO를 추가로 확대하는 것입니다. 지금 해외에 있는 인력들이 한국에 들어오지 않는 가장 큰 이유는 들어오면 최소 3년 동안 연구 커리어가 단절되기 때문입니다. 그런 인력들이 커리어를 이어갈 환경을 갖춘 곳이 대부분 대기업이니, 그런 기업들이 병역특례 인원을 확보할 수 있게 제도를 개선하는 거죠. 그렇게 되면 연구자들이 기업에서 일하고 그 기술 자산이 기업과 국가에 남게 됩니다.

물론 상당수는 병역이 끝나면 다시 해외로 돌아갈 수도 있지만, 일부라도 한국에 남는다면 외부 인재가 유입되는 효과가 있죠. 다행히 최근 국회에서 병역특례 확대 법안이 발의돼 기대하고 있습니다.

장기적으로는 결국 AI 인재들에게 매력 있는 국가가 되어야 합니다. '한국이 정말 세계 최고 수준의 인공지능, 과학기술 연구자들이 살기 좋은 나라인가?'라는 질문에 지금으로서는 처우나 제도, 연구 환경이 충분하지 않다고 봅니다. GPU 한번 제대로 쓰기 어려운 연구 환경, 행정 업무 과중, 비효율적인 R&D 과제 구조, 꼰대식 기업 문화 등도 문제입니다.

이 모든 문제를 해결해 결국 인재들이 스스로 들어오고 싶고, 남고 싶은 나라를 만들어야 합니다. 이 문제는 정부와 기업, 학교, 사회 모두가 협력해 풀어가야 합니다.

한상기 이렇게 거시적인 이야기만 하면 독자들이 와닿지 않을 수 있어서 실제 사례를 하나 소개하겠습니다. 최근 해외 대학에서 교수로 근무하다 한국에 돌아온 분이 페이스북에 글을 올렸는데, 연구재단 과제를 해외 협력 연구자와 함께 진행하려고 했더니 모든 안내가 한글로만 제공되고 제출 서류도 아래아한글hwp로만 작성하게 되어 있었다고 합니다. 이분이 이전에 있던 나라에서는 모든 안내가 영어로 제공되고 영문 문서를 제출하는 것이 당연했기 때문에 상당히 당황스러웠다는 내용이었습니다.

제가 캐나다 영주권자로 살다가 한국에서의 불편함 때문에 결국 영주권을 반납했던 경험과 비슷합니다. 한국은 표면적으로는 선진국 수준의 GDP를 자랑하지만, 글로벌 스탠더드 관점에서는 아직 갈 길이 멀다는 것을 절감합니다. 외국인 입장에서 생활이 불편한 나라는 오래 머물기 어렵죠.

하정우 실제로 그렇습니다. 국가 R&D 과제를 신청할 때 IRIS라는 시스템을 사용하게 되는데, 제출 서류를 전부 hwp로만 작성해야 합니다. 업로드하면 내부에서 자동으로 변환되는 시스템이라 해외 연구자들과 협력 연구를 진행할 때 매우 불편합니다. 해외 연구자들이 아래아한글을 쓸 이유가 없잖아요.
연구 제안서 작성 방식도 현재보다 훨씬 간소화할 필요가 있습니다. 웹 입력 폼 형식으로 변경하는 것만으로도 상당히 개선될 수 있습니다. 이와 같은 행정 시스템 전반을 진지하게 재검토할 필요가 있습니다.

한상기 이건 특정 회사의 문제가 아니라 제도의 문제입니다. 문제는 그 제도 안에 있는 사람들은 이것이 얼마나 큰 장벽인지 잘 모르고 있다는 겁니다. '우린 이대로 해도 괜찮은데 왜 불편해하지?'라는 식이죠. 저 역시 강연이나 원고 요청을 받을 때 불편한 포맷이면 거절하고, 클라우드 문서 같은 다른 방식을 제안하면 당황해합니다. 지속적으로 다른 방식을 제안해야만 변화가 가능하다고 생각합니다.

마지막으로 한 가지 더 짚어보겠습니다. 우리가 AI의 중요성을 강조하지만, 다른 산업이나 기술 분야에서는 왜 AI만 특별히 밀어주는지 불만을 가질 수도 있습니다. AI에 수십 조 원을 투자한다는 이야기가 나오자 다른 분야에서는 기회가 박탈당하는 것 같은 느낌을 받을 수도 있죠. 이런 관점에 대해 어떻게 설득하거나 정책적으로 균형을 이룰 수 있을까요?

하정우 다른 과학기술 분야들도 물론 중요합니다. 그러나 대부분의 기술은 수직적vertical인 데 반해, AI는 수평적horizontal으로 모든 분야와 기술에 영향을 미칩니다. AI를 쓰지 않는 과학기술 분야는 사실상 없습니다. 생물학만 해도 알파폴드 2로 인해 신약 개발의 기간이 10분의 1로 단축됐습니다. 보고서를 쓸 때도 AI를 활용하면 훨씬 편리하죠. 이처럼 AI는 거의 모든 산업과 과학기술 분야에 걸쳐 영향을 주고 있습니다.

특히 파운데이션 모델 같은 AI 기술은 산업 전반을 바꿀 수 있는 잠재력이 큽니다. 결국 AI 기술 경쟁력 향상이 다른 모든 분야에도 혜택을 줍니다. 게다가 AI 예산의 상당 부분에는 다른 산업이나 과학기술 분야에 적용되는 예산도 포함되어 있습니다. 따라서 AI를 지원하는 것이 AI만 밀어주는 것이 아니라 모두가 함께 발전할 수 있도록 돕는 것이라고 이해해야 합니다.

한상기 이런 이야기를 드린 것은 그런 불만의 목소리가 앞으로 나올 가능성이 있기 때문입니다. 다른 분야 사람들은 단지 성능이 좋은 모델과 최적의 환경을 원할 뿐이고 그게 꼭 국내여야 한다고 생각하지 않을 수 있습니다. AI 데이터센터가 국내에 있어야 하는 필요성도 느끼지 못할 수도 있고요. 그런 사람들에게 우리는 어떻게 설명할 수 있을까요?

하정우 전 세계가 진정으로 하나라면 좋겠지만 현실은 그렇지 않습니다. 미국의 트럼프 정부 사례처럼 정부가 특정 기술 사용을 갑자기 제한하거나 금지할 수 있습니다. 심지어 미국 에너지부가 민감 국가 리스트에 우리나라를 추가하기도 했습니다.

언제 어떤 이유로든 우리가 특정 AI 기술이나 모델을 사용할 수 없게 될 수도 있습니다. AI 기술과 GPU, NPU는 이미 전략 자산으로 취급되고 있습니다.

따라서 세계 최고 수준의 AI 도구가 100점이라면, 우리는 조금 부족하더라도 95점, 97점짜리라도 자체적으로 보유하거나 만들 능력이 있어야 합니다. 기술 주권을 지키고 리스크를 줄이기 위해서라도 자체 역량 확보가 필수적입니다.

한상기 이 부분은 이후 소버린 AI 주제에서 다시 더 깊이 이야기해 보겠습니다.

국가 AI 프로젝트, 어떻게 설계해야 실패하지 않을까?

한상기 과기부에서 월드 베스트 LLM*, 글로벌 AI 챌린지** 같은 프로그램을 적극적으로 내세우고 있는데요. 사실 제가 AI 챌린지의 기획위원으로 3~4년 동안 활동한 경험이 있어서 이 프로그램이 어떤 구조로 기획되고 운영되는지 잘 알고 있습니다.

그런데 월드 베스트 LLM을 만든다고 발표하는 걸 보면서 문득 과거의 월드 베스트 소프트웨어 프로젝트가 떠올랐습니다. 그때도 굉장히 큰 구호로 시작했지만, 결과적으로 무엇이 남았는지 생각해보면 적잖이 씁쓸하거든요. 이번에도 또 외형만 부풀려진 프로젝트가 되지 않을까 우려됩니다. 국가대표 AI 모델을 만들겠다는 것이 과연 어떤 의미인지부터 짚어봐야 할 것 같습니다.

하정우 이 프로젝트는 우리나라가 자체적인 역량을 기반으로 진정한 파운데이션 모델을 만들자는 취지입니다. 말 그대로 'From the Scratch', 바닥에서부터 독자적인 기술로 글로벌 수준의 범용 파운데이션 모델을 구축하자는 것이죠.

---

* 월드 베스트 LLM: 정부가 추진하는 한국형 초거대 언어 모델 개발 프로젝트로, 국내 AI 기업과 연구기관이 참여해 글로벌 수준의 한국형 챗GPT를 만드는 것을 목표로 한다.

** 글로벌 AI 챌린지: 세계 AI 인재를 발굴하고 협업하기 위한 국제 AI 경진대회로, 우수 참가자에게는 창업 지원과 한국 AI 프로젝트 참여 기회가 주어진다.

한상기 그런데 이미 네이버의 하이퍼클로바X나 LG의 엑사원 같은 모델들이 있지 않습니까? 그것들도 처음부터 독자적으로 만들어진 모델 아닌가요?

하정우 맞습니다. 그런데 현실적으로 문제는 두 가지입니다. 첫째, 지금 국내에서 제대로 파운데이션 모델을 구축할 역량을 갖춘 기업이 사실상 두세 곳 정도밖에 없다는 것이고요. 둘째, 그 두 기업마저도 인프라나 지원 여건이 충분하지 않다는 점입니다. 그러다 보니 국가 차원에서는 진짜 잘할 수 있는 그룹을 좀 더 키워보자는 판단을 하게 된 거죠. 컴퓨팅 인프라와 데이터 등 중요한 자원을 어느 정도 지원하고, 이 자원을 활용할 능력이 있는 팀을 엄선해 집중적으로 키우겠다는 것이 프로젝트의 핵심입니다.

물론 무작정 아무나 참여할 수는 없으니 기술력 검증이 필요하겠죠. 그렇다고 처음부터 특정 기업을 지정하면 특혜 시비도 생길 수 있고 제대로 평가하기 어렵기 때문에 5개에서 10개 사이에서 후보군을 만들고 토너먼트 방식으로 경쟁을 시키는 것입니다. 그렇게 해서 최종적으로 소수의 팀을 선정하고 이 팀들에게 지속적으로 파운데이션 모델 개발에 집중할 수 있는 자원을 제공하자는 구상입니다.

과거 월드 베스트 소프트웨어 프로젝트와 비교하면 이번이 좀 더 현실적이고 가능성이 있다고 봅니다. 왜냐하면 파운데이션 모델은 이미 글로벌하게 기술적 스펙과 성능, 활용성을 판단할 수 있는 레퍼런스 사례들이 명확히 존재하거든요. 2025년 2월에 시작된 EU의 오픈유로 LLM Open Euro LLM 프로젝트도 이와 비슷한 취지로 추진되고 있고요. EU가 오픈소스 소버린 LLM 확보를 위해 시작한 이 프로젝트는 우리 월드 베스트 LLM과 목표나 운영 방식이 유사한 면이 많습니다.

한상기 사실 과거 월드 베스트 소프트웨어 자체가 잘못된 건 아니었습니다. 당시의 문제는 선정 과정에서 심사위원의 전문성과 안목이 부족했다는 지적도 있었고, 무엇보다도 정작 기술력이 뛰어난 기업들이 굳이 참여할 필요를 느끼지 못했다는 점이 문제였죠. 소프트웨어라는 영역 자체가 워낙 광범위하다 보니, 기업 입장에서도 자신들의 주력 분야를 무리하게 월드 베스트라는 틀 안에 맞추기가 어려웠던 측면도 있었습니다.

월드 베스트 LLM 프로젝트도 결국 국내 AI 생태계에서 오픈소스로 대표 모델을 만들어 생태계를 조성하겠다는 거잖아요. 정말 뛰어난 실력을 갖춘 기업들이 이 프로젝트에 적극적으로 참여할까요?

하정우 일단 대량의 GPU 지원과 학습 데이터 때문에라도 참여할 겁니다.

한상기 그런데 아까 우리가 이야기한 국가 차원의 AI 데이터센터가 있잖아요. 내가 만약 좋은 연구 아이디어가 있으면 거기 접근해서 GPU를 사용할 수 있지 않나요?

하정우 그렇긴 하지만 실제로 원하는 만큼의 GPU를 확보하기가 쉽지 않습니다. 만약 국가가 H100 GPU를 수천 장씩 제공하겠다고 한다면 그런 기회를 놓칠 기업은 없을 거라고 봅니다. 현재 우리나라에서 그런 규모의 GPU를 확보할 수 있는 기업이 얼마나 될까요?

한상기 그렇다면 결국 프로젝트에 참여하는 기업에게는 GPU 사용 권한을 부여한다는 의미군요?

하정우 그렇습니다. 그리고 정말 능력 있는 기업이라면 이런 기회를 그냥 지나칠 리가 없습니다. 과거 소프트웨어 중심의 시대에는 개발자만 충분히 확보하면 됐지만, 이제는 개발자뿐 아니라 GPU와 데이터가 훨씬 더 중요한 자산이 되었으니까요. 이런 지원이 있다면 기업 입장에서도 충분히 매력적인 조건이라고 할 수 있습니다.

한상기 하 센터장님은 전반적으로 이 프로젝트에 찬성하는 입장인가요?

하정우 프로젝트의 방향성과 큰 그림 자체에는 찬성합니다. 다만 운영 방식, 즉 토너먼트 방식을 채택한 것이 과연 가장 적절한지, GPU를 1,000장 단위로 나누는 방식이 효율적인지 등에 대해서는 아쉬움이 있습니다. 어떻게 역량 있는 기업을 선별할 것인지, 또 어떤 모델을 만들도록 가이드할 것인지, 성과를 어떻게 평가할 것인지 등 세부적인 계획과 기준은 아직 많이 부족한 상황입니다. 궁극적으로는 이러한 과정들이 국내 AI 생태계의 실질적인 성장으로 어떻게 연결될 것인가도 매우 중요한 포인트입니다.

하지만 현실적으로 지금 당장 확보할 수 있는 자원을 기준으로 본다면 실력 있는 기업들을 선발해서 파운데이션 모델 훈련 경험을 쌓을 수 있게 하는 워밍업 단계로는 괜찮은 접근이라고 봅니다. 이렇게 개발된 모델들이 모두 오픈소스로 공개된다면 국내 AI 생태계 발전에 도 큰 도움이 될 겁니다.

한상기 제가 가장 신경 쓰이는 건 사실 월드 베스트라는 이름 자체입니다. 영어로도 어색하고 실제 세계 최고 수준의 모델이 만들어질 가능성도 현재로선 희박한 상황인데, 처음부터 이름만 너무 거창한 느낌이 듭니다.

하정우 이름에 대해서는 저도 긍정적으로 생각하지는 않지만, 정한 사람의 의도가 있겠죠. 올해는 어쩔 수 없는 과도기이지 않을까 싶습니다. 저는 이 프로그램의 궁극적 목표가 5년 후의 AGI 기술 확보에 맞춰져 있어야 한다고 생각합니다. 그때쯤이면 AI 컴퓨팅 센터의 인프라도 어느 정도 구축될 것이고 실제 실력 있는 기업과 연구자들도 윤곽이 잡힐 겁니다. 이들이 경험을 쌓으면서 성장하고 기술도 더 발전할 테고요.

그래서 이 프로그램을 설계할 때 '5년 뒤 우리의 AGI를 보유하고

AGI 산업 생태계를 리딩하려면 지금부터 무엇을 해야 하는가'를 역산해서 생각해야 한다고 주장하는 겁니다. 이런 방식으로 계획을 짜야 현실적이고 전략적으로 의미 있는 프로그램이 될 수 있다고 봅니다.

한상기 오픈AI나 앤트로픽, 딥마인드 같은 회사들은 AGI 개발 자체를 회사의 미션과 비전으로 삼지 않았습니까? 회사의 존재 이유가 AGI 개발이기 때문에 구성원들의 태도나 몰입도가 근본적으로 다릅니다. 반면에 우리나라는 네이버나 LG, 업스테이지Upstage 같은 기업들이 활발히 활동하고 있지만, 이들 기업의 목표는 AGI 개발 그 자체는 아니죠.
그래서 목표의 명확성이 정말 중요하다고 생각합니다. AGI 개발이 명확한 목표가 되어야 거기에 맞는 사람들을 모을 수 있지 않을까요?

하정우 그래서 이 월드 베스트 LLM 프로젝트도 단순히 하나의 모델을 만드는 것을 넘어 5년 후 AGI 확보를 목표로 하는 장기적인 전략으로 설계되어야 한다는 겁니다. 다만 현실적으로 5년 동안 AGI만 바라볼 수는 없으니 중간 단계에서는 실제 비즈니스에 활용할 수 있는 모델이나 애플리케이션 기술도 만들어내야 합니다. 그리고 동시에 AGI라는 명확한 목표를 가지고 연구할 전담 팀이나 연구소도 반드시 하나쯤 있어야 한다고 봅니다. 국가 AGI 연구소가 필요한 이

유죠.

한상기 만약 이 프로그램에 참여했던 중견기업이 어느 날 갑자기 구글 같은 글로벌 기업에 5조 원에 인수된다면 어떻게 해야 할까요? 우리가 세금으로 지원해서 키운 성과가 해외로 넘어가는 거잖아요. 이런 상황에서는 어떻게 대응해야 하나요? 막아야 하는 건가요?

하정우 기업 자체가 인수되는 건 상관없습니다. 중요한 건 그 안에서 개발된 기술이나 지식재산권IP은 정부가 권한을 확보하고 있어야 한다는 점입니다. 아쉬운 부분은 인재이긴 한데 이런 사례가 확산되면 더욱 뛰어난 인재들이 AI 분야로 많이 유입될 수 있다는 측면에서 의미가 있습니다.

한상기 그러면 애초에 지원할 때부터 성과물에 대한 지식재산권은 정부가 소유한다는 조항을 명확하게 넣어야겠네요.

하정우 오픈소스로 공개하는 형태든 어떤 형태든 간에 최소한 정부가 우선 사용권이나 실시권* 정도는 확보하고 있어야 합니다. 결국 GPU와 데이터를 제공한 주체가 정부니까, 그 결과물에 대한 권한도 일정 부분 보장받아야죠.

---

* 실시권: 타인의 특허발명, 등록실용시안, 등록디자인을 업으로서 실시할 수 있는 권리를 말한다.

한상기 최근 정부의 정책 방향을 보면 프런티어 모델을 자체적으로 개발하고 확보하는 것보다는 이미 개발된 AI 기술을 기업이 활용하고 응용 서비스를 통해 부가가치를 높이는 방향으로 나가야 한다는 주장이 많아지고 있습니다. 얼마 전에도 한 토론회에서 나온 이야기가 이미 프런티어 모델 개발의 주도권은 미국과 중국이 가져갔으니 우리가 굳이 그걸 따라잡으려고 애쓰기보다는 오히려 잘 활용해서 산업 구조를 강화하는 데 집중하자는 결론이었는데요. 이런 주장에 대해서는 어떻게 생각하시나요?

하정우 AI를 활용해 부가가치를 높이자는 말 자체는 맞는 얘기입니다. 하지만 '활용만 하자'는 주장은 명백히 잘못된 이야기입니다. 저는 그런 말씀을 하시는 분들이 실제로 한 번이라도 모델을 직접 훈련하거나 파인튜닝해서 서비스 수준의 AI를 만들어보는 경험을 해봤으면 좋겠습니다. 단순히 신문 기사 몇 편 보고 논문 읽고 API 몇 번 호출해본 다음에 '이렇게 하면 잘 된다'는 식으로 이야기하면 안 됩니다. 실제 모델을 만들어본 개발자와 인터뷰라도 해보면서 그들이 실제로 겪는 문제나 필요한 인프라를 체감한 후에 말씀하셨으면 좋겠습니다.

그리고 세계적인 경쟁 상황을 함께 고려해야 합니다. 이전에는 이 기술은 미국만 가능하다는 식의 주장이 많았습니다. 그러다 딥시크 같은 중국 모델이 등장하자 이제는 미국과 중국만 가능하다고 말을 바꾸더군요. 이제 프랑스의 미스트랄이 부상하면 또 미국, 중국, 프랑스만 가능하다고 하겠죠. 파운데이션 모델은 점점 국가적 차원에서 전략 자산으로 관리되고 있습니다. 이렇게 전략적 자산이 되면 동맹국 여부와 관계없이 접근 권한이 제한될 가능성이 큽니다. 미국이 아무리 우방국이라도 핵무기를 공유하지 않듯이 말이죠.

한상기 그 논리는 마치 전투기나 미사일 같은 전략 무기에 대해서 우리가 직접 개발할 필요 없이 그냥 사서 쓰면 된다고 주장하는 것과 비슷합니다. 또는 자동차 산업을 굳이 우리가 생산하지 않아도 운송 체계만 갖추면 된다고 말하는 것과도 유사한 거죠.

하정우 그런데 라이선스 정책 변경을 통해 그 제품의 가격을 올려버리거나 공급을 제한하면 어떻게 될까요? 그때도 그런 얘기를 할 수 있을까요?

한상기 이 문제는 단지 효율성만으로 판단할 문제가 아니라, 국가 전략, 안보와 직접 연결된 공급망 차원의 사안이라는 점을 명확히 인식해야 합니다. 그리고 직접 기술 개발을 시도하다가 실패하더라도 그 과정에서 얻은 기술과 경험은 다른 분야로 응용할 수 있고 결과적으로 전체 기술 수준을 끌어올릴 수 있다는 점도 염두에 둬야 합니다.

하정우 앞에서 언급했지만 트럼프 대통령이 젤렌스키 대통령에게 했던 말이 다시 한번 생각나네요. "당신은 가진 카드가 없잖아." 결국 중요한 건 우리가 어떤 카드를 갖고 있느냐입니다. 단순히 활용 능력만으로는 협상에서 유리한 카드를 쥘 수 없습니다.

한상기 매번 새로운 기술이 등장할 때마다 반복되는 이야기 중 하나가 "규제가 없는 혁신적인 지역을 만들어보자", "샌드박스를 만들어 자유롭게 기술을 테스트하자" 같은 얘기잖아요. 이런 이야기는 IoT 때도 했고 스마트시티 추진할 때도 나왔던 이야기라 정말 평생 듣는 것 같습니다.

하지만 실제 성공한 사례는 거의 없습니다. 혁신도시만 봐도 알 수 있습니다. 실제로 가보면 조용하고 활력도 없고 삶의 모습이 잘 보이지 않는 경우가 많습니다. 마치 부동산 개발 사업 같아요. 이런 실패가 계속 반복되는 이유는 무엇일까요?

하정우 샌드박스를 아무리 잘 만들어놔도 사람들이 그곳에 갈 만한 동기가 없기 때문입니다. 샌드박스가 효율적으로 운영되지 않아서가 아니라, 애초에 사람들이 그곳에 들어가야 할 이유를 찾지 못하는 거죠.

그리고 개인적으로 인공지능 같은 전략 기술은 현재의 포지티브 규제에서 벗어나 네거티브 규제로 전환해야 한다고 생각합니다. 지금은 규정된 것만 허용하는 구조이죠. 하지만 앞으로는 절대 금지해야 할 것만 명확히 하고 나머지는 자유롭게 할 수 있도록 바뀌어야 합니다. 그렇게만 된다면 굳이 샌드박스 같은 걸 만들 필요도 없죠.

국가 AI 전략을 위한 효율적인 조직 구성 방안

한상기 거버넌스 이야기도 해봅시다. 현재 AI 주무 부처가 과학기술정보통신부로 되어 있는데요. AI가 국가 전략 기술로 지정될 만큼 파급력이 큰 분야인 만큼 과연 하나의 부처가 담당하는 것이 맞느냐는 비판이 있습니다. 그런데 이 논의가 AI 부총리 신설로까지 번지자 저도 솔직히 놀랐습니다. 정부의 AI 거버넌스에서 가장 시급한 부분은 무엇이라고 보시나요?

하정우 현재 가장 큰 문제는 국가 AI 전략을 책임지고 이끌어나갈 수 있는 조직이나 사람, 즉 기획부터 실행, 예산기획까지 종합적인 권한을 가진 리더십이 명확하지 않다는 점입니다.

한상기 그렇다면 그런 조직을 어디에 만들어야 보다 전략적이고 실천 가능한 방안이 나올까요?

하정우 이전 정부에서는 과기정통부에 AI국이 있고 대통령실에도 비서관이 배정되어 있어서 역할이 나뉘어 있습니다. AI 위원회라는 대통령 직속 위원회도 있지만, 실제로 정책을 결정하고 실행하기보다는 상징적인 역할에 머무르는 경우가 많습니다. 그래서 저는 전담 부처가 필요하다고 생각합니다. 단순히 과기정통부 산하에 AI 관련 부서를 만드는 정도로는 한계가 명확합니다. 개인적으로는 'AI부'라는 명칭보다는 'AI·디지털혁신부'처럼 조금 더 포괄적이고 전략적인 이름을 갖는 것이 바람직하다고 봅니다.

이 신설 부처는 독립적인 기획 권한과 예산 집행 권한을 가져야 실질적인 의미가 있습니다. 과기정통부가 부총리급으로 승격된다고 해도 실제 권한이 없으면 의미가 없습니다. 차관급 인사가 다른 부처 장관에게 가서 "이렇게 해야 합니다"라고 말한다고 해서 그게 통하겠습니까? 절대로 되지 않죠. 실질적인 정책 조정 기능과 예산기획 권한이 없는 조직은 제대로 작동할 수 없습니다.

따라서 AI·디지털혁신부 같은 전담 부처가 꼭 만들어져야 합니다. 이 부처는 각 부처의 AI 활용과 도입을 총괄하고 조정할 수 있는 CAIO 조직처럼 기능해야 합니다. 물론 모든 부처의 AI 업무를 직접 수행하라는 뜻이 아닙니다. 각 부처에서 해야 할 AI 관련 업무는 그 부처가 진행하되 범부처적인 협력과 지원이 필요한 사항, 국가 전체 AI 전략 수립과 규제 혁신 등은 AI·디지털혁신부에서 맡아야 합니다. 이를 위해서는 AI 관련 전반적인 예산기획 권한도 가져야겠죠. 혹자는 과학기술정보통신부 내에 AI 기능을 강화하면 충분하다고 말하기도 합니다. 하지만 그런 주장은 AI가 과학기술의 일부 분야에 국한되어 있을 때나 가능한 이야기입니다. 현재의 AI는 단순한 기술을 넘어, 경제·산업·사회·문화는 물론 국방·외교·안보에까지 광범위한 영향을 미치는 핵심 기반입니다. 그래서 AI를 총괄하는 별도의 독립부처가 필요하다는 주장이 나오는 겁니다.

한상기   CAIO는 대통령실 산하로 운영되는 것이 일반적이지 않습니까? 영국이나 미국 같은 나라 사례를 봐도 대통령실이나 총리가 직접 관리하는 형태가 많고요.

하정우   보통 실장급이 가져가거나 총리나 대통령실 수석급이 맡는 구조가 일반적이죠. 따라서 신설되는 부처와 긴밀히 소통할 수 있는 대통령실이나 총리실 내에 카운터파트가 있어야 합니다. 가급적 높은 직급에서 AI 정책을 다뤄야 합니다.

한상기   이 조직은 결국 모든 부처와 협의하고 조정할 수 있어야 하니까요.

하정우   다만 대통령실의 비서관은 어디까지나 비서의 역할이기 때문에 전면에서 실질적인 책임을 지고 정책을 집행할 수 있는 부처가 따로 있어야 합니다.

한상기   저도 이 부분에 동의합니다. AI·디지털혁신부의 신설이 반드시 필요하다고 생각합니다. 그동안 과기정통부에는 너무 많은 역할이 섞여 있었습니다. 차라리 과학은 과학대로 별도 부처로 독립시키고, 정보통신은 통신위원회로 분리하는 식으로 명확히 나누고, AI와 디지털 혁신만 따로 전담하는 AI·디지털혁신부를 만들 필요가 있습니다. 국가적으로도 AI의 중요성을 명확히 알리는 의미가 될 테니까요.

하정우   그리고 AI 자문위원회 구성도 바뀌어야 합니다. 좋은 예가 미국의 NSCAI National Security Commission on AI입니다. 미국 트럼프 행정부의 AI 정책 관련 조언을 해주는 그런 위원회가 우리에게도 필요합니다.

한상기   국가 AI 위원회를 보면 대개 교수 아니면 기업 대표 중심입니다. 실제 현장 경험이 풍부하거나 전문 지식을 가진 인물들이 많이 들어가야 합니다.

하정우   국내 AI 기업 대표들은 너무 바쁘고 AI 엔지니어 출신이 거의 없습니다. 그래서 위원회의 절반 정도는 현장에서 직접 일하고 있는 30~40대 실무형 전문가들로 구성하는 것이 좋습니다. 앞서 우리가 정부가 적극적으로 AI 전문가들의 인건비를 매칭해줘야 한다고 이야기했잖아요? 공공이 지원한 만큼 이 인력들이 자문회의나 정책 수립에 참여하면서 공공에 기여할 수 있도록 구조화해야 합니다.

한상기   AI 안전연구소가 작년 11월에 설립됐는데 규모가 너무 작습니다. 최근 AI 안전연구소 소속 연구자를 만나 보니 곧 인력이 20명 정도로 늘어난다고 하던데, 저는 그 정도도 부족하다고 생각합니다. 영국 AI 안보연구소가 150명 규모로 커진 것으로 압니다. 전문

인력 부족 문제인지 몰라도 아직 우리나라 AI 안전연구소에서는 어떤 연구와 전문 서비스가 이루어지고 있는지 명확하지 않은 상태입니다. 우리나라의 AI 안전연구소는 앞으로 어떤 방향으로 발전하고 역할을 확장해야 할까요?

하정우 앞서 2장에서도 언급한 바 있지만, AI 세이프티에서 AI 시큐리티로 영역을 확장하는 것이 필연적입니다. 시큐리티로 넘어가는 순간 연구소의 역할과 규모도 더 커질 수밖에 없습니다. 지금은 AI 안전연구소가 ETRI(한국전자통신연구원) 산하에 있는데, 법적 근거나 예산 문제 때문에 일단 그렇게 출발한 것으로 알고 있습니다. 이제는 위치를 재조정할 때가 됐습니다.

AI 안전연구소는 AI·디지털혁신부나 대통령실 조직처럼 보다 중심적인 위치로 이동하는 것이 바람직합니다. 특히 AI가 국가 안보와 직결되는 문제로 확대된다면 이에 걸맞은 위상과 예산, 법적 지원을 갖춘 조직 아래에서 제대로 기능할 수 있도록 재설계해야 합니다.

한상기 그런 거버넌스 구조를 새 정부에서는 반드시 만들어야겠네요. 전체적인 거버넌스를 어떻게 만들어야 하는지 좀 정리를 해볼까요?

하정우 과실연 AI 공약 제언에서도 밝혔듯이 별도의 AI 전담 부처인 AI·디지털혁신부를 신설하고 국가 전체를 총괄하는 CAIO 역할을 부여해야 합니다. 모든 정부 부처와 최소한 광역 지자체 단위에는 전담 CAIO 조직을 설치하고, 민간 전문가를 적극적으로 CAIO로 채용해야 합니다. 단순히 기존의 정보화담당관 직위를 이름만 바꿔 CAIO로 부르는 식으로는 절대 성공할 수 없습니다.

많은 전문가들은 AI·디지털혁신부의 실효성을 확보하기 위해 과기정통부 내 AI 및 IT 담당 조직, 행안부의 공공 디지털혁신 조직, 산업부의 AX 관련 조직, 기재부의 AI 관련 예산기획 권한, 그리고 정부 내 공공데이터 및 규제개혁 관련 조직 등을 하나로 통합할 필요가 있다고 말하고 있습니다. 저 역시 비슷한 의견입니다. 또한 AI·디지털혁신부는 일본의 디지털청처럼 민간 전문가 비율을 절반 정도로 구성하고, 정부 부처이면서도 스타트업처럼 빠르고 유연하게 일할 수 있는 조직문화를 갖추는 것이 중요합니다. 더불어 대통령실에도 AI 전략실이나 AI 수석비서관 직제를 신설해 각 부처 간 조율을 전담할 필요가 있습니다.

이러한 구조를 실현하기 위해서는 별도의 'AI 특별법' 제정이 필요할 수 있습니다. 이와는 별도로 AI의 안보적 중요성을 감안해 대통령실 내 AI 안보협의체와 국방부 산하 국방 AI 전략위원회도 함께 신설해야 한다고 봅니다. 그리고 새 정부에서는 국방부 장관과 외교부 장관 역시 AI를 깊이 이해하는 전문가가 맡는 것이 바람직하다고 생각합니다.

AI 정책 현장, 실무 전문가가 절실하다

한상기   우리가 지금까지 이런 이야기를 여러 번 반복하는 이유도 이상적인 방향임에도 실제 상황이 그렇지 않기 때문입니다. 처음 AI 안전연구소가 설립될 때부터 왜 ETRI 산하로 들어가야 하는지에 대한 우려가 있었죠.

지금까지 정부 조직 얘기만 했지만, 사실 이런 모든 구조적 지원은 결국 국회, 즉 입법부에서 법률과 예산을 통해 확실히 뒷받침되어야 합니다. 이게 가장 중요한 핵심입니다. 그런데 문제는 정부나 국회에 민간 전문가들이 들어가 실제로 업무를 경험해볼 수 있는 구조가 매우 부족하다는 것입니다. 짧은 기간이라도, 예를 들어 프로젝트 단위로 민간 전문가들이 현장에 파견되어 함께 일할 수 있는 체제가 있었으면 좋겠습니다.

제 경우에도 특정 프로젝트에 잠깐 참여해보고 싶은데 그런 기회를 찾기가 매우 어렵습니다. 취업을 원하는 것도 아니고, 그냥 한번 함께 일해보자는 겁니다. 민간 연구자나 정책 전문가들이 실제 정책 수립 현장에 들어가 적극적으로 기여할 수 있는 그런 구조가 지금 너무 부족합니다.

하정우   이런 얘기가 나올 때마다 결국 이해충돌 문제로 막히잖아요. 물론 이해충돌 고려가 전혀 필요 없다는 건 아닙니다. 분명히 필요한 규정이죠. 하지만 현재 AI와 같은 국가 전략 기술 분야에서도 여전히 여유롭게 이해충돌 문제를 따질 상황은 아닙니다.
국회에서도 각 정당에서 AI나 디지털 관련 위원회 같은 걸 만들고 있는데, 문제는 이런 위원회가 특정 정당 소속이라는 점입니다. 어느 한 정당에 참여하면 다른 정당에서 문제를 제기하고, 결국 기업 입장에서는 정치적 부담이 생겨 민간에서도 참여가 어렵게 됩니다. 그래서 차라리 국회 차원에서 초당적인 자문위원회를 만들거나 민간 전문가들이 일정 기간 파견될 수 있는 별도의 전문 조직을 만들어야 합니다.
전문가는 결국 현장에 있는 사람들입니다. 기업, 대학, 연구소에서 실제로 일을 하고 있는 분들이 바로 전문가입니다. 이해충돌을 이유로 이런 분들을 배제하면 아무도 참여할 수 없습니다. 우선 참여할 기회를 열어두고 실제 이해충돌을 일으키는 행동이 발생했을 때 조치하면 됩니다.

한상기   실제로 이해충돌 문제 때문에 기업에 있는 사람은 자문위원회나 정책 논의 현장에 들어가지 못하고 결국 학교에 계신 분들만 들어가게 되잖아요. 문제는 학교에 계신 분들 중에는 실제 현장 경험이 부족한 분들이 많다는 겁니다. 제가 말하는 전문가는 단순히 연구를 열심히 한 사람만을 뜻하는 게 아닙니다. AI 기술을 잘 알고 현장에서 실제 무슨 일이 일어나고 있는지, 그것을 정책으로 연결하려면 어떤 장치가 필요한지까지 고민할 수 있는 사람을 의미합니다.
여러 자문위원회나 정책 회의에 참석해보면 정말 똑똑하고 연구를 잘하시는 훌륭한 분들인데도 정작 정책적 시각은 부족한 경우가 많습니다. 멋지고 이상적인 원론만 이야기해서 듣고 있으면 정말 답답합니다. 차라리 그런 분들은 학교에서 연구에만 집중하게 하는 것이 더 나을 수도 있습니다. 현실성 없는 이야기를 듣다 보면 실제 필요한 논의는 제대로 진행되지 못하니까요.

하정우 그래서 젊었을 때부터 경험을 쌓아야 합니다. 그런 분들이 처음부터 정책 감각이 없었던 게 아니라 경험을 해보지 못했기 때문에 배울 수 없었던 겁니다. 젊은 인재들이 처음에는 잘 못하더라도 지속적으로 논의에 참여하다 보면 정책적 감각도 자연스럽게 생기겠죠. 모두 기본적으로 똑똑한 사람들이니까요.

한상기 제가 바로 그 케이스입니다. 우리나라 인터넷의 아버지라 불리는 카이스트의 전길남 교수께서 저에게 20대 후반부터 정책 수립에 직접 참여할 수 있는 경험을 만들어주셨습니다. 정부의 모든 정책을 논의하는 과정에서 지식과 노하우가 축적된 겁니다. 하지만 현실적으로 이런 기회를 제공해주는 분들이 많지 않습니다. 지금의 위원회는 그냥 유명하거나 논문만 많이 쓴 사람들로 채워져 있습니다.

하정우 아니면 아주 연세가 많으신 분들이 많죠.

한상기 예를 들어 전략적 사고를 잘하는 친구들은 주로 글로벌 빅5

컨설팅 회사 같은 곳에 많습니다. 그런 친구들은 처음부터 끝까지 전략을 어떻게 설계해야 하는지 매우 익숙하게 다루는 사람들입니다. 그래서 저는 그런 친구들이 정책 설계나 자문 조직 안에 꼭 참여했으면 합니다. 그런데 현실에서는 그런 사람들을 정책 현장에서 보기가 어렵습니다. 특정 회사 이름은 언급하지 않겠지만 우리가 다 아는 몇몇 컨설팅 회사에 있는 파트너급 인재들이 실제 위원회에 참여해 전략적 의견을 내고 정책 설계에 적극적으로 기여하면 좋겠습니다.

물론 가끔은 그런 사람들이 있긴 합니다. 지난 정부에서 구성한 국가 AI 위원회에도 글로벌 컨설팅 기업에 있는 제 후배가 한 명 들어갔는데, 안타깝게도 정작 그 친구의 전문성을 살릴 수 있는 전략 분야가 아니라 약간 맞지 않는 영역에 배치되어 있더라고요.

하정우   국가 AI 위원회의 분과 구성과 인선에 대해 걱정하거나 비판하는 전문가들이 많았죠. 새 정부에서는 위원회의 구성과 역할 등이 대폭 변경될 것으로 예상되는데 잘 재편되면 좋겠습니다.

국방 AI, 전략적 인프라와 통합 시스템이 필요하다

한상기   앞서 안보 기술 이야기를 했으니 국방에 대해서도 조금 더 깊이 살펴보겠습니다. 최근 우크라이나 전쟁뿐만 아니라 이스라엘과 하마스 간 전쟁에서도 이스라엘이 AI 기술을 적극적으로 활용했다는 정황들이 나오고 있습니다.

하정우 저도 그 부분이 정말 궁금했습니다. 도대체 어떤 데이터를 어떻게 학습시켰길래 그렇게까지 정밀한 분석이 가능했던 걸까요?

한상기 하마스 측의 녹음이나 통신 데이터를 AI로 분석해 타깃을 식별했다는 정보도 있고, 이스라엘이 공격 목표를 설정하는 데 사용한 라벤더 Lavender* 데이터베이스나 가스펠 Gospel** 같은 AI 모델들이 활약했다는 보도도 있었습니다. 최근 3월에는 싱가포르 공군이 미국의 국방 AI 기업인 쉴드 AI Shield AI, 안드릴 Anduril 등과 협력한다고 발표한 바 있습니다. 그렇다면 우리나라는 국방 AI를 어떻게 준비해야 할지 고민이 깊어집니다.

센터장님도 국방부 쪽에 자주 다니시죠? 저도 강연이나 전략 수립 자문으로 참여한 경험이 있는데, 최근 우리나라 방산 기업들이 대부분 기존의 무기 체계나 감시 체계, 무기 운용 시스템 같은 하드웨어 중심으로만 접근하고 있다는 게 문제로 보였습니다. 팔란티어와 같은 소프트웨어 중심의 국방 AI 기업을 키우는 게 국가적으로 매우 중요한 과제가 될 텐데, 국내에서 새로운 국방 AI 기업을 키우기 위

---

* 라벤더(Lavender): 이스라엘군이 하마스 연계자로 판단되는 개인을 대량으로 자동 식별하기 위해 사용한 AI 시스템으로, 최대 3만 7,000명의 표적을 머신러닝 기반으로 추출했다.

** 가스펠(Gospel): 라벤더와 함께 사용된 AI 기반 의사결정 지원 시스템으로, 건물이나 구조물을 폭격 대상으로 추천하는 기능을 수행했다.

해서는 어떤 전략이 필요할까요? 과연 국내 AI 인력이 국방 분야에 적극적으로 참여할 가능성이 있을까요?

하정우 이 문제는 여러 측면을 함께 고려해야 합니다. 박사님께서 자주 말씀하신 것처럼 JADC2^(Joint All-Domain Command and Control)(합동전영역지휘통제)와 같은 통합 전장 인식 체계가 핵심입니다. 이런 시스템을 구축하려면 데이터의 통합 관리, 공유 가능한 인터페이스 구축, 기술 융합이 필수입니다. 그런데 현재 우리 국방 체계는 데이터가 너무 분산되어 있고 통합적 접근이 부족합니다.

국방업계 관계자들에게 들으면 감시 체계 분야는 그나마 경쟁력이 있는 편이라고 합니다. 그러나 이 역시 개별 모델 수준에 머물러 있고 장기적이고 지속 가능한 업그레이드가 어렵다고 합니다. 그 이유는 국방 내에서 데이터가 극비라는 이유로 공유되지 않기 때문입니다. 데이터를 공유하지 않으면서 무기 시스템에 AI 기술을 적용하라고 하니까 실질적인 개발이 이루어질 수 없는 거죠. 막상 현장에 들어가 보면 인프라도 전혀 갖춰져 있지 않습니다. 이런 악순환이 계속 반복되는 겁니다.

이 문제를 해결하기 위한 첫 번째 전략은 현실적으로 인프라를 제대로 갖추는 것입니다. 국방을 위한 전용 폐쇄망 클라우드 환경에 대규모 GPU 컴퓨팅 인프라를 구축해야 합니다. 이를 통해 국방 내 부처나 조직 간 데이터 공유가 가능하도록 하고, AI 기술을 실질적으로 개발하고 현장에서 바로 검증할 수 있는 환경을 만들어야 합니다.

두 번째로, 국방 R&D의 유연성을 확보해야 합니다. 우리나라는 국방 R&D가 10년, 20년 단위로 매우 경직된 계획을 따라 움직이고 있습니다. 지금처럼 기술이 빠르게 변화하는 시대에는 이런 방식으로는 대응이 어렵습니다. 따라서 전체 국방 R&D 예산 중 10~20%를 유연한 펀드로 분리해 시급한 기술적 수요에 즉각적으로 실증하거나 대응할 수 있도록 하는 제도를 마련해야 합니다.

마지막으로, 인재 생태계를 구축하는 게 매우 중요합니다. 이스라엘의 탈피오트Talpiot* 프로그램처럼 우리나라도 AI 전문 사관 제도를 도입하여 군 내에서 AI 기술을 전문적으로 연구하고 학습할 수 있도록 해야 합니다. 이들을 통해 장기적으로 국방 AI 인재를 양성하고, 전역 후에도 국방 관련 기업이나 기관에서 커리어를 이어갈 수 있도록 하는 연결된 인재 생태계를 만드는 것이 중요합니다.

한상기　팔란티어의 성장 과정을 읽어보면, 이 회사가 도약할 수 있었던 결정적인 계기 중 하나는 미국 주요 정보기관들의 데이터를 모두 접근할 수 있도록 허용받은 것이더군요. 사실 미국 내에서도 정보기관 간 데이터 공유가 제대로 이루어지지 않아 오랫동안 문제가 되어왔는데, 팔란티어가 이 데이터들을 통합적으로 접근하고 분석하면서 놀라운 성능을 보여주기 시작한 것입니다. 국내에서도 이와 같

---

* 탈피오트(Talpiot): 히브리어로 '최고 중 최고'라는 뜻을 가진, 이스라엘의 과학기술 분야 전문가 양성 목적의 엘리트 부대 제도다.

은 구조를 실현할 수 있는 가능성을 반드시 열어야 한다고 생각합니다. 그렇지 않다면 팔란티어와 같은 기업을 육성하겠다는 말도 결국 구호에 그치고 말 겁니다.

하정우 그래서 제가 앞서 말씀드린 것처럼 강력한 컴퓨팅 인프라를 포함한 국방 전용 클라우드나 플랫폼을 구축해 운용하고, 그 안에서 민관군이 협업해서 데이터와 기술 보안 문제를 해결하고 AI 기술을 공동으로 개발하고 실증하자고 강조했었죠.

한상기 작년에 방산 업체들을 대상으로 AI 전략 컨설팅을 하면서 인력 확보가 가장 큰 문제라는 점을 절실히 느꼈습니다. 사실 네이버 정도의 대기업도 글로벌 빅테크 기업에 비하면 인력 유치에 어려움을 겪는데, 방산 기업들은 대우 측면에서 네이버 수준조차 따라가지 못하고 있습니다. 그러한 열악한 조건으로 어떻게 국방 분야에 필요한 AI 인재를 유치할 수 있겠습니까?

하정우 오히려 방산 분야에서 일하는 인재들에게는 훨씬 더 좋은 처우와 환경을 제공해야 합니다. 왜냐하면 방산 분야는 논문 발표도 제한되고 외부 활동에도 많은 제약이 따르기 때문입니다. 처우나 근무 조건이 좋아야만 그런 제약을 감수할 수 있겠죠.

한상기 결국 핵심 질문은 '내가 자랑스럽게 일할 수 있는 곳인가?'

입니다. 저 자신도 이런 생각이 가장 먼저 듭니다. JADC2뿐만 아니라, 얼마 전 미국 국방부의 JAIC Joint Artificial Intelligence Center (합동 인공지능 센터)와 이후 조직된 CDAO Chief Digital and Artificial Intelligence Office (디지털과 AI 총괄 오피스)의 사례를 살펴봤는데, 거기서 일하는 AI 인력들이 이 일을 하는 가장 큰 이유로 애국심을 꼽았습니다.

그들은 "구글이나 메타와 같은 기업에서 일하는 것보다 연봉은 적지만 애국심과 자긍심으로 일한다"고 말합니다. 이런 마음가짐을 우리나라에서도 만들어줄 수 있어야 합니다. 그런데 현재 우리의 국방 분야는 그런 자긍심을 주거나 스스로 납득할 수 있는 환경을 제공하지 못하는 것이 현실입니다.

하정우 미국은 국방 AI 분야에서 일한 경험을 커리어로 인정받고 이후에도 다양한 기회가 보장됩니다. 하지만 우리나라는 국방 분야에 들어가면 오히려 커리어가 단절되는 경우가 많습니다. 그렇기 때문에 인재들이 이 분야에 참여하는 것을 망설일 수밖에 없는 거죠. 이런 구조적 문제를 해결하지 않으면 국방 AI 인력을 확보하는 것은 매우 어렵습니다.

소버린 AI, 국제 협력을 통한 기술 주권 확보

한상기 마지막 주제인 소버린 AI로 넘어가 보겠습니다. 이제는 많은 분들이 잘 알고 계시겠지만, 소버린 AI는 단지 한국형 AI 모델을 만드는 프로젝트가 아닙니다. 우리가 지금까지 꾸준히 논의해왔던 핵심은 바로 "어떻게 하면 AI가 다문화를 수용하고 포용적인 방식으로 설계될 수 있을까?" 그리고 "우리가 그런 AI를 만드는 글로벌 연합에서 주도적인 리더십 파트너가 될 수 있을까?" 하는 점이었습니다.
이러한 글로벌 리더십을 확보하고 중심적인 역할을 수행하려면 우리 한국은 어떤 능력과 태도를 갖추고 있어야 할까요?

하정우 무엇보다 중요한 건 인공지능 기술 자체의 경쟁력을 확보하는 겁니다. 단순히 AI 모델을 잘 만드는 수준을 넘어서 데이터 구축 능력과 AI 데이터센터 운영 역량, 그리고 실제 글로벌 시장에서 인정받을 수 있는 수준의 파운데이션 모델 개발 역량까지 전 영역에서 탄탄한 실력을 갖추고 있어야 합니다.
다만, 반드시 미국이나 중국을 뛰어넘을 필요는 없습니다. 물론 뛰어넘을 수 있다면 더할 나위 없겠지만, 미국과 중국 같은 국가들이 파트너로 인정할 수 있을 만큼의 실력을 확보해도 충분하다고 봅니다.
예를 들어, 한국은 이미 오랜 기간 데이터 구축과 디지털화 경험을 쌓아왔잖아요. 특히 네이버와 같은 기업은 20년 넘게 데이터를 축적해왔습니다.
이러한 경험을 바탕으로 중동, 동남아시아, 중남미, 아프리카 같은 지역에 흩어진 아날로그 데이터를 학습 데이터로 전환하는 프로젝트를 우리가 주도할 수 있다고 봅니다. 그렇게 하면 자연스럽게 다양한 문화 기반의 AI 학습 데이터를 구축할 수 있게 됩니다. 여기에 더해 우리가 확보한 고성능 GPU와 AI 인프라를 활용해 다양한 데이터를 학습한 포용적인 파운데이션 모델도 개발할 수 있을 것입니다. 또 각 지역에서 활용할 수 있는 응용 프로그램과 플랫폼을 함께 만들어나가면 충분히 글로벌 리더십을 가질 수 있는 기반이 마련될 겁니다.

물론 한국 혼자서 모든 것을 할 수는 없습니다. 현실적으로 지역마다 기술적으로 중심이 되는 국가들이 존재하니까요. 예를 들어 동남아시아는 싱가포르, 중동은 UAE와 사우디아라비아, 유럽은 프랑스 등 EU 중심 국가들, 북미는 캐나다, 호주 등이 대표적이죠.

이런 지역의 맹주 국가들과 전략적으로 협력해 얼라이언스를 구성하는 것이 중요합니다. 그렇게 각 지역을 리드하는 국가들이 중심이 되고, 다른 국가들이 멤버로 참여하는 구조를 만든다면 데이터 구축부터 AI 이니셔티브까지 폭넓게 확장된 협력 체계를 만들어낼 수 있을 것입니다.

한상기 지금 이 말씀을 들으니 1960~1970년대의 비동맹회의가 떠오릅니다. 당시 인도, 이집트, 유고슬라비아 같은 중견국들이 글로벌 이슈에서 중심 역할을 했던 것처럼, AI 분야에서도 그런 국제적 연대가 필요하다고 봅니다. 특히 각국 리더들이 기술적 공통점과 방향성을 가지고 협력 의지를 보이는 것이 중요하다고 생각합니다. 물론 센터장님 같은 분들이 그런 역할을 잘해주셔야겠죠.

한 가지 우려되는 점은, 제가 과거 AI 데이터 세트 구축사업에 참여했을 때 느꼈던 벽입니다. 당시 구축된 공공 데이터 세트를 세계에 오픈소스로 공개하자고 했더니 '국민 세금으로 만든 것을 왜 외국에 제공하냐?'는 반대 의견이 매우 강했습니다. 우리는 흔히 AI나 신기술을 얘기할 때 '이 기술로 우리가 얼마나 잘 먹고 잘살 수 있느냐'만 생각하지, 인류 전체에 어떻게 공헌할 수 있을지는 잘 고민하지 않습니다. 이제 우리나라는 충분히 글로벌 영향력을 가진 국가로서 AI 기술로 전 세계에 어떻게 기여할 수 있는지를 고민해야 한다고 생각합니다.

예를 들어 볼리비아에서 한국의 AI 인프라를 함께 쓰고 싶다고 요청했을 때, 국회에서 왜 국민 세금으로 외국 기업이나 대학에 지원하느냐고 문제 삼을 수 있겠죠. 이런 문제를 어떻게 풀 수 있을까요?

하정우 그래서 특별법에 관련 조항을 넣거나 ODA Official Development Assistance(정부개발원조)를 활용하는 방안을 생각해볼 수 있습니다. 시대가 바뀌었으니 상대 국가에 데이터센터가 없다면 우리가 가진 인프라를 활용할 수 있도록 지원하고 기여도만 확보하면 되는 거죠.

한상기 결국 그런 식으로 협력을 확대하면 장기적으로는 한국의 글로벌 파트너십을 넓히는 좋은 계기가 될 겁니다. 그 나라의 데이터를 우리가 함께 학습용으로 구축해주는 식의 접근이 필요합니다. 제가 요즘 계속 가지고 있는 또 하나의 의문점은 글로벌 사우스에 속한 국가들이 생각보다 AI를 적극적으로 도입하거나 활용하려는 태도를 보이지 않는다는 겁니다. 물론 몇몇 국가와는 전략적인 협력이 가능하고, 그런 나라들과 협력 프로젝트를 추진한다는 아이디어 자체는 매우 긍정적이라고 봅니다. 하지만 우리가 주도적인 위치를 차지하고 의미 있는 파트너십을 구축하려면 상대 국가들도 어느 정도는 AI를 적극적으로 활용하겠다는 의지와 태도를 분명히 보여줘야 합니다.

실제로 회의에 참석하거나 위원회에 이름을 올리는 국가들은 많지만, 막상 현지 대학이나 기업들과 이야기를 나눠보면 AI보다는 당장 시급한 다른 문제가 많다는 반응이 자주 나옵니다. 이런 상황이 사실 이해가 되는 부분도 있습니다. 글로벌 사우스 국가 중에서는 아직 제대로 된 산업화 과정을 거치지 못한 나라들도 많으니까요. 결국 개발도상국이나 저개발 국가들이 AI 기술 활용에 소극적이라면 이들을 어떻게 설득해서 보다 적극적으로 참여하게 만들 수 있을까요?

하정우 제가 직접 여러 나라를 방문하고 현장에서 느낀 바가 있습니다. 예를 들어, 지난해 여름에 동아시아와 중남미의 수십 개 국가가 참여하는 국제회의체인 피얼락FEALAC 행사에 참석해서 AI 강연을 했습니다. 그때 중남미 대부분 국가의 외교부 장관들과 대사들이 직접 참석했었는데요. 흥미로웠던 점은 그분들이 공통적으로 '한국과 AI 분야에서 적극적으로 협력하고 싶다'는 뜻을 강하게 전달했다는 겁니다.

이런 경험을 통해 봤을 때 글로벌 사우스 국가들이 AI에 관심이 없다는 우려는 크게 하지 않으셔도 될 것 같습니다. 중요한 것은 그들이 가진 관심과 수요를 우리가 실제적인 기회로 어떻게 연결할 것인가에 대한 전략과 세부적인 설계입니다. AI에 대한 니즈 자체는 분명히 존재하고 있으며, 우리가 그 니즈를 잘 파악해서 구체적인 프로젝트로 연결해준다면 얼마든지 협력의 장을 만들어낼 수 있습니다. 또 한 가지 인상적인 경험이 있었는데, 이라크의 국토부 장관급 인사와 이야기를 나누었던 적이 있습니다. 일반적으로 재건 프로젝트를 생각하면 다리나 건물 같은 물리적 인프라 구축을 먼저 떠올리게 되잖아요. 그런데 그분은 처음부터 어떻게 하면 재건 과정을 디지털화와 결합할 수 있을지 진지하게 고민하고 있었습니다. 이런 사례를 보면 AI에 대한 글로벌 사우스 국가들의 관심 부족에 대해서는 그렇게 걱정하지 않으셔도 된다고 생각합니다.

한상기 정말 긍정적인 사례네요. 마지막 질문입니다. AI 얼라이언스나 글로벌 거버넌스를 구축할 때 우리가 전략적으로 활용할 수 있는 기존 국제 조직이 있을까요? 중국은 UN이나 브릭스BRICS를 통해서, 일본은 G7을 통해 적극적으로 나서고 있는데 말이죠.

하정우 OECD나 APEC 같은 기존 국제 플랫폼을 전략적으로 활용할 수 있다고 봅니다. 다만 이런 플랫폼에서 우리가 목소리를 내려면 결국 우리가 가진 '카드'가 중요합니다. 즉, 파운데이션 모델 기술, AI

데이터센터 인프라, 산업적 활용 사례 등이죠.

물론 중국이 이 분야에서 앞서 나가고 있지만, 중국에 대한 가맹국들의 경계심을 우리가 전략적으로 활용할 필요가 있습니다. OECD나 APEC 내에서 중립적이고 실용적인 리더십을 잘 발휘하면 충분히 기회를 만들 수 있습니다.

한상기 저는 이게 단지 한국 혼자만의 카드는 아니라고 봅니다. 전략적 파트너 국가와 묶어서 새로운 국제 연대를 만들 수 있는 가능성이 크다는 점에서 더 의미가 있겠죠. 그런 글로벌 AI 얼라이언스를 형성하고 미·중 중심의 구도를 벗어나 다극적 협력 구조를 만들어가는 게 중요합니다. 더 근본적으로는 AI를 인류 평화에 기여하는 방향으로 이끌어갈 철학을 공유하는 국가들과의 협의체 구성이 필요하고요.

앞으로 3~5년 안에 그런 국제 협력 체계를 만들고, 한국이 그 중심에서 리더 역할을 하는 모습을 볼 수 있기를 기대하며 맺겠습니다.

에필로그

"사람들은 앞으로 무슨 일이 벌어질지 모르고 있다."

AI의 선구자 제프리 힌턴 교수가 지난 4월 26일 미국 CBS 방송과의 인터뷰에서 한 말이다. 지난 2월 파리에서 열린 AI 액션 서밋을 통해 전 세계 주요 국가들이 AI를 둘러싸고 군비 경쟁에 돌입했으며, AI를 통한 새로운 패권 전쟁이 이미 시작되었음을 확인할 수 있었다. 그러나 힌턴 교수의 시선은 이러한 현실을 넘어선, 더욱 근본적인 문제를 향하고 있다.

하정우 센터장과 나눈 이번 대담은 'AI 전쟁'이라는 제목을 붙인 우리의 두 번째 책이지만, AI에 대한 국가 간 경쟁이 단순한 경고의 차원을 넘어 이제는 매우 심각한 시대가 도래하고 있다는 인식에서 출발했다. 이 문제의식이 서로 맞닿아 있었기에 우리는 이 책을 빠르게 완성할 수 있었다.

AI 전쟁은 국가 간, 기업 간의 격렬한 경쟁일 수 있다. 그러나 나 개인에게 있어 이 전쟁은 인류가 앞으로 맞닥뜨리게 될 또 다른 충돌이라는 생각을 떨칠 수 없다. 나의 전작《AGI의 시대》에서 인간 지능을 확장하는 AI가 오히려 인류 문명 전체에 존재론적 위협이 될 수 있다면, 우리는 AI를 어떻게 통제할 것인지 진지하게 논의해야 한다고 주장했다.

이번 대담에서는 기술의 최첨단 영역과 국가 전략, 글로벌 리딩 기업의 미래 방향에 대한 이야기가 중심을 이루었지만, 반드시 다루어야 할 핵심 주제는 바로 AI 안전성이었다. 특히 우리나라의 경우, AI 안전과 관련된 연구·개발이 현저히 부족한 상황이기에 이 부분을 더욱 강조하고 싶었다.

지금 AI는 생성형 모델을 넘어 에이전트 기반 시스템으로 진화하고 있다. 이 에이전트들은 자율성과 자기 개선 능력을 갖추어가고 있으며, 이러한 특성이 더 고도화될수록 우리가 AI를 통제할 수 있으리라는 낙관은 점점 희박해지고 있다.

AI가 초래할 미래는 단지 SF적 상상 속의 인류 생존의 위협만을 의미하지 않는다. 최근 뉴욕 매거진에는 미국 대학 교수들이 AI를 사용하는 학생들의 학습 능력이 현저히 저하되고 있다고 증언한 글이 실렸다. 한 세대 전체의 학습 과정이 심각하게 훼손되고 있으며 학습 회로 자체가 단절되고 있다는 것이다. 이는 단순히 글쓰기 능력의 문제가 아니라, 수학이나 과학 문제를 접근하는 방식까지 바뀌고 있음을 의미한다.

물론 AI는 인류에게 새로운 유형의 지능을 제공한다. 이를 어떻게 활용할 것인가는 다음 세대가 풀어야 할 과제이며, 과학이나 수학 분야에서는 AI로 인해 새로운 지평이 열리고 있는 것도 사실이다. 기상 예측, 단백질 접힘 예측, 신물질 발견 등에서 이미 AI는 중요한 역할을 하고 있으며 지난 5월 딥마인드가 발표한 '알파이볼브'는 새로운 알고리듬을 스스로 설계할 수 있는 가능성까지 보여주었다.

그러나 이와 같은 첨단 발전이 소수 연구자에게만 집중되고 대다수 대중에게는 오히려 지적 저하를 초래한다면 인간의 삶은 과연 어떻게 변화하게 될까? 물론 이러한 우려는 문자, 텔레비전, 스마트폰이 등장했을 때마다 반복되어온 것이기도 하다.

좀 더 긍정적인 미래를 상상한다면 우리는 매우 지능 높은 삶의 동반자를 갖게 될 수도 있다. 때로는 감정을 교류한다고 느끼는 존재일 수도 있고, 인간의 특징인 의인화와 감정 이입을 통해 인간보다 더 '인간다운' 존재로 느껴질 수도 있다. 그러나 그런 미래 사회가 인류에게 어떤 의미를 지니게 될지는 아직 누구도 확신할 수 없다.

토론토대학교 컴퓨터과학과 교수이자 기술과 사회 의장인 데이비드 두브노는 지난 5월 〈가디언〉 기고에서 "AI가 모든 면에서 인간보다 우월한 존재가 된다면 인간은 무의미해지는 것인가?"라는 질문을 던졌다. 그는 이처럼 거대한 문제에 대해 왜 언론인, 학자, 사상가들이 침묵하고 있는지 의문을 제기했다.

AI가 AGI로 진화하는 시대는 우리에게 인간 존재의 본질, 삶의 가치라는 인문학적 주제를 다시 사유할 기회를 주고 있다. 동시에 인류 역사상 처음으로, 인간과 동등하거나 인간을 능가하는 지능과 함께 살아가야 하는 시대가 어떤 의미를 갖는지를 깊이 고민하게 만든다.

국가 전략 차원에서 보자면, 이 책을 통해 세계 주요 국가와 기업의 전략을 이해하고, 나아가 한국이 어떤 전략을 세워야 하는지 정부·민간·학계가 긴 호흡으로 논의해야 할 시점이다. 단지 새 정부의 새로운 어젠다에 그쳐선 안 된다. 10년, 20년 후 대한민국의 미래 경쟁력을 AI 기반으로 다시 설계해야 할 필요가 있다.

딥마인드와 앤트로픽의 창업자들은 앞으로 2~3년, 혹은 5년 내에 인류가 AGI의 실현을 목격하게 될 것이라고 전망한다. 그런데 만약 우리나라가 그에 필적할 수준의 기술력을 갖추지 못한다면 AGI를 보유한 국가와 그렇지 않은 국가 사이의 격차는 얼마나 클 것인가? 나와 하정우 센터장이 가장 우려하는 지점이 바로 이것이다. 이는 마치 인터넷이 없거나 전기를 사용할 수 없는 나라, 통신 인프라가 부족한 나라와 다름없는 상황이 될 수도 있다.

우리는 늘 새로운 기술의 등장이 산업에 미치는 영향을 중심으로 논의해왔다. 그러나 이제는 그 논의를 넘어서야 한다. 우리는 AI를 통해 어떻게 인류 사회에 공헌하고, 세계 시민과 더불어 공존할 수 있을지를 논의하는 국가가 되어야 한다. 그것이야말로 글로벌 5위 수준의 AI 기술력을 갖춘 국가가 할 일이기 때문이다.

1988년, 아이작 아시모프는 〈과학과 자연에 관한 질문〉에서 이렇게 말했다.

"현재 삶의 가장 슬픈 면은 사회가 지혜를 모으는 속도보다 과학이 지식을 얻는 속도가 더 빠르다는 점입니다."

우리는 그럼에도 불구하고 사회가 지혜를 모을 수 있도록 노력해야 한다. 아시모프의 슬픔을 조금이라도 줄이기 위해, 그리고 AI가 인간을 더 이상 필요로 하지 않는 미래를 막기 위해서, 우리는 반드시 인간 고유의 가치를 되새겨야 한다. 안전한 AI, 그리고 인간과 공존할 수 있는 AGI를 만들기 위한 논의는 지금 이 순간부터 더 진지하게 시작되어야 한다.

여름의 문턱 '책과얽힘'에 앉아서
한상기